Gliederung

1 Ausgangspunkt und Gegenstand der Betriebswirtschaftslehre 9

1.1 Der Wirtschaftlichkeitsgrundsatz als Ausgangspunkt der Betriebswirtschaftslehre 9
1.2 Der Betrieb als Objekt der Betriebswirtschaftslehre 10

2 Einordnung der Betriebswirtschaftslehre des kommunalen Verwaltungsbetriebs 12

2.1 Der Standort der Wirtschaftswissenschaft im System der Wissenschaften 12
2.2 Abgrenzung der Betriebswirtschaftslehre von der Volkswirtschaftslehre 14
2.3 Der Standort einer Betriebswirtschaftslehre der Kommunalverwaltung im Gesamtgebiet der Betriebswirtschaftslehre 15
2.4 Die Bedeutung anderer Wissenschaften für die Entwicklung einer Betriebswirtschaftslehre der Kommunalverwaltung 17

3 Der kommunale Verwaltungsbetrieb 19

3.1 Abgrenzung des kommunalen Verwaltungsbetriebs 19
3.2 Die Teilbetriebe des kommunalen Verwaltungsbetriebs 22
3.3 Der kommunale Verwaltungsbetrieb und seine Beteiligungen 27

4 Überblick über das betriebliche Geschehen 33

4.1 Das betriebliche Geschehen in einer privatwirtschaftlichen Unternehmung 33
4.2 Das betriebliche Geschehen in einem kommunalen Verwaltungsbetrieb 36

5 Das betriebliche Zielsystem 40

5.1 Grundbegriffe und Grundlagen der Zielbildung 40
5.1.1 Der Begriff »Ziel« und die Dimensionen der Zielsetzung 40
5.1.2 Zielhierarchie und Zielbeziehungen 41
5.1.3 Sachziel und Formalziel 43
5.2 Ziele der traditionellen und der modernen Kommunalverwaltung sowie der privatwirtschaftlichen Unternehmung – eine vergleichende Betrachtung 49

6 Die Managementfunktionen 56

6.1 Überblick über die Managementfunktionen 56
6.2 Führungsentscheidungen 57

6.3 Planung 66
6.3.1 Definition und Merkmale der Planung 66
6.3.2 Arten der Planung 68
6.3.3 Bestandteile, Abstimmung und Fortschreibung der Pläne 71
6.3.4 Planung im kommunalen Verwaltungsbetrieb 75
6.3.5 Der traditionelle kommunale Haushaltsplan 76
6.3.6 Der »doppische« kommunale Haushaltsplan 78
6.4 Organisation 82
6.4.1 Ziele und Elemente der Organisation 82
6.4.2 Die Aufbauorganisation des kommunalen Verwaltungsbetriebs 88
6.4.3 Optimierung kommunaler Geschäftsprozesse 104
6.5 Kontrolle und Revision 111
6.5.1 Begriffsabgrenzungen und -erläuterungen 111
6.5.2 Kontrolle und Revision im Bereich der Kommunalverwaltung 114

7 Die Stabsfunktionen 118

7.1 Überblick über die Stabsfunktionen 118
7.2 Das Rechnungswesen 120
7.2.1 Die Gliederung des Rechnungswesens 120
7.2.2 Die Zielsetzung und Grundstruktur der pagatorischen Rechnung 121
7.2.3 Unterschiede zwischen der doppelten kaufmännischen Buchführung und der Verwaltungskameralistik 122
7.2.4 Die NKF-Doppik (das Drei-Komponenten-System) 124
7.2.5 Die Zielsetzung der Kosten- und Leistungsrechnung 125
7.2.6 Überblick über die Systeme der Kosten- und Leistungsrechnung 127
7.2.7 Der gegenwärtige und zukünftige Einsatz der Kosten- und Leistungsrechnung im Bereich der Kommunalverwaltung 128
7.2.8 Die einzelfallbezogenen Rechnungen 130
7.3 Das Controlling 133
7.3.1 Definition und Erläuterung des Controllings 133
7.3.2 Besonderheiten des kommunalen Controllings 136

8 Die Grundfunktionen 141

8.1 Die Beschaffung 141
8.1.1 Begriff und grundsätzliche Aufgaben der Beschaffung 141
8.1.2 Ausgewählte beschaffungspolitische Instrumente 143
8.1.3 Besonderheiten des kommunalen Beschaffungswesens 157
8.2 Die Produktion 160
8.2.1 Definition des Begriffs »Produktion« und Überblick über die Produktionsfaktoren 160
8.2.2 Die menschliche Arbeit als Produktionsfaktor 162
8.2.3 Die Betriebsmittel und die Werkstoffe 163

8.2.4 Die Dienstleistungsproduktion und ihre Besonderheiten im Bereich der Kommunalverwaltung 167
8.2.5 Die Produkte des kommunalen Verwaltungsbetriebs und das Problem ihrer Definition 173
8.3 Der Absatz 175
8.3.1 Die traditionelle Absatzlehre und das Marketing 175
8.3.2 Besonderheiten des kommunalen Marketings 178

9 Die Querschnittsfunktion Finanzierung 184

9.1 Definition und Zielsetzung der Finanzierung 184
9.2 Die für die privatwirtschaftliche Unternehmung wichtigsten Finanzierungsarten 186
9.3 Die für den modernen kommunalen Verwaltungsbetrieb wichtigsten Finanzierungsarten 193

10 Das Neue Steuerungsmodell und seine betriebswirtschaftliche Substanz 200

10.1 Zusammenfassender Überblick über das Neue Steuerungsmodell 200
10.2 Abschließende Beurteilung des Neuen Steuerungsmodells aus betriebswirtschaftlicher Sicht 203

Abbildungsverzeichnis

Abb. 1 Einordnung der Wirtschaftswissenschaft in das System der Wissenschaften 13
Abb. 2 Standort der Betriebswirtschaftslehre der Kommunalverwaltung in dem Gesamtgebiet der Betriebswirtschaftslehre 16
Abb. 3 Die Organe des kommunalen Verwaltungsbetriebs 21
Abb. 4 Die Organe und Teilbetriebe des kommunalen Verwaltungsbetriebs 27
Abb. 5 Überblick über den »kommunalen Konzern« 32
Abb. 6 Überblick über das betriebliche Geschehen und die wichtigsten betrieblichen Funktionen 37
Abb. 7 Gegenüberstellung der Ziele des privatwirtschaftlichen Unternehmens und des traditionellen sowie modernen kommunalen Verwaltungsbetriebs 52
Abb. 8 Struktur eines Entscheidungsprozesses 60
Abb. 9 Beispiel für die Anwendung der Entscheidungsbaumtechnik im kommunalen Bereich 64
Abb. 10 Zeitliche Verkettung von Plänen 72
Abb. 11 Hierarchische Verkettung von Plänen 74
Abb. 12 Beispiel für eine zweistufige Aufgabenanalyse 86
Abb. 13 Rahmenverwaltungsgliederungsplan (Teil 1) 90
Rahmenverwaltungsgliederungsplan (Teil 2) 91
Abb. 14 Übersicht über die im Rahmen des Modells »Rathaus ohne Ämter« in der Stadtverwaltung Oberhausen eingerichteten Organisationseinheiten 92
Abb. 15 Beispiel für eine Zentralisierung nach Objekten auf der Ebene unterhalb der Betriebsleitung 94
Abb. 16 Beispiel für eine Zentralisierung nach Funktionen auf der Ebene unterhalb der Betriebsleitung 95
Abb. 17 Vereinfachte Darstellung der funktionalen Stab-Linien-Organisation 97
Abb. 18 Vereinfachte Darstellung der divisionalisierten Organisation 99
Abb. 19 Grundaufbau einer Arbeitsablaufdarstellung 107
Abb. 20 Einfaches Beispiel für die Anwendung der Arbeitsablaufdarstellung 108
Abb. 21 Beispiel für die Anwendung des Blockdiagramms 110
Abb. 22 Überblick über das Neue Kommunale Finanzmanagement (NKF) 124
Abb. 23 Enge und weite Interpretation des Controllings 135
Abb. 24 Überblick über die Produktionsfaktoren (Ressourcen) 168
Abb. 25 Überblick über die im Bereich der Privatwirtschaft bekannten Finanzierungsarten 189
Abb. 26 Die wichtigsten Finanzierungsarten des kommunalen Verwaltungsbetriebs 198

Abkürzungsverzeichnis

AO	Abgabenordnung
BWL	Betriebswirtschaftslehre
EigVO	Eigenbetriebsverordnung
GemHVO	Gemeindehaushaltsverordnung
GFG	Gemeindefinanzierungsgesetz
GO	Gemeindeordnung
GV	Gesetz- und Verordnungsblatt
GVBl.	Gesetz- und Verordnungsblatt
GWB	Gesetz gegen Wettbewerbsbeschränkungen
NGO	Niedersächsische Gemeindeordnung
NKF	Neues Kommunales Finanzmanagement
NKR	Neues Kommunales Rechnungswesen
NRW	Nordrhein-Westfalen
KAG	Kommunalabgabengesetz
KGSt	Kommunale Gemeinschaftsstelle für Verwaltungsvereinfachung
KUV	Kommunalunternehmensverordnung
VOB	Verdingungsordnung für Bauleistungen
VOF	Verdingungsordnung für freiberufliche Leistungen
VOL	Verdingungsordnung für Leistungen
VWL	Volkswirtschaftslehre

Deutsche
Verwaltungspraxis

Dr. Falko Schuster
Professor für Öffentliche Betriebswirtschaftslehre

Einführung in die Betriebswirtschaftslehre der Kommunalverwaltung

2., überarbeitete und aktualisierte Auflage

Maximilian-Verlag
Hamburg

Bibliografische Information Der Deutschen Bibliothek
die Deutsche Bibliothek verzeichnet diese
Publikation in der Deutschen Nationalbibliografie; detaillierte
bibliografische Daten sind im Internet über
http://dnb.ddb.de abrufbar.

ISBN-13: 978 3 7869 0665 0
ISBN-10: 3 7869 0665 3

Produktion: Bettina Schumacher
Druck und Bindung: Clausen & Bosse, Leck
Printed in Germany

1 Ausgangspunkt und Gegenstand der Betriebswirtschaftslehre

1.1 Der Wirtschaftlichkeitsgrundsatz als Ausgangspunkt der Betriebswirtschaftslehre

Den Ausgangspunkt für das betriebswirtschaftliche Handeln bildet das **Wirtschaftlichkeitsprinzip,** das auch als **ökonomisches Prinzip** oder als **Wirtschaftlichkeitsgrundsatz** bekannt ist.

Nach dem Wirtschaftlichkeitsprinzip soll man versuchen, entweder ein bestimmtes Ergebnis mit den geringstmöglichen Mitteln (Minimalprinzip) oder mit gegebenen Mitteln das bestmögliche Ergebnis (Maximalprinzip) zu erreichen.

Das Wirtschaftlichkeitsprinzip kann also **entweder** als **Minimalprinzip oder** als **Maximalprinzip** formuliert werden. Man kommt nicht umhin, eine Größe festzulegen. Erst dann kann man die andere so variieren, dass eine optimale Relation zwischen Mitteleinsatz und Ergebnis entsteht.

Würde man ein bestimmtes Ergebnis mit einem größeren Güterverzehr als nötig ist, d.h. nicht mit dem geringstmöglichen Mitteleinsatz, erreichen, so würde man Güter verschwenden. Würde man andererseits gegebene Mittel nicht so einsetzen, dass man das bestmögliche Ergebnis erzielt, würde ebenfalls ein unnötiger Güterverbrauch hervorgerufen, würden also Mittel verschwendet.

Das Handeln nach dem Wirtschaftlichkeitsprinzip verhindert Güterverschwendung.

Im Wirtschaftlichkeitsgrundsatz ist folglich der vernünftige Umgang mit begrenzt vorhandenen Gütern verankert. Dies ist kein Zufall; denn **beim Wirtschaftlichkeitsgrundsatz handelt es sich um eine Konkretisierung des Vernunftprinzips**, das auch als **Rationalprinzip** bekannt ist und das nicht nur für den rein ökonomischen Bereich, sondern generell gilt.

In Verbindung mit der an sich selbstverständlichen Anwendung des Wirtschaftlichkeitsprinzips treten allerdings häufig Probleme auf.

- Teilweise kommt es zu **Fehlformulierungen des Wirtschaftlichkeitsgrundsatzes.** Minimal- und Maximalprinzip werden miteinander verschmolzen, so dass unsinnige Zielvorgaben entstehen. So würde beispielsweise durch die Vorgabe, man solle mit möglichst wenig Benzin möglichst viele Kilometer fahren, zwangsläufig Orientierungslosigkeit entstehen. Erst wenn entweder der Benzinverbrauch vorgegeben ist, kann man durch Wahl der Geschwindigkeit dem Wunsch nachkommen, möglichst viele Kilometer zu fahren, bzw. erst, wenn die gewünschte Entfernung bekannt ist, macht die Vorgabe, man möge so wenig Benzin wie möglich verbrauchen, Sinn.

- Weiterhin besteht die Gefahr der **Fehldeutung.** Beim Wirtschaftlichkeitsgrundsatz handelt es sich um eine **rein formale Orientierungshilfe.** Erst in Verbindung mit einer inhaltlichen Vorgabe entsteht eine vollständige Zielsetzung. Insofern muss man sich davor hüten, das Ziel »Wirtschaftlichkeit« mit einem Werturteil zu besetzen. Wirtschaftliches Handeln ist also nicht automatisch gut oder richtig.

- Schließlich ist noch zu beachten, dass die **Messung der Wirtschaftlichkeit** erhebliche Probleme aufwirft. Das gilt ganz besonders für den Bereich der öffentlichen Verwaltung. Die Gründe für diese Schwierigkeiten und die Kennzahlen, mit denen man eine Messung der Wirtschaftlichkeit versucht, werden wir nachfolgend noch detailliert erläutern.

1.2 Der Betrieb als Objekt der Betriebswirtschaftslehre

Das Wirtschaftlichkeitsprinzip ist offensichtlich für alle Personen und Institutionen in einer Volkswirtschaft bedeutsam, die im Hinblick auf eine eigene Zielsetzung wirtschaften. Man spricht in diesem Zusammenhang auch von Einzelwirtschaften oder Wirtschaftseinheiten, wobei man vier Gruppen unterscheidet:

- die privaten Haushalte,
- die öffentlichen Haushalte,
- die privaten Unternehmen und
- die öffentlichen Unternehmen.

Von *Wöhe* (vgl. S. 2) werden die Haushalte auch als Konsumtionswirtschaften und die Unternehmen als Produktionswirtschaften bezeichnet. Eine solche Begriffsfassung erscheint uns irreführend; denn die als öffentliche Haushalte bezeichneten staatlichen Wirtschaftseinheiten sind nicht dazu da, Güter im Hinblick auf die eigene Nutzenstiftung zu verbrauchen (zu konsumieren), sondern sie haben bestimmte öffentliche Aufgaben zu erfüllen, was es erforderlich macht, dass sie Güter erstellen (produzieren) und an andere Wirtschaftseinheiten abgeben. Insofern sind sie unserer Ansicht nach den Produktionswirtschaften zuzuordnen.

Da die Betriebswirtschaftslehre, wie aus dem Begriff selbst hervorgeht, eine Wissenschaft ist, die sich mit den Betrieben beschäftigt, stellt sich die Frage, welche der oben genannten Wirtschaftseinheiten zu erforschen sind. Teilweise wird auch heute noch die Ansicht vertreten, dass die betriebswirtschaftliche Forschung sich ausschließlich mit den Unternehmen zu beschäftigen habe. Bei dieser Auffassung werden nur die Unternehmen als Betriebe anerkannt. Zunehmend zeichnet sich jedoch die Tendenz ab, auch die anderen Einzelwirtschaften in die betriebswirtschaftliche Betrachtung aufzunehmen. Eine solche Ausweitung erscheint auch durchaus berechtigt, wenn man die von Gutenberg ermittelten und allgemein akzeptierten Merkmale eines Betriebes heranzieht, die unabhängig vom jeweiligen Wirtschaftssystem gelten.

Nach Gutenberg (vgl. Einführung, S. 188) ist ein Betrieb grundsätzlich dadurch gekennzeichnet, dass
- ***Produktionsfaktoren mit dem Ziel der Gütererzeugung eingesetzt und kombiniert werden,***
- ***man das Prinzip der Wirtschaftlichkeit beachtet und***
- ***die Wahrung des finanziellen Gleichgewichts angestrebt wird.***

Diese drei Merkmale sind nicht nur für Unternehmen typisch, sondern treffen zumindest auch auf die öffentlichen Verwaltungen zu, was wir nachfolgend für die **Kommunalverwaltung** und damit für den öffentlichen Haushalt, um den es in dieser Schrift geht, nachweisen:

- Zunächst ist erkennbar, dass in einer Kommunalverwaltung die unterschiedlichsten **Produktionsfaktoren** eingesetzt **werden,** also z. B. die menschliche Arbeitskraft, Grundstücke, Gebäude, Maschinen, Fahrzeuge, Büromöbel, Büromaterial. Diese Güter werden, worauf wir bereits hingewiesen haben, nicht konsumiert, also nicht im Hinblick auf eine unmittelbare Nutzenstiftung verbraucht, sondern **so verwendet bzw. kombiniert, dass andere Güter (Produkte) entstehen.** Meist handelt es sich dabei um Dienstleistungen, die für die Bürger erbracht werden. Durch Abgabe dieser Produkte erfüllt eine Kommunalverwaltung die öffentlichen Aufgaben, für die sie zuständig ist. Man denke beispielsweise an die Bearbeitung von Sozialhilfe-, Wohngeld- und Bauanträgen sowie an die Bereitstellung von Spielplätzen, Kindergärten und Schulen.

- Auch das **Wirtschaftlichkeitsprinzip** gilt für die Kommunalverwaltung. Es ist sogar in den Gemeindeordnungen verankert *(vgl. z. B. § 75 [1] der Gemeindeordnung für das Land Nordrhein-Westfalen (GO NRW) **»Die Haushaltswirtschaft ist wirtschaftlich … zu führen«** und § 82 [2] der Niedersächsischen Gemeindeordnung (NGO) **»Die Haushaltswirtschaft ist … wirtschaftlich zu führen«**.*

- Weiterhin ist eine Kommunalverwaltung verpflichtet, das **finanzielle Gleichgewicht** zu wahren. Den zu tätigenden Ausgaben müssen gleich hohe Einnahmen gegenüberstehen. Dies geht ebenfalls aus den Gemeindeordnungen hervor *(vgl. z.B. § 75 [6] GO NRW **»Die Liquidität der Gemeinde … ist sicherzustellen.«** Vgl. auch § 82 [4] NGO).*

Damit erscheint es nicht gerechtfertigt, im Rahmen der Betriebswirtschaftslehre lediglich die Unternehmen zu betrachten. Gegenstand der betriebswirtschaftlichen Analyse müssen alle Wirtschaftseinheiten sein, die die von Gutenberg genannten Merkmale aufweisen. Folglich sind auch die öffentlichen Haushalte Betriebe, die man, um ihren Betriebscharakter zu betonen, auch als **öffentliche Verwaltungsbetriebe** bezeichnen sollte *(vgl. Chmielewicz, Überlegungen, S. 583)*.

Da es sich bei der Kommunalverwaltung um einen speziellen Betriebstyp aus dem Kreis der öffentlichen Verwaltungsbetriebe handelt, bietet es sich an, für die Kommunalverwaltung den Begriff »kommunaler Verwaltungsbetrieb« zu verwenden (vgl. Schuster/Siemens, S. V, und Schuster/Steffen, S. 1).

2 Einordnung der Betriebswirtschaftslehre des kommunalen Verwaltungsbetriebs

2.1 Der Standort der Wirtschaftswissenschaft im System der Wissenschaften

Nach dem Untersuchungsgegenstand lassen sich die Wissenschaften grundsätzlich in zwei große Gruppen einteilen *(vgl. **Abbildung 1**)*, in die **Idealwissenschaften**, die auch Formalwissenschaften genannt werden, und in die **Realwissenschaften**, die man auch als Erfahrungswissenschaften oder empirische Wissenschaften bezeichnet.

Die Objekte der Idealwissenschaften werden vom Denken erschaffen. Es geht hierbei um spezielle Verfahrensweisen und die Verknüpfung von Zeichen. Typische Idealwissenschaften sind beispielsweise die Mathematik und die statistische Methodenlehre. Die Untersuchungsgegenstände der Realwissenschaften sind, wie sich aus dem Begriff entnehmen lässt, in der Realität, d.h. in der Wirklichkeit, vorhanden. Sie lassen sich empirisch, also beispielsweise durch Beobachtungen oder mit Hilfe bestimmter Geräte, erfassen. Dabei unterscheidet man zwischen den Objekten, die unabhängig vom Handeln der Menschen in Erscheinung treten, hierzu zählen beispielsweise das Licht, die einzelne Pflanze, das einzelne Tier, der menschliche Körper, die Zelle, das Gen usw., und denen, die erst durch die Menschen geschaffen werden, hierzu zählen z.B. die Sprache, die Religion, die Kunst und das Recht. Innerhalb der Realwissenschaften wird daher zwischen den **Naturwissenschaften und den Geisteswissenschaften,** die auch Kulturwissenschaften genannt werden, unterschieden.

Zu den Naturwissenschaften zählen beispielsweise die Physik und die Biologie und zu den Geisteswissenschaften gehören unter anderem die Geschichte und die **Sozialwissenschaften.**

Die Sozialwissenschaften beschäftigen sich mit den zwischenmenschlichen Beziehungen. Da diese unterschiedliche Inhalte haben, hat innerhalb der Sozialwissenschaften eine Spezialisierung stattgefunden. Es gibt somit mehrere sozialwissenschaftliche Disziplinen, beispielsweise die Soziologie, die Politikwissenschaft, die Rechtswissenschaft und die **Wirtschaftswissenschaft.**

Im Rahmen der Wirtschaftswissenschaft untersucht man die zwischenmenschlichen Beziehungen, bei denen es um den Austausch von Gütern geht.

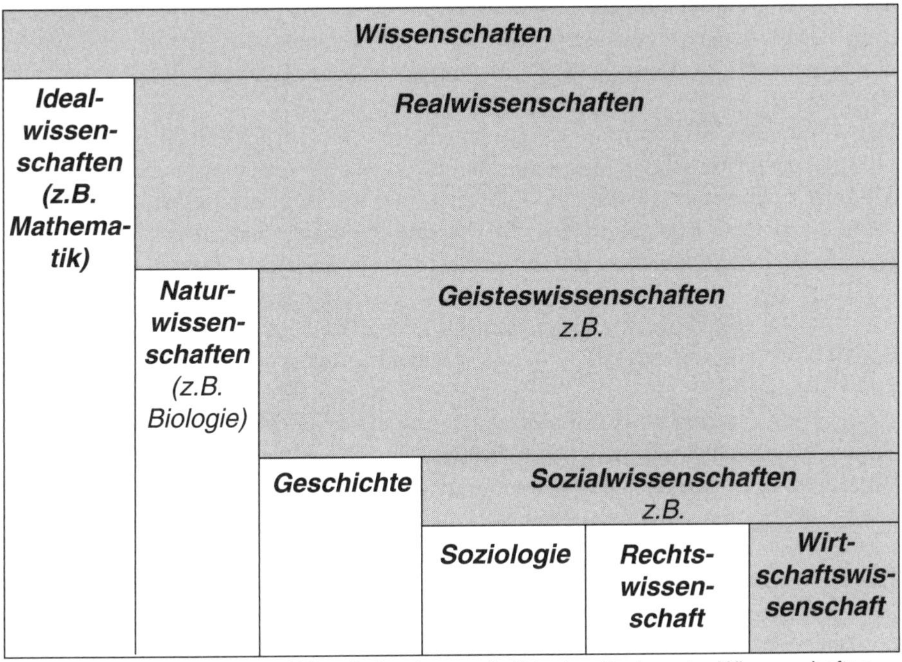

Abbildung 1: Einordnung der Wirtschaftswissenschaft in das System der Wissenschaften (vgl. Busse von Colbe/Laßmann, S. 2)

2.2 Abgrenzung der Betriebswirtschaftslehre von der Volkswirtschaftslehre

In einzelnen Ländern, so auch in Deutschland, hat die Wirtschaftswissenschaft eine Aufspaltung in zwei Teilgebiete erfahren. Es handelt sich dabei um die **Volkswirtschaftslehre**, auch kurz **VWL** genannt, und die **Betriebswirtschaftslehre,** für die sich die Abkürzung **BWL** durchgesetzt hat.

Die Volkswirtschaftslehre beschäftigte sich ursprünglich mit dem Wirtschaften eines Volkes bzw. einer Nation. Deshalb wurde das Fach früher auch als Nationalökonomie bezeichnet. Sowohl die Begriffe Volkswirtschaftslehre als auch Nationalökonomie sind heute unzweckmäßig. In der Regel muss man eine grenzüberschreitende Betrachtung vornehmen, so dass es passender wäre, von einer europäischen Wirtschaftslehre oder sogar von einer Weltwirtschaftslehre zu sprechen. Diese Begriffe haben sich allerdings noch nicht durchgesetzt. Nach wie vor ist die Bezeichnung Volkswirtschaftslehre bzw. VWL üblich.

Die Volkswirtschaftslehre lässt sich nach mehreren Gesichtspunkten einteilen. Im Hinblick auf die Klärung des Verhältnisses von BWL und VWL ist die Unterscheidung von Mikroökonomie und Makroökonomie bedeutsam. Im Rahmen der **Makroökonomie** werden Problemstellungen untersucht, die eine Volkswirtschaft insgesamt betreffen. Hierzu zählen beispielsweise die folgenden Fragen *(vgl. auch Siebert, S. 17–33):*

- Wie entsteht Arbeitslosigkeit und wie kann sie bekämpft werden?
- Wie entsteht eine Inflation (eine Geldentwertung) und wie kann man sie verhindern?
- Wie entsteht Wirtschaftswachstum und wie kann man es fördern?
- Wodurch werden Konjunkturschwankungen hervorgerufen und wie lassen sie sich vermeiden bzw. wie kann man die Ausschläge mildern?
- Wie wirkt sich der Außenhandel aus und wie sollte man ihn gestalten?

Die **Mikroökonomie** beschäftigt sich nicht direkt mit diesen gesamtwirtschaftlichen Problemstellungen, sondern mit den einzelnen Bausteinen einer Volkswirtschaft, also mit den einzelnen Wirtschaftseinheiten. Dabei werden vornehmlich die privaten Unternehmen und die privaten Haushalte untersucht. Die staatlichen Wirtschaftseinheiten sind Gegenstand der Finanzwissenschaft bzw. Finanztheorie und Finanzpolitik. Es handelt sich dabei um ein spezielles Fach, in dem sich mikro- und makroökonomische Betrachtungsweisen mischen.

Da sich auch die **Betriebswirtschaftslehre** mit den einzelnen Bausteinen der Volkswirtschaft beschäftigt, wobei die Einzelwirtschaften allerdings als Betriebe bezeichnet werden, gibt es zwischen der betriebswirtschaftlichen Analyse und der mikroökonomischen Betrachtungsweise viele Gemeinsamkeiten. Gleichwohl ist ein wichtiger Unterschied zu beachten. Im Rahmen der Mikroökonomie werden die Betriebe analysiert, um einen Beitrag für die Erklärung gesamtwirtschaftlicher Erscheinung zu erlangen.

Die Betriebswirtschaftslehre untersucht die Betriebe hingegen, um sie besser steuern zu können. Dies führt beispielsweise dazu, dass Methoden und Strategien entwickelt werden, die für die volkswirtschaftliche Betrachtung ohne Bedeutung sind. Die Betriebswirtschaftslehre und die Mikroökonomie stimmen also nur zum Teil überein. Die Betriebswirtschaftslehre bietet darüber hinaus zusätzliche Erkenntnisse. Das gilt auch für die öffentlichen Verwaltungsbetriebe.

Die Steuerung des einzelnen Verwaltungsbetriebs unter Beachtung des Wirtschaftlichkeitsprinzips kommt bei der volkswirtschaftlichen bzw. finanzwissenschaftlichen Betrachtung zu kurz. Die BWL muss diese Lücke schließen.

2.3 Der Standort einer Betriebswirtschaftslehre der Kommunalverwaltung im Gesamtgebiet der Betriebswirtschaftslehre

Uns erscheint folgende Gliederung der Betriebswirtschaftslehre sinnvoll *(vgl. **Abbildung 2**):*

Den gemeinsamen Sockel der Betriebswirtschaftslehre bildet die **Allgemeine Betriebswirtschaftslehre.** Ihre Inhalte sollten die betriebswirtschaftlichen Aussagen sein, die alle Betriebe gemeinsam betreffen, also beispielsweise grundsätzliche Erkenntnisse bezüglich der Zielbildung, der Organisation, der Planung und Kontrolle.

Darauf aufbauend sollten Betriebswirtschaftslehren entwickelt werden, die sich mit den grundsätzlichen Problemen der vier betrieblichen Grundtypen beschäftigen. Diese Teilgebiete der BWL könnte man als

- **Allgemeine BWL der privaten Haushalte,**
- **Allgemeine BWL der öffentlichen Unternehmung,**
- **Allgemeine BWL der privaten Unternehmung und**
- **Allgemeine BWL der öffentlichen Verwaltungsbetriebe**

bezeichnen.

Soweit innerhalb einer Gruppe noch Betriebstypen zu unterscheiden sind, die besondere betriebswirtschaftliche Problemstellungen aufwerfen, sind die Allgemeinen Betriebswirtschaftslehren der betrieblichen Grundtypen durch spezielle Betriebswirtschaftslehren zu ergänzen.

Für den Bereich der privatwirtschaftlichen Unternehmungen gibt es bereits solche **speziellen Betriebswirtschaftslehren,** und zwar beispielsweise die Industriebetriebslehre, die Handelsbetriebslehre, die Bankbetriebslehre und die Versicherungsbetriebslehre.

Auch im Bereich der öffentlichen Verwaltung reicht eine Allgemeine Betriebswirtschaftslehre nicht aus. Hier sind ebenfalls unterschiedliche Betriebstypen zu unterscheiden, die organisatorische Besonderheiten aufweisen und spezifische betriebswirtschaftliche Problemstellungen aufwerfen. Es liegt auf der Hand, dass beispielsweise eine BWL, die sich mit dem Verwaltungsbetrieb »Streitkräfte« beschäftigt, nicht die Erkenntnisse beinhaltet, die beispielsweise für die Steuerung des kommunalen Verwaltungsbetriebs erforderlich sind. Insofern bedarf es unter anderem einer speziellen **Betriebswirtschaftslehre der Kommunalverwaltung.**

BWL			
ALLGEMEINE BETRIEBSWIRTSCHAFTSLEHRE			
Allgemeine BWL der privaten Haushalte	**Allgemeine BWL der privaten Unternehmung**	**Allgemeine BWL der öffentlichen Unternehmung**	**Allgemeine BWL der öffentlichen Verwaltung**
Spezielle Betriebswirtschaftslehren der privaten Haushalte	**Spezielle Betriebswirtschaftslehren der privaten Unternehmung** ***z.B.*** • Industriebetriebslehre • Handelsbetriebslehre • Bankbetriebslehre • Versicherungsbetriebslehre	**Spezielle Betriebswirtschaftslehren der öffentlichen Unternehmung**	**Spezielle Betriebswirtschaftslehren der öffentlichen Verwaltung z.B.** • Betriebswirtschaftslehre der Streitkräfte • Betriebswirtschaftslehre der Polizei • Betriebswirtschaftslehre der Bundesverwaltung • Betriebswirtschaftslehre der Landesverwaltung • Betriebswirtschaftslehre der Kommunalverwaltung

Abb. 2: Standort der Betriebswirtschaftslehre der Kommunalverwaltung in dem Gesamtgebiet der Betriebswirtschaftslehre

Bei der vorliegenden Schrift handelt es sich um eine Einführung in dieses relativ junge Gebiet der BWL.

Noch ist die Anzahl der Lehrbücher, die der Betriebswirtschaftslehre der Kommunalverwaltung zuzuordnen sind, überschaubar. Einige Schriften werden nachfolgend aufgeführt:

- *Budäus, Dietrich: Betriebswirtschaftliche Instrumente zur Entlastung kommunaler Haushalte,*
- *Homann, Klaus: Kommunales Rechnungswesen,*
- *Homann, Klaus: Marketing für Kommunalverwaltungen,*
- *Lüder, Klaus: Konzeptionelle Grundlagen des Neuen Kommunalen Rechnungswesens (Speyerer Verfahren),*
- *Matschke, Jürgen, und Hering, Thomas: Kommunale Finanzierung,*
- *Rau, Thomas: Planung, Statistik und Entscheidung – Betriebswirtschaftliche Instrumente für die Kommunalverwaltung,*
- *Rau, Thomas: Betriebswirtschaftslehre für Städte und Gemeinden,*
- *Schuster, Falko: Kommunale Kosten- und Leistungsrechnung,*
- *Schuster, Falko: Doppelte Buchführung für Städte, Kreise und Gemeinden,*
- *Schuster, Falko, und Siemens, Joachim: Die Organisation des kommunalen Verwaltungsbetriebs,*
- *Schuster, Falko, und Steffen, Dieter: Das Rechnungswesen des kommunalen Verwaltungsbetriebs.*

2.4 Die Bedeutung anderer Wissenschaften für die Entwicklung einer Betriebswirtschaftslehre der Kommunalverwaltung

Nachdem wir den Standort einer BWL der Kommunalverwaltung im System der Wissenschaften bestimmt haben, wollen wir noch kurz der Frage nachgehen, welche Nachbardisziplinen für diese sich gerade entwickelnde spezielle Betriebswirtschaftslehre bedeutsam sind. Dabei sollen nachfolgend nur die wichtigsten Beziehungen erläutert werden:

- Das Recht umlagert das gesamte betriebliche Geschehen. Das gilt für alle Betriebstypen gleichermaßen. Insofern haben die **Rechtswissenschaften** einen besonders starken Einfluss auf die BWL. Für die Kommunalverwaltung gilt ein spezieller rechtlicher Rahmen. Man denke beispielsweise an die Gemeindeordnungen, die Gemeindehaushaltsverordnungen, das Kommunalabgabengesetz und das Eigenbetriebsrecht. Diese Rechtsvorschriften wirken sich auf die Zielbildung und, wie wir im Einzelnen noch zeigen werden, auf die gesamten betrieblichen Tätigkeiten, also beispielsweise auf Planung, Organisation, Kontrolle, Finanzierung, Beschaffung, Produktion und Absatz, aus.

- Weiterhin ist zu beachten, dass die einzelne Kommunalverwaltung ein Teil der gesamten öffentlichen Verwaltung ist. Dies führt dazu, dass, was gegenwärtig zunehmend vergessen wird, die betriebswirtschaftliche Betrachtung nicht ausreicht, sondern stets zusätzlich die volkswirtschaftlichen Auswirkungen zu berücksichtigen sind. Für die Steuerung des kommunalen Verwaltungsbetriebs sind somit auch Erkenntnisse der **Volkswirtschaftslehre** von Bedeutung.

- Eine große Bedeutung für die Betriebswirtschaftslehre hat die **Psychologie.** Sie beschäftigt sich mit dem menschlichen Verhalten und liefert damit auch Erklärungen für ökonomische Verhaltensweisen, also beispielsweise für die Erklärung des Kauf-, des Arbeits- und des Führungsverhaltens. Mit ihren Forschungsergebnissen hat die Psychologie die Betriebswirtschaftslehre nachhaltig geprägt. Die den klassischen wirtschaftswissenschaftlichen Modellen zugrunde liegende Prämisse des rationalen Verhaltens wurde in Frage gestellt und von zahlreichen Fachvertretern aufgegeben. Stattdessen wurde und wird versucht, das tatsächliche Verhalten der Menschen empirisch, also beispielsweise durch Beobachtung oder Befragung, zu ermitteln und zu berücksichtigen. Auch für die BWL der Kommunalverwaltung sind die Beiträge der Psychologie von Bedeutung, so beispielsweise dann, wenn es um das Verhalten des Verwaltungspersonals gegenüber den Bürgern oder um das Führungsverhalten geht.

- Die **Verwaltungswissenschaft,** auch Verwaltungslehre genannt, ist eine auf die öffentliche Verwaltung als Ganzes gerichtete Wissenschaft *(vgl. Becker, S. 137).* Da es sich hierbei um einen vielschichtigen Untersuchungsgegenstand handelt, ist eine Betrachtung aus verschiedenen Blickwinkeln naheliegend. Dabei werden unter anderem auch betriebswirtschaftliche Erkenntnisse gewonnen, wie umgekehrt betriebswirtschaftliche Forschungsergebnisse in die Verhaltenswissenschaft einfließen können. Als relativ junge Fachdisziplin konnte die Betriebswirtschaftslehre der öffentlichen Verwaltung allerdings der Verwaltungswissenschaft bisher relativ wenig zuarbeiten. Dies hat dazu geführt, dass in der Verwaltungswissenschaft überwiegend eine eigenständige betriebswirtschaftliche Betrachtung vorgenommen wurde. Über diese in der Verwaltungswissenschaft entstandenen Forschungsbeiträge kann die Betriebswirtschaftslehre nicht hinwegsehen. Andererseits sollte sie diese aber auch nicht ungeprüft berücksichtigten, um zu vermeiden, dass Irrtümer übernommen werden.

- Bei den **Kommunalwissenschaften** handelt sich um »zahlreiche Wissenschaften, die sich mit gemeindlichen Problemen befassen« *(Spiegel, S. 24).* Wie in der Verwaltungswissenschaft werden unter anderem auch betriebswirtschaftliche Fragestellungen aufgegriffen. In diesem Zusammenhang ist beispielsweise die Analyse der kommunalen Aufgaben und der Instrumente der Aufgabenerfüllung zu erwähnen *(vgl. Püttner, Handbuch, Band 3).* Auch für die den Kommunalwissenschaften entstammenden betriebswirtschaftlichen Beiträge gilt, was wir für die betriebswirtschaftlichen Betrachtungen innerhalb der Verwaltungswissenschaft gesagt haben. Sie sind ohne Zweifel für die

Entwicklung einer BWL der Kommunalverwaltung von Bedeutung, dürfen aber nicht ungeprüft übernommen werden, damit diese sich entwickelnde spezielle Betriebswirtschaftslehre nicht mit fehlerhaften Aussagen belastet wird.

- Schließlich ist noch darauf hinzuweisen, dass **Mathematik** und **Statistik,** wie für die BWL generell, so auch für die Betriebswirtschaftslehre der Kommunalverwaltung, nicht unwichtig sind. Auf mathematische Methoden wird beispielsweise im Rahmen der kommunalen Kosten- und Leistungsrechnung sowie in Verbindung mit Investitions- und Finanzierungsentscheidungen zurückgegriffen. Statistische Methoden spielen beispielsweise eine Rolle, wenn es darum geht, Daten übersichtlich aufzubereiten.

3 Der kommunale Verwaltungsbetrieb

3.1 Abgrenzung des kommunalen Verwaltungsbetriebs

Betrachtet man den Aufbau der gesamten öffentlichen Verwaltung in Deutschland, so lassen sich drei Hauptebenen unterscheiden, die jeweils einen grundsätzlich abgegrenzten und weitgehend eigenständigen Aufgabenkreis haben. Es handelt sich dabei um

- die Bundesverwaltung,
- die Landesverwaltungen und
- die Gemeindeverwaltungen.

Nur auf letztere bezieht sich diese Schrift.

Die **Gemeindeverwaltung** ist eine Organisation, die der Gemeinde zur Erledigung ihrer Aufgaben zur Verfügung steht. Die Gemeinde selbst ist eine Gebietskörperschaft und in ihrem Gebiet für bestimmte öffentliche Aufgaben zuständig. Zahlreiche Gemeinden sind Städte. Die Bezeichnung »Stadt« hat rechtlich jedoch keine Bedeutung. Die Organisation, die einer Stadt zur Erledigung ihrer Aufgaben zur Verfügung steht, nennt man **Stadtverwaltung.** Der Kreis ist ein Gemeindeverband und eine Gebietskörperschaft oberhalb der Gemeindeebene, der unter anderem Selbstverwaltungsaufgaben wahrnimmt, welche die ihm angehörigen Gemeinden an ihn abgegeben haben. Die Verwaltung eines Kreises nennt man **Kreisverwaltung.** Der Begriff **Kommunalverwaltung** erfasst als Oberbegriff die Begriffe Gemeinde-, Stadt- und Kreisverwaltung. Um den Betriebscharakter der Kommunalverwaltung zu betonen, bezeichnen wir sie, wie bereits dargelegt, als **kommunalen Verwaltungsbetrieb.**

Nicht in allen Schriften wird die Kommunalverwaltung als Betrieb bezeichnet. Teilweise verwendet man den Begriff Betrieb für Teile der Kommunalverwaltung. Diese Vorgehensweise halten wir nicht für zweckmäßig, weil das von Gutenberg genannte Merkmal »Wahrung des finanziellen Gleichgewichts« nur für die Kommunalverwaltung insgesamt und nicht gesondert für einzelne Teile der Kommunalverwaltung gilt. So muss der Haushalt der Gemeinde ausgeglichen sein und nicht der Haushalt eines Dezernats, eines Amtes oder einer Abteilung. Dies ist aber nicht der einzige Grund, weshalb wir die Kommunalverwaltung insgesamt als Betrieb ansehen. Zusätzlich ist noch zu beachten, dass die einzelnen Organisationsbereiche der Kommunalverwaltung keine eigene Rechtspersönlichkeit haben. Die Rechtsgeschäfte werden also immer von der Kommune als Ganzes getätigt. Weiterhin gilt, dass die gesamte Verwaltung letztlich von einer Person geleitet und beaufsichtigt wird. In Nordrhein-Westfalen übernimmt diese Funktion der Bürgermeister, der gleichzeitig Dienstvorgesetzter der Beamten, Angestellten und Arbeiter der Verwaltung ist (vgl. GO NRW § 62 und § 73).

In dieser Schrift wird also die Kommunalverwaltung insgesamt als kommunaler Verwaltungsbetrieb bezeichnet.

Wenn wir nachfolgend den kommunalen Verwaltungsbetrieb besprechen, so haben wir dabei zunächst die Gemeindeverwaltung vor Augen. Sobald wir die Kreisverwaltung in die Analyse einbeziehen, werden wir gesondert darauf hinweisen.

Der **kommunale Verwaltungsbetrieb** selbst ist ein relativ komplexes Gebilde. Ähnlich wie bei einer privatwirtschaftlichen Kapitalgesellschaft lassen sich auch hier **verschiedene Organe** unterscheiden. Dies wird nachfolgend am Beispiel der nordrhein-westfälischen Gemeindeverwaltung erläutert *(vgl.* ***Abbildung 3****)*. Im Einzelnen handelt es sich dabei um den Rat, den Bürgermeister und den Verwaltungsvorstand.

- Der **Rat** vertritt die Bürgerschaft (§ 40 GO NRW). Seine Mitglieder werden für einen bestimmten Zeitraum gewählt (§ 42 GO NRW). Er ist für alle Angelegenheiten der Gemeindeverwaltung zuständig, soweit die Gemeindeordnung nicht ausdrücklich etwas anderes bestimmt (§ 41 [1] GO NRW). Allerdings kann der Rat Verwaltungsaufgaben auf **Ausschüsse** und auf den Bürgermeister übertragen (§ 41 [2] GO NRW), wobei Geschäfte der laufenden Verwaltung, soweit der Rat nicht ausdrücklich etwas anderes bestimmt, grundsätzlich dem Bürgermeister zugewiesen sind (§ 41 [3] GO NRW).

- Der **Bürgermeister** hat den Vorsitz im Rat (vgl. § 40 GO NRW). Gleichzeitig ist er für die Leitung und Beaufsichtigung des Geschäftsgangs der gesamten Verwaltung zuständig (§ 62 [1] GO NRW). Man kann in diesem Zusammenhang auch von der **Verwaltungsspitze** sprechen.

- In Nordrhein-Westfalen wird er dabei, falls hauptamtliche Beigeordnete bestellt sind, von einem Gremium unterstützt, das **Verwaltungsvorstand** genannt wird und dem neben dem Bürgermeister, der den Vorsitz führt, die oben genannten hauptamtlichen Beigeordneten sowie der Kämmerer angehören (§ 70 [1] GO NRW). Der Bürgermeister entscheidet bei Meinungsverschiedenheiten (§ 70 [4] GO NRW).

Die eigentliche Erfüllung der kommunalen Aufgaben erfolgt durch spezielle Organisationseinheiten, die dem Verwaltungsvorstand unterstellt sind. Es handelt sich dabei beispielsweise um Dezernate, Fachbereiche, Ämter und Abteilungen. Da es für diese **»ausführenden Organisationseinheiten«** keine besonderen Regelungen in den Gemeindeordnungen gibt, kann man darüber streiten, ob man eine solche Organisationseinheit als »Organ« bezeichnen sollte.

Nicht selten wird der Begriff »Gemeindeverwaltung« enger gefasst. Er bezieht sich dann nicht auf den Rat und die Ausschüsse, sondern nur auf den Verwaltungsvorstand und die ihm nachgeordneten Organisationseinheiten. Um Missverständnisse zu vermeiden, sollte man dann allerdings, wenn man diese enge Begriffsfassung wählt, auch von der **Gemeindeverwaltung im engeren Sinn** sprechen.

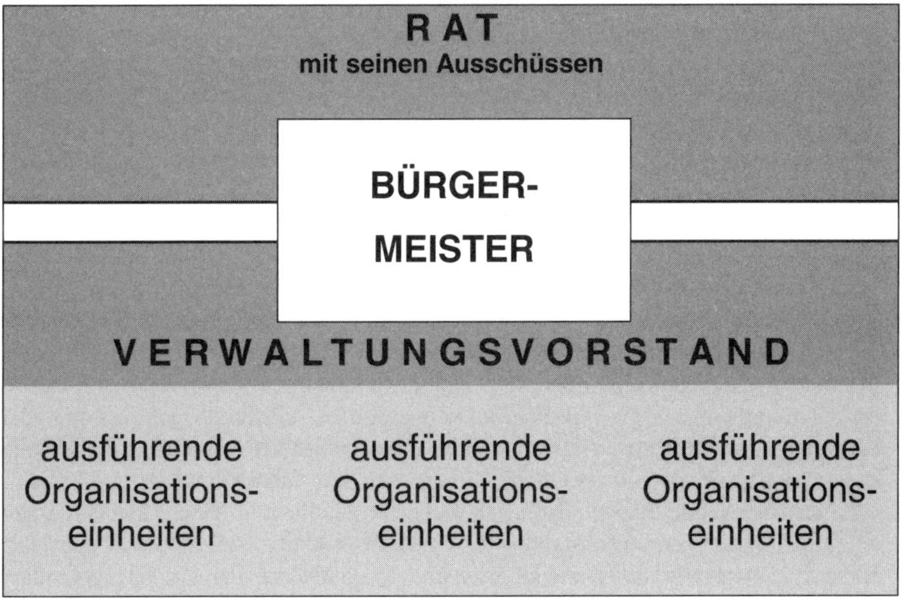

Abb. 3: Die Organe des kommunalen Verwaltungsbetriebs

3.2 Die Teilbetriebe des kommunalen Verwaltungsbetriebs

*Relativ selbstständige Bereiche der Kommunalverwaltung werden nachfolgend **kommunale Teilbetriebe** genannt (vgl. Schuster/Steffen, S. 1).*

Es handelt sich dabei um Organisationseinheiten, die dem Verwaltungsvorstand unterstellt und für die Durchführung der zu erfüllenden kommunalen Aufgaben zuständig sind *(vgl. **Abbildung 3**)*.

Kommunale Teilbetriebe können in verschiedenen Formen in Erscheinung treten, wobei die Grenzen teilweise fließend sind und die Begriffsfassung in der Literatur nicht einheitlich ist. Unserer Ansicht nach lassen sich folgende **Typen kommunaler Teilbetriebe** unterscheiden:

- **der klassische kommunale Teilbetrieb,**
- **der kommunale Regiebetrieb im engeren Sinn,**
- **der kommunale Eigenbetrieb** und
- **die eigenbetriebsähnliche Einrichtung.**

- **Beim klassischen kommunalen Teilbetrieb,** der auch als **sonstiger kommunaler Teilbetrieb** bezeichnet werden kann (vgl. Schuster/Steffen, S. 2), handelt es sich um die traditionelle Organisationseinheit, die für die Erledigung eines bestimmten Kreises kommunaler Aufgaben gebildet wird. Nach der Stellung in der Verwaltungshierarchie ist zwischen den Hauptverwaltungsbereichen, die auch Dezernate genannt werden, den Ämtern, den Abteilungen und den Sachgebieten zu unterscheiden. Dabei wird in der Regel das **Amt** hervorgehoben und als tragende Organisationseinheit bezeichnet (vgl. Rau, S. 24). Werden Dienstleistungen an Außenstehende, also in der Regel an die Bürgerinnen und Bürger, abgegeben, spricht man von einem **Fachamt.** Werden Dienstleistungen für andere Organisationseinheiten der Verwaltung erbracht, wird die Bezeichnung **Querschnittsamt** verwendet. Das klassische Amt verfügt weder über eine eigene Rechtspersönlichkeit noch über eigenes Vermögen. Es hat auch kein eigenständiges Rechnungswesen. Die Einnahmen und Ausgaben werden im Rechenwerk der Gemeinde erfasst, also unter anderem detailliert im Haushaltsplan aufgeführt, d.h. »brutto« veranschlagt. Da die Haushaltssystematik nicht mit der organisatorischen Gliederung der Gemeindeverwaltung übereinstimmen muss, ist nicht immer ohne weiteres erkennbar, welche Einnahmen und Ausgaben ein Amt tätigt. Das Amt ist in den Weisungs- und Berichtsweg eingebunden. Letztlich kann also die Verwaltungsspitze die Verwaltungsabläufe innerhalb des Amtes direkt steuern. Um eine völlig unselbstständige Organisationseinheit handelt es sich gleichwohl in der Regel nicht, die Vielzahl der kommunalen Aufgaben macht es erforderlich, dass Kompetenzen, d.h. Handlungsrechte bzw. Entscheidungsbefugnisse, auf nachgeordnete Organisationseinheiten übertragen werden müssen. Dieser Zwang zur Delegation führt dazu, dass auch die Leitung eines klassischen Amtes Gestaltungsmöglichkeiten hat. Zunehmend wird auf den Begriff Amt verzichtet. Stattdessen spricht man häufig von einem Fachbereich, einem Team oder einem Produktbereich, wenn man die tragenden Organisationseinheiten der Kernverwaltung meint. Weiterhin wird durch eine Veränderung des Haushaltsrechts angestrebt, einer solchen Organisationseinheit Einnahmen und Ausgaben bzw. ein Budget klar zuzuordnen.

– Der **kommunale Regiebetrieb im engeren Sinne** wird in der Literatur auch **reiner Regiebetrieb** (vgl. Korndörfer, S. 119), **Bruttoregiebetrieb** (Cronauge/Westermann, S. 36) sowie **Bruttobetrieb** (Matschke/Hering, S. 29) genannt. Es kann sich um ein Amt oder einen größeren Teil eines Amtes, beispielsweise um eine Abteilung, handeln. Die für diese Verwaltungsbereiche übliche Bezeichnung »Regiebetrieb« (vgl. Adamaschek/Adams, Sp. 1395) ist irreführend; denn diesen Organisationseinheiten fehlt eines der von Gutenberg genannten Merkmale, die einen Betrieb kennzeichnen. Für sich allein genommen muss ein solcher Verwaltungsbereich in der Regel nicht das finanzielle Gleichgewicht wahren. Er ist in das Zielsystem der Gesamtverwaltung eingebunden. Nur für die Kommunalverwaltung als Ganzes gilt das Ziel, den Haushaltsausgleich bzw. die Liquidität sicherzustellen, welches dem Streben nach finanziellem Gleichgewicht entspricht. Der kommunale Regiebetrieb im engeren Sinn weist überwiegend die gleichen Merkmale auf wie der klassische kommunale Teilbetrieb. Er verfügt weder über eine eigene Rechtspersönlichkeit noch über eigenes Vermögen. Weiterhin werden die Einnahmen und Ausgaben detailliert, d.h. »brutto«, im Haushaltsplan der Gemeinde veranschlagt. Er ist auch organisatorisch in die Verwaltungshierarchie eingebunden. Letztlich kann auch hier die Verwaltungsspitze direkt steuernd eingreifen. Gleichwohl weist der kommunale Regiebetrieb im engeren Sinn gegenüber dem klassischen kommunalen Teilbetrieb einige Besonderheiten auf: So wird von einem Regiebetrieb in der Regel nur in Verbindung mit bestimmten kommunalen Aufgaben gesprochen (vgl. beispielsweise Rau, S. 25). Ein Sozialamt bezeichnet man beispielsweise zumindest gegenwärtig noch nicht als Regiebetrieb. Kommunale Regiebetriebe im engeren Sinn sind unter anderem für die Abfall- und Abwasserentsorgung, die Straßenreinigung, die Grünflächenpflege, die Unterhaltung von Friedhöfen, Krankenhäusern, Museen, Sportstätten und Theatern zuständig. Auch so genannte Hilfsbetriebe der Gemeinde, wie die Druckerei oder der Bauhof, werden häufig als Regiebetriebe bezeichnet. Im kameralen Haushaltswesen, das gegenwärtig zunehmend von einer Haushaltswirtschaft auf doppischer Grundlage verdrängt wird, werden sie **kostenrechnende Einrichtungen** genannt. Typisch für diese kommunalen Teilbetriebe ist, dass sie in der Regel aus Entgelten finanziert werden. Im Rahmen der so genannten »Neuen Steuerungsmodelle« (vgl. Deckert/Wind) wird den Regiebetrieben neben einer inhaltlichen Zielsetzung ein Ausgabenrahmen vorgegeben. Man spricht in diesem Zusammenhang auch von **Budgetierung** (vgl. z.B. Brückmann, Ein neues Steuerungssystem ..., S. 73). Hierdurch nimmt die Selbstständigkeit dieser kommunalen Teilbetriebe zu. Sie können den Ressourceneinsatz, d.h. den Einsatz der Produktionsfaktoren, weitgehend eigenständig gestalten und werden letztlich daran gemessen, wie weit sie die Zielvorgaben erreicht haben. Solche budgetverantwortlichen Organisationseinheiten, d.h. Verwaltungsbereiche mit dezentraler Ressourcenverantwortung, werden in einzelnen Gemeinden auch **»optimierte Regiebetriebe«** (Reichard, Umdenken im Rathaus, S. 77) genannt. All dies ändert jedoch nichts daran, dass es sich bei den kommunalen Regiebetrieben im engeren Sinn um Teile der Verwaltung handelt.

– Der **kommunale Eigenbetrieb** ist ein gemeindliches wirtschaftliches Unternehmen ohne Rechtspersönlichkeit (vgl. § 114 [1] GO NRW). Er wird auch als **verselbstständigter** oder **selbstständiger Regiebetrieb** (Adamaschek/Adam, Sp. 1391) bezeichnet. Zu seinen Aufgabenfeldern zählen die Strom-, Gas-, Wasser- und Fernwärmeversorgung, die Sicherung des Nahverkehrs sowie der Betrieb von Häfen und Kurbädern. Für die kommunalen Eigenbetriebe gelten spezielle Regelungen. Es handelt sich dabei um das **Eigenbetriebsrecht,** aus dem die **Besonderheiten** dieser kommunalen Teilbetriebe hervorgehen:

  - So hat der Eigenbetrieb als wirtschaftliches Unternehmen grundsätzlich einen **Gewinn** anzustreben und damit eine Zielsetzung, die von der des klassischen kommunalen Teilbetriebs und der des reinen Regiebetriebes abweicht. Allerdings ist der Gewinn nicht zu maximieren, sondern er soll lediglich so groß sein, dass der Eigenbetrieb seine Substanz erhalten, d.h. seine Existenz sichern kann (vgl. § 10 [5] EigVO NRW).
  - Aus dieser Zielsetzung ergibt sich die Notwendigkeit, ein Buchhaltungssystem zu praktizieren, das den Gewinnausweis ermöglicht. Wie wir später noch zeigen werden, vermag die Verwaltungskameralistik diese Anforderung nicht zu erfüllen. Demzufolge ist für den Eigenbetrieb grundsätzlich die **kaufmännische Buchführung, d.h. die traditionelle doppelte Buchführung,** vorgeschrieben. Denkbar ist allerdings auch die Anwendung der im Rahmen des Neuen Kommunalen Finanzmanagements praktizierten Variante der doppelten Buchführung. Insofern kommt es letztlich auf die in den einzelnen Bundesländern gültigen Regelungen an. In der Eigenbetriebsverordnung des Landes Nordrhein-Westfalen findet sich beispielsweise ein solcher Hinweis (vgl. § 19 [1] EigVO NRW).
  - Anders als bei den Ämtern und den reinen Regiebetrieben werden die Einnahmen und Ausgaben des Eigenbetriebs nicht detailliert, d.h. nicht brutto, im kameralen Haushaltsplan erfasst. Neben eventuellen Kreditgeschäften zwischen dem Eigenbetrieb und dem übrigen Teil der Kommunalverwaltung werden lediglich Zahlungen, die aus dem Ergebnis des Eigenbetriebs resultieren, also eine geplante Gewinnabführung oder eine geplante Verlustübernahme, im Haushaltsplan der Gemeinde veranschlagt. Da nur ein Saldo, und zwar der Differenzbetrag der Gewinn- und Verlustrechnung des Eigenbetriebs, seinen Niederschlag im Haushaltsplan findet, spricht man auch von einer **Nettoveranschlagung** und man zählt den Eigenbetrieb zu den so genannten **Nettobetrieben** (vgl. Gornas/Beyer, S. 69). Wird das Neue Kommunale Finanzmanage-

ment praktiziert, dann wird auch hier der Unterschied zwischen dem Eigenbetrieb und den anderen kommunalen Teilbetrieben deutlich. Während das Vermögen der anderen kommunalen Teilbetriebe unter den verschiedenen Positionen der kommunalen Bilanz ausgewiesen wird, wird der Eigenbetrieb mit seinem Wert als Finanzanlage, also unter nur einer Bilanzposition, erfasst (vgl. § 41 [3], 1.3.3 GemHVO NRW).

- Für die Steuerung des Eigenbetriebs ist die **Betriebsleitung** (früher **Werkleitung)** zuständig, soweit die Befugnisse nicht durch die Gemeindeordnung und das Eigenbetriebsrecht eingeschränkt werden (vgl. § 2 EigVO NRW).
- Eine solche Einschränkung ergibt sich in Nordrhein-Westfalen beispielsweise durch § 4 der Eigenbetriebsverordnung. Demnach kann der **Rat** bestimmte Führungsentscheidungen nicht auf die Betriebsleitung übertragen, beispielsweise die Feststellung des Wirtschaftsplanes und die Feststellung des Jahresabschlusses. Weiterhin wird für den Eigenbetrieb ein spezieller Ausschuss des Rates eingerichtet. Es handelt sich dabei um den so genannten **Betriebsausschuss** (früher **Werksausschuss).** Dieser berät einerseits die Beschlüsse des Rates vor und kann andererseits je nach Ausgestaltung der Betriebssatzung in wichtigen Fragen auf die Führung des Eigenbetriebs Einfluss nehmen (vgl. § 5 EigVO NRW).

Trotz der im Vergleich zu den Ämtern und reinen Regiebetrieben größeren organisatorischen Selbstständigkeit ist der **Eigenbetrieb** als ein Teil der Kommunalverwaltung und damit **nicht** als **eigenständiger Betrieb**, **sondern** als **kommunaler Teilbetrieb** anzusehen (vgl. auch Schuster/Steffen, S. 2), und zwar aus folgenden Gründen:

- Wie schon aus der oben wiedergegebenen und in der Gemeindeordnung enthaltenen Definition hervorgeht, **fehlt es dem Eigenbetrieb** wie den beiden zuvor erläuterten Typen kommunaler Teilbetriebe **an einer eigenen Rechtspersönlichkeit** (vgl. auch § 1 EigVO NRW). Letztlich ist damit, wenn der Eigenbetrieb tätig wird, die Gemeinde Vertragspartner. Sie haftet für den Eigenbetrieb unmittelbar und unbeschränkt (vgl. Matschke/Hering, S. 29).
- Die **Bürgermeisterin** oder **der Bürgermeister sind Dienstvorgesetzte der Dienstkräfte des Eigenbetriebs** (vgl. § 6 [1] EigVO NRW) und folglich untersteht auch die Betriebsleitung der Verwaltungsspitze, deren Einfluss allerdings durch das Eigenbetriebsrecht relativiert wird.
- Weiterhin können im Eigenbetrieb **Beamtinnen und Beamte** beschäftigt werden, was durchaus üblich ist. Ihre Stellen sind im Stellenplan der Gemeinde zu führen (vgl. § 17 [1] EigVO NRW). Dies bedeutet, dass der einzelne Kommunalbeamte bzw. die einzelne Kommunalbeamtin nach Bedarf auch in anderen Bereichen der Gemeinde- bzw. Kreisverwaltung eingesetzt werden kann (vgl. Schuster/Steffen, S. 2). Es besteht also eine enge personalwirtschaftliche Verflechtung zwischen den Eigenbetrieben und den anderen ausführenden Organisationseinheiten des kommunalen Verwaltungsbetriebs.

– Bei der **eigenbetriebsähnlichen Einrichtung** (vgl. Schuster/Steffen, S. 2) handelt es sich um eine ausführende Organisationseinheit der Kommunalverwaltung, die teilweise Merkmale des reinen Regiebetriebs und teilweise Merkmale des Eigenbetriebs aufweist. Diese Teilbetriebsform entsteht dadurch, dass kommunale Einrichtungen, die üblicherweise als reine Regiebetriebe auf den Gebieten Erziehung, Bildung, Kultur, Sport, Erholung, Gesundheitswesen, Sozialwesen, Umweltschutz, Abfall- und Abwasserentsorgung oder als Hilfsbetriebe der Gemeinde tätig sind, entsprechend den Vorschriften über die Eigenbetriebe geführt werden. Zu Eigenbetrieben, also zu wirtschaftlichen Unternehmen der Gemeinde, werden diese Organisationseinheiten dadurch nicht; denn die Erfüllung der obigen Aufgaben gilt nach dem Kommunalrecht nicht als eine wirtschaftliche Betätigung (vgl. § 107 [2] GO NRW). Insofern gilt das Gewinnziel nicht oder nur eingeschränkt. Auf der anderen Seite werden sie infolge der Übernahme der kaufmännischen Rechnungslegung nur noch mit ihrem Ergebnis, d.h. netto, im Haushaltsplan der Gemeinde erfasst. Sie sind folglich den **Nettobetrieben** zuzuordnen. Man könnte in diesem Fall auch von einem **Nettoregiebetrieb** (vgl. Cronauge/Westermann, S. 38) sprechen. Vereinfacht formuliert, handelt es sich bei den eigenbetriebsähnlichen Einrichtungen um kommunale Teilbetriebe, die dem Wesen nach den reinen Regiebetrieben, aber in formaler Hinsicht den Eigenbetrieben zuzuordnen sind.

Abschließend ist noch der Begriff **»Betrieb gewerblicher Art«** einzuordnen. Es handelt sich hierbei um eine steuerrechtliche Abgrenzung (vgl. Cronauge/Westermann, S. 38), die auch den Bereich der Kommunalverwaltung berührt. Demnach muss man wegen der unterschiedlichen Steuerfolgen prüfen, ob eine Organisationseinheit des kommunalen Verwaltungsbetriebs überwiegend der Ausübung öffentlicher Gewalt dient (vgl. Heidemann, S. 57), d.h., ob eine Tätigkeit ausgeübt wird, die den öffentlich-rechtlichen Körperschaften eigentümlich und vorbehalten ist. Ist dies der Fall, nennt man einen solchen Teil der Verwaltung **Hoheitsbetrieb.** Dieser unterliegt weder der Körperschafts-, der Umsatz-, der Gewerbe- noch der Vermögenssteuer. Hoheitsbetriebe erkennt man insbesondere daran, dass sie Güter anbieten, zu deren Abnahme bestimmte Personenkreise auf Grund gesetzlicher oder behördlicher Anordnungen verpflichtet sind. Hierzu zählen beispielsweise Organisationseinheiten, die für Friedhöfe, die Abfallbeseitigung, die Abwasserentsorgung oder die Straßenreinigung zuständig sind (vgl. Heidemann, S. 58). **Dagegen handelt es sich bei einem Betrieb gewerblicher Art um einen Teil der Kommunalverwaltung, der das äußere Bild eines Gewerbebetriebs hat** – gemeint ist ein Organisationsbereich, der erstens nachhaltig, d.h. mit Wiederholungsabsicht, außerhalb der Land- und Forstwirtschaft wirtschaftlich tätig ist, um Einnahmen zu erzielen, und der sich zweitens aus dem Gesamtbereich des kommunalen Verwaltungsbetriebs wirtschaftlich heraushebt. Die Tätigkeit muss also von einigem Gewicht sein. In der Regel bedarf es spezieller steuerrechtlicher Kenntnisse, um im konkreten Einzelfall den Betrieb gewerblicher Art zu erkennen und abzugrenzen. Trotz der steuerrechtlichen Besonderheit sind sie nicht als spezielle kommunale Teilbetriebe anzusehen. Sie können in den verschiedenen Bereichen der Kommunalverwaltung vorkommen und unterschiedliche Formen annehmen. Es kann sich also bei einem Betrieb gewerblicher Art z.B. um ein Amt, einen reinen Regiebetrieb, eine eigenbetriebsähnliche Einrichtung oder Teile solcher Organisationseinheiten handeln.

Abb. 4: Die Organe und Teilbetriebe des kommunalen Verwaltungsbetriebs

Nach der Erläuterung der ausführenden Organisationseinheiten des kommunalen Verwaltungsbetriebs können wir ***Abbildung 3*** entsprechend weiterentwickeln und die einzelnen Teilbetriebsformen berücksichtigen *(vgl.* ***Abbildung 4****).*

3.3 Der kommunale Verwaltungsbetrieb und seine Beteiligungen

Der kommunale Verwaltungsbetrieb kann Eigentümer bzw. Miteigentümer anderer Betriebe sein. Je nachdem, wie stark und gegebenenfalls mit welchen Betrieben sich ein kommunaler Verwaltungsbetrieb beteiligt, lassen sich unserer Ansicht nach primär **vier Beteiligungsformen** unterscheiden:

a) die Eigengesellschaft,
b) das Kommunalunternehmen,
c) die gemischtöffentliche Beteiligung und
d) das gemischtwirtschaftliche Unternehmen.

a) Unter einer **Eigengesellschaft** versteht man einen privatrechtlich selbstständig organisierten Aufgabenträger, an dem eine Gemeinde ausschließlich beteiligt ist (vgl.

Kraft, S. 169). Es handelt sich also um eine Unternehmung mit eigener Rechtspersönlichkeit, deren Anteile sich zu 100% im Eigentum eines kommunalen Verwaltungsbetriebs befinden, wobei üblicherweise die Rechtsformen der **AG** und der **GmbH** gewählt werden.

- Die **Aktiengesellschaft (AG)** ist dadurch gekennzeichnet, dass die Gesellschafter an dem in Aktien zerlegten Grundkapital beteiligt sind, ohne dass sie persönlich für die Verbindlichkeiten der Gesellschaft haften. Der Mindestnennbetrag für das Grundkapital beträgt 50.000 Euro. Organe der Aktiengesellschaft sind der Vorstand als leitendes Organ, der Aufsichtsrat als überwachendes Organ und die Hauptversammlung als das Organ, das die Interessen der Aktionäre wahrt. Dem Vorstand obliegt die Geschäftsführung. Dabei ist er nicht an Weisungen der beiden anderen Organe gebunden. Der Aufsichtsrat wird von der Hauptversammlung für einen Zeitraum von vier Jahren gewählt. Er hat unter anderem die Aufgabe, den Vorstand zu bestellen oder gegebenenfalls abzuberufen und dessen Geschäftsführung zu überwachen. Damit er diese Kontrollaufgabe möglichst unabhängig erfüllen kann, dürfen Mitglieder des Vorstands der AG nicht gleichzeitig dem Aufsichtsrat angehören. Die Hauptversammlung ist das Organ, in dem die Aktionäre vertreten sind und durch das sie ihre Rechte wahrnehmen, soweit diese nicht durch Gesetz oder Satzung eingeschränkt sind. Das Stimmrecht wird nach Aktiennennbeträgen und nicht nach Köpfen ausgeübt.
- Die **Gesellschaft mit beschränkter Haftung (GmbH)** ist dadurch gekennzeichnet, dass die Gesellschafter am Stammkapital, das mindestens 25.000 Euro betragen muss, beteiligt sind, ohne dass sie persönlich für die Verbindlichkeiten der Gesellschaft haften. Das Stammkapital wird durch Satzung festgelegt und setzt sich aus den Stammeinlagen zusammen, die unterschiedlich groß sein können. Mit seiner Einlage erwirbt ein Gesellschafter den so genannten Geschäftsanteil, d.h. einen entsprechenden Anteil am Vermögen der Gesellschaft. Organe der GmbH sind der bzw. die Geschäftsführer, die Gesamtheit der Gesellschafter (Gesellschafterversammlung) und der Aufsichtsrat. Die Geschäftsführer leiten die Gesellschaft. Sie werden durch den Gesellschaftsvertrag oder einen Beschluss der Gesellschafter bestellt. Häufig sind die Gesellschafter selbst Geschäftsführer. Das oberste Organ ist die Gesellschafterversammlung, durch das die Anteilseigner ihre Rechte wahren, soweit diese nicht durch Gesetz oder Satzung eingeschränkt werden. Die Bildung eines Aufsichtsrates ist nicht durch Gesetz vorgeschrieben. Die Satzung kann die Einrichtung dieses Kontrollorgans jedoch vorsehen.

Vergleicht man die Rechtsform der GmbH mit der der AG, so sind zunächst **zwei Gemeinsamkeiten** zu nennen: Durch beide Rechtsformen erfolgt ein Ausschluss der persönlichen Haftung der Gesellschafter für Verbindlichkeiten der Gesellschaft und beide Rechtsformen sehen eine anteilsmäßige Beteiligung mehrerer Gesellschafter vor. Auf der anderen Seite sind auch **einige Unterschiede** bedeutsam: Bei der Gründung einer GmbH sind die Kosten und das Gründungskapital niedriger als bei einer AG. Weiterhin muss man bei der GmbH auf weniger Formvorschriften achten. Auf der anderen Seite sind die Anteile einer AG, d.h. die Aktien, zum Verkehr bestimmt und somit leichter zu veräußern, während der Verkauf der Geschäftsanteile an einer GmbH eine notarielle Beurkundung erforderlich macht. Der letzte Punkt ist allerdings für kommunale Eigengesellschaften relativ unbedeutend; denn in diesem Fall befinden sich alle Anteile in einer Hand. Man bezeichnet eine solche Sonderform auch als »Einmanngesellschaft«, wenn es sich um eine AG handelt, oder als »Einmann-GmbH« (vgl. Korndörfer, S. 92 und S. 10).

b) Als **Kommunalunternehmen** bezeichnet man ein Unternehmen oder eine Einrichtung der Gemeinde, die in der Rechtsform einer Anstalt des öffentlichen Rechts geführt wird. Unter welchen Bedingungen eine solche rechtsfähige Anstalt des öffentlichen Rechts errichtet werden kann, kann durch die Gemeindeordnung (vgl. beispielsweise § 114a GO NRW) und/oder eine spezielle Vorschrift geregelt sein. In Nordrhein-Westfalen ist in diesem Zusammenhang die *Verordnung über kommunale Unternehmen und Einrichtungen als Anstalt des öffentlichen Rechts* maßgeblich, die auch kurz als *Kommunalunternehmensverordnung* bzw. *KUV* bezeichnet wird. Eine Mindestkapitalvorschrift gibt es nicht. Die Kommunalunternehmung ist allerdings von der Gemeinde mit einem »angemessenen Stammkapital auszustatten« (§ 9 KUV NRW). Die Gemeinde haftet für die Verbindlichkeiten der Anstalt unbeschränkt, soweit nicht Befriedigung aus deren Vermögen zu erlangen ist (Gewährträgerhaftung). Organe des Kommunalunternehmens sind der Vorstand und der Verwaltungsrat. Der Vorstand ist für die Geschäftsführung zuständig. Dabei wird er vom Verwaltungsrat überwacht. Den Vorsitz im Verwaltungsrat führt der Bürgermeister oder ein Beigeordneter. Die übrigen Mitglieder des Verwaltungsrates werden vom Rat gewählt. Die Anstalt hat das Recht, Dienstherr von Beamten zu sein (vgl. § 114 a GO NRW).

c) Die **gemischtöffentliche Beteiligung** ist dadurch gekennzeichnet, dass sich die betreffende Organisation – wie die Eigengesellschaft – vollständig in öffentlicher Trägerschaft befindet, aber – anders als die Eigengesellschaft – nicht nur von einem kommunalen Verwaltungsbetrieb, sondern von mehreren öffentlichen Körperschaften getragen wird. Sie kann in unterschiedlicher Rechtsform vorkommen, und zwar

- in öffentlich-rechtlicher Rechtsform ohne eigene Rechtspersönlichkeit,
- in öffentlich-rechtlicher Rechtsform mit eigener Rechtspersönlichkeit und
- in privatrechtlicher Rechtsform.

- Zu **gemischtöffentlichen Beteiligungen in öffentlich-rechtlicher Rechtsform ohne eigene Rechtspersönlichkeit** zählen **kommunale Arbeitsgemeinschaften** und **öffentlich-rechtliche Vereinbarungen.** Kommunale Arbeitsgemeinschaften verfolgen auf der Grundlage eines öffentlich-rechtlichen Vertrages das Ziel, Aktivitäten verschiedener Gemeinden abzustimmen. *Zur Koordinierung der Fahrpläne benachbarter kommunaler Verkehrsunternehmen bietet sich diese Organisationsform beispielsweise an (vgl. Cronauge/Westermann, S. 95).* Bei der öffentlich-rechtlichen Vereinbarung handelt es sich um einen öffentlich-rechtlichen Vertrag, durch den Aufgaben der am Vertrag beteiligten Gemeinden auf eine Gemeinde übertragen werden. *So kann beispielsweise vereinbart werden, dass andere Vertragsparteien Mitbenutzer des Schlachthofs einer Gemeinde werden.*

- Als **gemischtöffentliche Beteiligung in öffentlich-rechtlicher Rechtsform mit eigener Rechtspersönlichkeit** ist im kommunalen Bereich besonders **der Zweckverband** zu nennen. Es handelt sich hierbei um eine Körperschaft des öffentlichen Rechts, die dadurch entsteht, dass sich mehrere Gemeinden im Hinblick auf die Erfüllung bestimmter gemeinsamer Aufgaben zusammenschließen. Die Aufgabenschwerpunkte der Zweckverbände liegen unter anderem auf dem Gebiet der Wasser- und Energieversorgung sowie im kulturellen bzw. im schulischen Bereich. *So wird beispielsweise häufig für den gemeinsamen Betrieb einer Volkshochschule die Rechtsform des Zweckverbandes gewählt (vgl. Cronauge/Westermann, S. 94).*

- Bei der **gemischtöffentlichen Beteiligung in privatrechtlicher Rechtsform** handelt es sich in der Regel um Organisationseinheiten mit eigener Rechtspersönlichkeit, und zwar überwiegend um Kapitalgesellschaften, wobei wie bei den Eigengesellschaften die Rechtsformen der AG und der GmbH dominieren. Eine solche Kapitalgesellschaft, an der mehrere Körperschaften des öffentlichen Rechts, hier also mehrere Gemeinden, und keine privatwirtschaftlichen Träger beteiligt sind, wird **gemischtöffentliche Beteiligungsgesellschaft** genannt (vgl. Cronauge/Westermann, S. 97).

Gemischtöffentliche Beteiligungen werden von einzelnen Autoren auch als **gemischtöffentliche Unternehmen** bezeichnet. Damit werden dann auch die kommunalen Arbeitsgemeinschaften und die öffentlich-rechtlichen Vereinbarungen vom Begriff »Unternehmen« erfasst (vgl. Reichard, Gemischtöffentliche Unternehmen, Sp. 474). Man kann darüber streiten, ob dies zweckmäßig ist.

d) **Gemischtwirtschaftliche Unternehmen** sind Unternehmen, die sich nur teilweise in öffentlichem Eigentum befinden. Meist handelt es sich hierbei um Kapitalgesellschaften in den Rechtsformen der AG oder der GmbH. Typisch für diese Unternehmen ist also, dass zu den Eigentümern wenigstens ein öffentlicher und ein privater Träger zählen (vgl. Haeseler). Die Gründung einer gemischtwirtschaftlichen Unternehmung ist eine von mehreren Formen der **Zusammenarbeit von Privatwirtschaft**

und öffentlicher Hand, die heute als **Public Private Partnership** bezeichnet wird (vgl. Schmidt, S. 42). Auch zahlreiche Kommunen sind an gemischtwirtschaftlichen Unternehmen beteiligt. *Besonders bekannt sind solche kommunalen Beteiligungen an Unternehmen, die auf dem Gebiet der Energieversorgung tätig sind.*

Abschließend ist noch zu prüfen, ob es sich beim kommunalen Verwaltungsbetrieb mit seinen in den unterschiedlichsten Organisationsformen vorkommenden Beteiligungen, um einen Konzern handelt. Von einem **Konzern** kann man vereinfacht dann sprechen**, wenn rechtlich selbstständige Unternehmen unter der einheitlichen wirtschaftlichen Leitung eines anderen Unternehmens stehen** (vgl. Wöhe/Westermann, S. 299). Da es sich bei der Kommunalverwaltung nicht um eine Unternehmung handelt, können wir die Definition nicht einfach übernehmen, sondern nur in einem übertragenen Sinn verwenden. Unter Beachtung dieser Einschränkung ist der Begriff **»kommunaler Konzern«** vertretbar und man kann die Kommunalverwaltung als »Konzernmutter« bezeichnen, unter deren einheitlicher Leitung zahlreiche Tochterbetriebe der unterschiedlichsten Art stehen. Das Neue Kommunale Finanzmanagement trägt diesem »Konzerncharakter« Rechnung, indem von den Gemeinden neben dem Jahresabschluss auch ein Gesamtabschluss und somit ein konsolidierter Abschluss verlangt wird, der dadurch entsteht, dass aus dem Jahresabschluss der Gemeinde und den Jahresabschlüssen ihrer Beteiligung nach handelsrechtlichen Vorgaben ein gemeinsamer Abschluss erstellt wird (vgl. beispielsweise § 49 und § 50 GemHVO NRW). ***Abbildung 5*** vermittelt einen abschließenden Überblick über die Grundstruktur des »kommunalen Konzerns«.

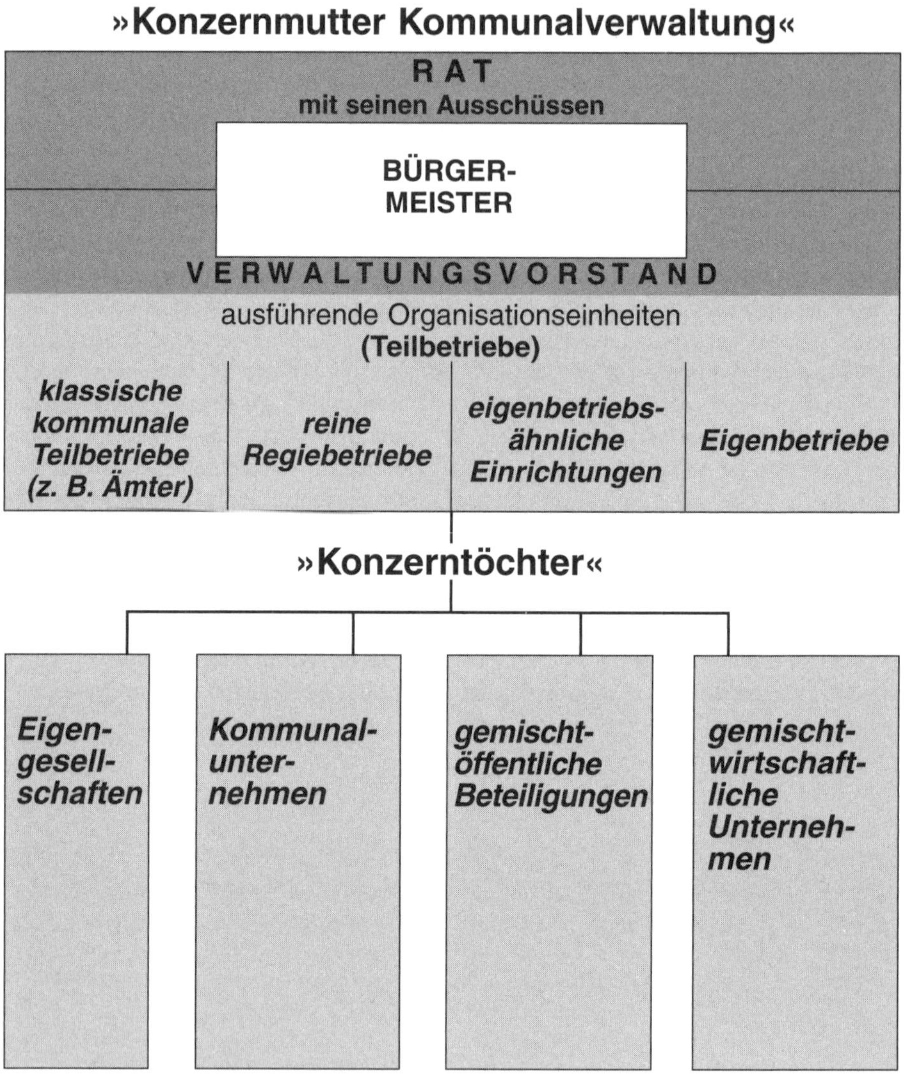

Abbildung 5: Überblick über den »kommunalen Konzern«

4 *Überblick über das betriebliche Geschehen*

4.1 Das betriebliche Geschehen in einer privatwirtschaftlichen Unternehmung

Bei der Erläuterung des betrieblichen Geschehens wollen wir zunächst von einer privatwirtschaftlichen Unternehmung ausgehen. Anschließend versuchen wir, unsere Erkenntnisse auf den kommunalen Verwaltungsbetrieb zu übertragen, um die Unterschiede, die zwischen den beiden Betriebstypen bestehen, zu verdeutlichen.

Den Ausgangspunkt für die Erläuterung des betrieblichen Geschehens bildet die **Zielsetzung**,

> ***wobei man unter einem Ziel einen Zustand versteht, den man erreichen will.***

Mit einer privatwirtschaftlichen Unternehmung wird in der Regel ein Gewinnziel verfolgt, da der Unternehmer (Eigentümer) bestrebt ist, auf diesem Wege sein Einkommen zu erzielen. Um die betriebswirtschaftliche Analyse zu erleichtern, unterstellt man häufig, dass der Unternehmer den maximalen Gewinn anstrebt. Die Annahme der Gewinnmaximierung ist jedoch umstritten. Allgemein akzeptiert wird hingegen die These, dass das privatwirtschaftliche Unternehmen grundsätzlich ein **Gewinnziel** hat. Mit dem Begriff **»Gewinn«** werden wir uns an späterer Stelle noch beschäftigen.

> ***Zunächst reicht es aus, wenn wir den Gewinn als Reinvermögenserhöhung definieren, wobei sich das Reinvermögen ergibt, indem man von dem Vermögen die Schulden abzieht.***

Offensichtlich entsteht ein Gewinn nicht von selbst. Damit überhaupt eine Chance besteht, einen Gewinn zu erzielen, muss der Unternehmer etwas unternehmen, d.h. etwas tun.

> ***Die Tätigkeiten, die erforderlich sind, um das gesteckte Ziel zu erreichen, nennen wir Funktionen.***

So müssen zunächst bestimmte Güter (z.B. Rohstoffe, Maschinen, Arbeitskräfte usw.) bereitgestellt werden, was in der Regel nur gegen ein Entgelt möglich ist. Diese sind dann so zu kombinieren, dass neue Güter entstehen, und schließlich muss man erreichen, dass diese Güter von anderen Personen abgenommen werden und diese dafür auch ein hinreichendes Entgelt entrichten.

Die soeben beschriebenen Funktionen nennt man **betriebliche Grundfunktionen.** Es handelt sich dabei um die Beschaffung, die Produktion und den Absatz. Die Begriffe können wir zunächst folgendermaßen definieren:

- ***Unter Beschaffung verstehen wir die Bereitstellung von Gütern, die eingesetzt werden müssen, um die Zielsetzung zu erreichen.***
- ***Die Kombination der bereitgestellten Güter mit dem Ziel der Erstellung anderer Güter wird Produktion genannt.***
- ***Die Abgabe der erstellten Güter an andere Wirtschaftseinheiten bezeichnen wir als Absatz.***

Zusätzlich gelten noch folgende Definitionen:

- ***Ein Gut, das beschafft und im Produktionsprozess eingesetzt wird, nennen wir Einsatzgut oder Produktionsfaktor.***
- ***Das Ergebnis des Produktionsprozesses, also das erstellte Gut, wird als Produkt oder Erzeugnis bezeichnet.***
- ***Wird ein Gut nach der Beschaffung nicht wesentlich verändert, sondern lediglich an den Abnehmer weitergegeben, wie dies beispielsweise im Handel üblich ist, sprechen wir von einer Ware.***

Damit die Beschaffung optimal abläuft, ist es notwendig, den Beschaffungsvorgang nicht einfach auf sich zukommen zu lassen, sondern ihn gedanklich vorwegzunehmen.

Die gedankliche Vorwegnahme zukünftigen Tuns nennt man Planung.

Das, was für die Beschaffung gilt, gilt auch für die Produktion und den Absatz. Neben der Beschaffungsplanung sind somit auch die Produktionsplanung und die Absatzplanung erforderlich.

Anschließend sind die Pläne umzusetzen. Diese Tätigkeit wird Durchführung oder Organisation genannt.

Bei der Organisation geht es darum, die vorhandenen Sachmittel und Menschen so zueinander in Beziehung zu setzen, dass die Ziele, die man sich gesetzt hat, realisiert werden.

Auch dies gilt für alle drei Grundfunktionen. Demnach kann man zwischen der Organisation der Beschaffung, der Organisation der Produktion und der Organisation des Absatzes unterscheiden.

Nach erfolgter Umsetzung muss der Unternehmer überprüfen, ob er die gesteckten Ziele auch erreicht hat.

Zu diesem Zweck vergleicht er den geplanten Zustand, das Soll, mit dem eingetretenen Zustand, dem Ist, um eventuelle Abweichungen zu erkennen und gegebenenfalls Korrekturmaßnahmen einzuleiten. Diese Funktion wird Überwachung genannt, wobei dieser Begriff als Oberbegriff zu den Begriffen »Kontrolle« und »Prüfung« (Revision) verwendet wird.

Auch diese Tätigkeiten betreffen alle Bereiche des Unternehmens und damit auch die Grundfunktionen. Das wird besonders am Beispiel der Kontrolle deutlich; denn es wird üblicherweise zwischen der Beschaffungs-, der Produktions- und der Absatzkontrolle unterschieden.

Da letztlich diejenigen, die den Betrieb leiten, für die Planung, die Organisation und die Kontrolle zuständig und verantwortlich sind, verwendet man für die drei Funktionen Planung, Organisation und Kontrolle auch die folgenden mehr oder weniger inhaltsgleichen Oberbegriffe, und zwar spricht man von Führungsfunktionen, Leitungsfunktionen, Steuerungsfunktionen, Managementfunktionen, Unternehmensleitung, Unternehmensführung, Betriebsleitung, Betriebsführung, Management oder Steuerung.

Dabei ist zu beachten, dass die Begriffe Unternehmensleitung, Unternehmensführung, Betriebsleitung, Betriebsführung und Management eine Doppelbedeutung haben. Zum einen erfassen sie die betreffende Funktion und zum anderen werden sie auch für die Personen und Organisationseinheiten verwendet, die für diese Tätigkeiten zuständig sind.

Um die Führungsfunktionen wahrnehmen zu können, benötigt die Unternehmensleitung Informationen.

Informationen kann man als zweckorientiertes Wissen definieren.

Tätigkeiten, die dazu dienen, das zur Erfüllung der Führungsfunktionen erforderliche Wissen verfügbar zu machen und bereitzustellen, werden führungsunterstützende Funktionen oder Stabsfunktionen genannt.

Die wichtigste Stabsfunktion ist

das Rechnungswesen, bei dem es sich um den Versuch handelt, das betriebliche Geschehen zahlenmäßig abzubilden.

Eine moderne Stabsfunktion ist das Controlling. Bisher fehlt noch eine abschließende Klärung des relativ jungen Begriffs »Controlling«.

Controlling wollen wir zunächst als führungsunterstützende Funktion definieren, mit deren Hilfe versucht wird, Planung und Kontrolle stärker miteinander zu verknüpfen und das Rechnungswesen enger mit den Führungsfunktionen zu verbinden.

Schließlich ist noch zu beachten, dass die Unternehmung bei ihrem Streben nach Gewinn permanent sicherstellen muss, **zahlungsfähig,** d.h. **liquide,** zu sein. Ist die Unternehmung **zahlungsunfähig,** d.h. **illiquide,** dann ist sie, auch wenn ein Gewinn entsteht, in ihrer Existenz bedroht. Da die Güterbeschaffung und der Güterabsatz in der Regel gegen Entgelt erfolgen und die Unternehmung somit Einnahmen und Ausgaben in unterschiedlicher Höhe und zu unterschiedlichen Zeitpunkten tätigen muss, kommt es darauf an, die Zahlungsströme so zu gestalten, dass die ständige **Zahlungsfähigkeit,** die **Liquidität,** nicht gefährdet wird, was unter anderem auch Kreditaufnahmen und Kredittilgungen erforderlich macht.

Die Gestaltung der Zahlungsströme im Hinblick auf das Liquiditätsziel nennt man Finanzierung.

Man kann diese Tätigkeit zu den betrieblichen Grundfunktionen zählen. Wir sehen in der Finanzierung jedoch eine Tätigkeit, die das ganze betriebliche Geschehen durchzieht und die parallel zu den Funktionen Beschaffung, Produktion und Absatz erfolgen muss, so dass es sich hierbei um eine spezielle betriebliche Funktion handelt, die man auch als **Querschnittsfunktion** bezeichnen kann.

Daneben gibt es noch einige weitere Funktionen, deren Standort im betrieblichen Geschehen ebenfalls nicht so einfach auszumachen ist und denen die Betriebswirtschaftslehre teilweise auch durch Bildung eigenständiger Fächer Rechnung trägt. Es handelt sich hierbei beispielsweise um die **Personalwirtschaft,** die **Gestaltung der Steuern** und den **Transport.**

4.2 Das betriebliche Geschehen in einem kommunalen Verwaltungsbetrieb

Auf den ersten Blick scheint das betriebliche Geschehen in einem kommunalen Verwaltungsbetrieb sich nicht von dem in einem privatwirtschaftlichen Unternehmen zu unterscheiden; denn es sind die gleichen betrieblichen Funktionen erkennbar, die wir in ***Abbildung 6*** noch einmal systematisch zusammengestellt haben:

- Auch im kommunalen Verwaltungsbetrieb werden **Produktionsfaktoren** eingesetzt und kombiniert, um bestimmte **Ziele** zu erreichen, und zwar geht es darum, die Bürger und Bürgerinnen mit bestimmten **Produkten** zu versorgen.

- Insofern kommen im kommunalen Verwaltungsbetrieb die betrieblichen **Grundfunktionen »Beschaffung, Produktion und Absatz«** vor und tritt die Kommunalverwaltung als Nachfrager auf den **Beschaffungsmärkten** und als Anbieter auf den **Absatzmärkten** auf.

– Die betreffenden Aktivitäten müssen gesteuert werden. Es sind also auch im kommunalen Bereich die **Führungsfunktionen »Planung, Organisation und Kontrolle«** von Bedeutung.
– Um die Führungsfunktionen wahrnehmen zu können, benötigt die Verwaltungsspitze Informationen. Somit spielen die **Stabsfunktionen** ebenfalls eine Rolle, wobei dem **Rechnungswesen** wie im privatwirtschaftlichen Bereich ein besonderer Stellenwert beigemessen wird.
– Schließlich ist auch für eine Kommunalverwaltung die Gestaltung der Zahlungsströme erforderlich, um das finanzielle Gleichgewicht zu garantieren, so dass die **Querschnittsfunktion »Finanzierung«** ebenfalls wahrgenommen werden muss.

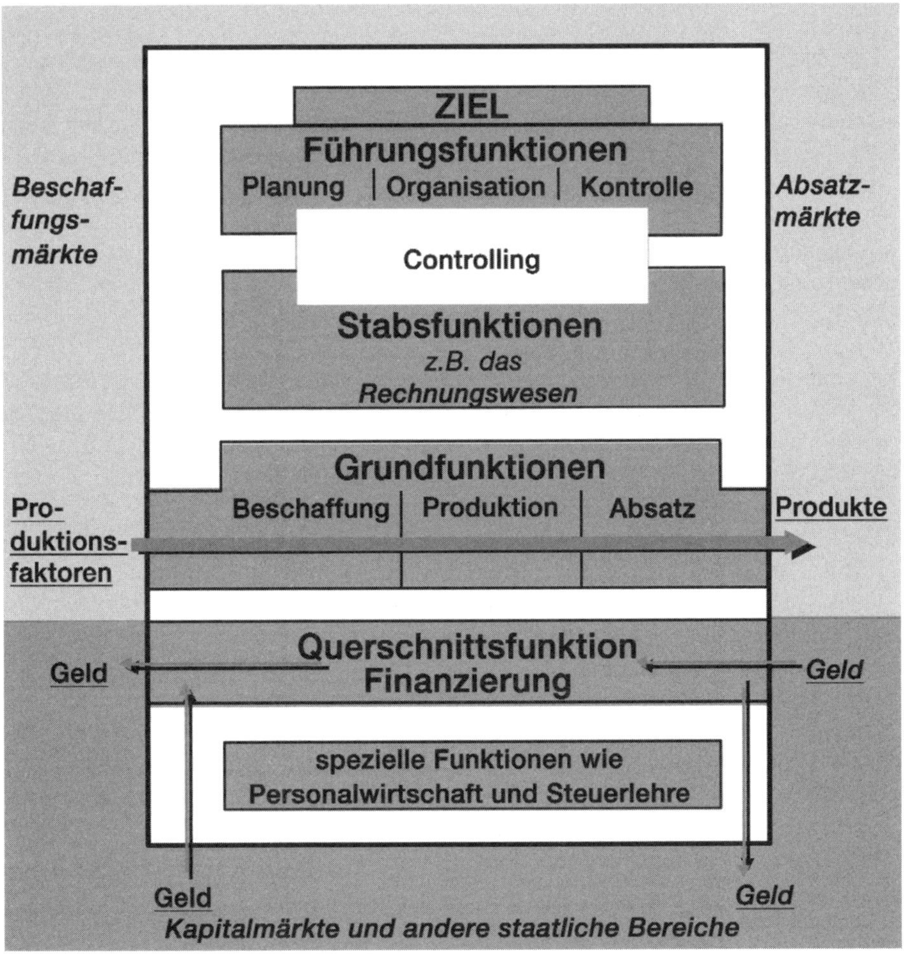

Abbildung 6: Überblick über das betriebliche Geschehen und die wichtigsten betrieblichen Funktionen

- Bei der Finanzierung geht es zunächst einmal um die Zahlungen, die sich durch die Beschaffung der Produktionsfaktoren und die Bereitstellung der Produkte ergeben. Um die Liquidität sicherzustellen, muss der kommunale Verwaltungsbetrieb aber auch eventuell am **Kapitalmarkt** als Akteur auftreten. Eventuell sind Kredite aufzunehmen und zu tilgen. Hinzu kommt, dass Zahlungen an **andere staatliche Organisationseinheiten** geleistet werden müssen und man von diesen möglicherweise Zahlungen empfängt. Auch diese Geldströme müssen im Rahmen der Finanzierung berücksichtigt werden.
- Wegen der großen Bedeutung des Produktionsfaktors »menschliche Arbeitskraft« im Verwaltungsbereich hat die **Personalwirtschaft** schon immer eine entsprechende Beachtung gefunden.
- In Verbindung mit der Verwaltungsmodernisierung wird auch die relativ junge betriebliche Funktion **»Controlling«** im kommunalen Verwaltungsbetrieb zunehmend berücksichtigt.
- Das Gleiche gilt für die betriebliche **Steuerlehre**, wobei Steuerfolgen, die durch den Wechsel der Rechtsformen kommunaler Teilbetriebe bzw. »Konzernbetriebe« hervorgerufen werden, besonders interessieren.

Insgesamt scheint das betriebliche Geschehen in einer privatwirtschaftlichen Unternehmung somit dem in einem kommunalen Verwaltungsbetrieb grundsätzlich zu entsprechen.

Bei einer sorgfältigeren Betrachtung wird jedoch deutlich, dass bei aller Ähnlichkeit der beiden Betriebstypen sowohl auf der Ebene der Ziele als auch bei den meisten betrieblichen Funktionen **erhebliche Unterschiede** zu erkennen und zu berücksichtigen sind, von denen nachfolgend kurz auf die wichtigsten hingewiesen wird:

- Der kommunale Verwaltungsbetrieb hat eine **andere Zielsetzung** als die privatwirtschaftliche Unternehmung. Das oberste Ziel einer privatwirtschaftlichen Unternehmung ist die Gewinnerzielung. Ein Verwaltungsbetrieb ist hingegen nicht primär dazu da, sein Reinvermögen zu vergrößern.

- Die privatwirtschaftliche Unternehmung muss, um das Gewinnziel zu erreichen, ihre Produkte gegen Entgelt abgeben, demgegenüber **ist der kommunale Verwaltungsbetrieb verpflichtet, zahlreiche Produkte unentgeltlich zur Verfügung zu stellen.** Man denke beispielsweise an die sehr bedeutsamen Sozialhilfedienstleistungen. Insofern bestehen auch bezüglich der Grundfunktion **Absatz** zwischen der privatwirtschaftlichen Unternehmung und dem kommunalen Verwaltungsbetrieb **erhebliche Unterschiede.**

- Das **kommunale Beschaffungswesen** kann ebenfalls nicht einfach mit dem privatwirtschaftlichen Beschaffungswesen gleichgesetzt werden, da im Bereich des kommunalen Verwaltungsbetriebs **spezielle rechtliche Vorschriften** gelten, die ein besonderes Beschaffungsverhalten zur Folge haben.

- Weiterhin ist auf **unterschiedliche Buchhaltungssysteme** hinzuweisen. Im Bereich der Privatwirtschaft wird die doppelte kaufmännische Buchführung praktiziert; im Bereich des kommunalen Verwaltungsbetriebs die Kameralistik, die allerdings zunehmend durch eine spezielle Buchführung, die der kaufmännischen doppelten Buchführung ähnelt, ersetzt wird. Man kann in diesem Zusammenhang vom Neuen Kommunalen Rechnungswesen (vgl. Lüder) sprechen oder von der Doppik im NKF.

- Auch im Hinblick auf die **Finanzierung** gibt es **erhebliche Unterschiede**, die primär **durch das kommunale Haushaltsrecht** hervorgerufen werden.

- Ähnliches gilt für die **kommunale Personalwirtschaft,** die den **Besonderheiten des öffentlichen Dienstrechts** Rechnung tragen muss.

Nachfolgend werden wir unter Bezugnahme auf ***Abbildung 6*** eine vertiefende Betrachtung der betrieblichen Zielsetzung und Funktionen vornehmen und dabei auf die soeben genannten und auch auf weitere Besonderheiten, die für den kommunalen Verwaltungsbetrieb gelten, eingehen.

5 Das betriebliche Zielsystem

5.1 Grundbegriffe und Grundlagen der Zielbildung

5.1.1 Der Begriff »Ziel« und die Dimensionen der Zielsetzung

Unter einem Ziel versteht man einen Zustand, den man erreichen will, d.h. ein Ergebnis, das man anstrebt.

Nur wenn das Ziel bekannt und klar ist, kann darüber entschieden werden, wie, d.h. mit welchen Mitteln, man es am besten erreichen kann. Diese Überlegung gilt nicht nur für die Betriebswirtschaftslehre, sondern generell. So sollte beispielsweise das Reiseziel bekannt sein, bevor man den Koffer packt und eine Fahrkarte löst.

Ein eindeutiger Orientierungspunkt für das Handeln ist erst dann gegeben, wenn der Inhalt, das angestrebte Ausmaß und der zeitliche Bezug des einzelnen Zieles bekannt sind. Man spricht in diesem Zusammenhang auch von den drei **Dimensionen der Zielsetzung** (vgl. Heinen, S. 98).

- Beim **Zielinhalt** handelt es sich um eine Größe, die die Art des angestrebten Ergebnisses zum Ausdruck bringt. In der Betriebswirtschaftslehre kommen als solche Größen beispielsweise der Gewinn, der Umsatz und die Kosten sowie Gewinnsteigerung, Umsatzsteigerung und Kostensenkung in Betracht. Auch Relationen, d.h. bestimmte Beziehungen zwischen diesen Größen, können den Zielinhalt bilden. So kann beispielsweise das Verhältnis von Gewinn zu eingesetztem Kapital, die so genannte Rentabilität, betrachtet werden.

- Der **Zeitbezug** macht deutlich, in welchem Zeitraum das Ziel zu verwirklichen ist.

- Durch das angestrebte **Zielausmaß** gibt man den Handelnden zu erkennen, in welchem Umfang die inhaltliche Vorgabe gewünscht wird. Zu unterscheiden sind Extremierungsvorschriften *(z.B. Gewinnmaximierung oder Kostenminimierung unter bestimmten Nebenbedingungen wird angestrebt)*, Fixierungsvorschriften *(z.B. 10% Rentabilität wird angepeilt)* und Satisfizierungs- bzw. Begrenzungsvorschriften *(z.B. Personalkosten dürfen eine bestimmte Höhe nicht übersteigen).*

Die Vorgabe für ein kommunales Wasserwerk, im nächsten Geschäftsjahr einen Gewinn in Höhe von 1 Mio. EURO zu erreichen, wäre ein hinreichend klares Ziel. Im Hinblick auf sämtliche Zieldimensionen liegen die notwendigen Anga-

ben vor. Es geht um den Gewinn. Damit ist der Zielinhalt bekannt. Das nächste Geschäftsjahr wird als Periode genannt. Damit ist der Zeitbezug gegeben. Die Höhe des gewünschten Gewinns beträgt eine Mio. EURO, d.h. der zu erreichende Gewinn wird fixiert. Folglich ist auch das Zielausmaß bekannt.

5.1.2 Zielhierarchie und Zielbeziehungen

Sind mehrere Ziele zu beachten, spricht man von einem **Zielsystem.** Bringt man die verschiedenen Ziele in eine klare Rangordnung, liegt eine **Zielhierarchie** vor (vgl. Kuhn, S. 32–33).

In einer solchen Zielhierarchie wird zwischen Ober-, Zwischen- und Unterzielen unterschieden. Als **Oberziel** bezeichnet man das an der Spitze der Zielhierarchie stehende Ziel, das für den Betrieb insgesamt gilt. Es lässt sich in der Regel nicht direkt erreichen. Meist ist eine Zusammenarbeit mehrerer Organisationseinheiten erforderlich. Deshalb müssen Teilziele entwickelt werden, die für die verschiedenen Bereiche eines Betriebes gelten. Eventuell reicht auch das nicht aus, sondern sind innerhalb einer größeren Organisationseinheit mehrere Teilziele zu unterscheiden. In diesem Fall werden vom Oberziel zunächst **Zwischenziele** und von den einzelnen Zwischenzielen **Unterziele** abgeleitet. Die Unterziele haben dann im Hinblick auf die Zwischenziele »Mittelcharakter« und die Zwischenziele haben ihrerseits im Hinblick auf das Oberziel »Mittelcharakter«, d.h., nur wenn die Unterziele erreicht werden, können die Zwischenziele erreicht werden, und nur wenn die Zwischenziele erreicht werden, wird das Oberziel erreicht (vgl. Wöhe/Döring, S. 95 u. 96).

Bei der Entwicklung einer Zielhierarchie ist darauf zu achten, dass die Ziele **operational** sind, also in messbaren Größen (z.B. in EURO, Stück, Kilogramm usw.) zum Ausdruck gebracht werden, damit sie sich als Orientierungspunkte für das Verhalten der Mitarbeiter eignen und das Ausmaß der Zielerreichung eindeutig festgestellt werden kann.

Weiterhin kommt es darauf an, ein in sich **stimmiges Zielsystem** zu entwerfen. In diesem Zusammenhang sind **drei verschiedene Zielbeziehungen** (vgl. Bea, S. 317) zu unterscheiden, und zwar gibt es

- komplementäre,
- konkurrierende und
- indifferente Ziele.

Zielkomplementarität liegt zwischen zwei Zielen dann vor, wenn durch die Erhöhung des Zielerreichungsgrades bei einem Ziel auch der Zielerreichungsgrad bei dem anderen Ziel erhöht wird. *So stehen beispielsweise das Ziel »Kostensenkung unter Beibehaltung der bisherigen Produktmenge« und das Ziel, den Gewinn zu erhöhen, in einer komplementären Beziehung.*

Zielkonkurrenz liegt zwischen zwei Zielen dann vor, wenn die Erhöhung des Zielerreichungsgrades bei einem Ziel zu einer Verminderung des Zielerreichungsgrades bei dem anderen Ziel führt. Man spricht in einem solchen Fall auch von einem **Zielkonflikt.** *So kann das Ziel »Umsatzsteigerung« zumindest unter bestimmten Bedingungen mit dem Ziel »Kostensenkung« in einer solchen Beziehung stehen.* Als ein Extremfall der Zielkonkurrenz kann die **Zielantinomie** angesehen werden. Auf zwei Ziele bezogen besteht eine solche Zielbeziehung dann, wenn die Realisation des einen Ziels automatisch die Realisation des anderen Ziels ausschließt. Im Grunde handelt es sich hierbei um zwei Zielsetzungen, die logisch nicht miteinander vereinbar sind.

Zielindifferenz liegt bei Betrachtung zweier Ziele dann vor, wenn die Verbesserung des Zielerreichungsgrades bei einem Ziel keinen Einfluss auf den Zielerreichungsgrad bei dem anderen Ziel hat. Die Verfolgung des einen Zieles ist also für die Erreichung des anderen Zieles unerheblich. Die Ziele sind nicht miteinander verbunden. Man bezeichnet die Zielindifferenz auch als **Zielneutralität.**

Neben der Unterscheidung von Oberziel sowie Zwischen- und Unterzielen, bei der von der Stellung der Ziele in der Zielhierarchie ausgegangen wird, findet sich in der Literatur auch eine Einteilung der Ziele in zeitlicher Hinsicht, die dazu führt, dass man zwischen **kurz-, mittel- und langfristigen Zielen** unterscheidet. So könnte eine kurzfristige Zielsetzung auf das aktuelle Geschäftsjahr bezogen sein, eine mittelfristige Zielsetzung beinhalten, was man in drei Jahren erreichen will, und eine langfristige Zielsetzung zum Ausdruck bringen, welche Marktposition ein Betrieb in 10 oder 20 Jahren einnehmen soll. Bei einer Unterscheidung von kurz-, mittel- und langfristigen Zielen ist stets anzugeben, welche Zeiträume man mit den Begriffen genau erfassen will, da es keine allgemein anerkannte Unterscheidung von kurz-, mittel- und langfristig gibt.

Bezüglich der langfristigen Ziele könnte man noch zwischen dem **Leitbild und strategischen Zielsetzungen** unterscheiden.

Bei dem **Leitbild** handelt es sich um einen weit in der Zukunft liegenden Orientierungspunkt, der allerdings von zentraler Bedeutung für die Entwicklung des gesamten Betriebes ist und daher als **Oberziel** aufgefasst werden kann. Da diese Zielsetzung für einen sehr entfernten Zeithorizont gilt, kann der gewünschte Zustand nur sehr vage umschrieben werden. Es handelt sich daher bei einem Leitbild um eine Art Vision, in der unter anderem zum Ausdruck kommt, wie man sich gegenüber

- der eigenen Belegschaft,
- den Konkurrenten,

– den Abnehmern,
– der Gesellschaft,
– dem Staat und
– der Umwelt verhalten will (vgl. Füser, S. 76).

Bei der Entwicklung eines Leitbildes sind folgende Grundsätze bzw. Spielregeln zu beachten:

1. Es sollten möglichst viele Personen, die an der Existenz des Betriebes interessiert sind, also beispielsweise Eigentümer, Führungskräfte und nachgeordnete Mitarbeiter, beteiligt werden, um eine möglichst große Akzeptanz zu erreichen.

2. Ein Leitbild muss von den Führungskräften »vorgelebt« werden. Mit der schriftlichen Fixierung eines Leitbildes allein ist es nicht getan.

3. Ein Leitbild muss kurz und prägnant sein. Nur dann wird es auf- und angenommen.

4. Das Leitbild muss im ganzen Betrieb bekannt gemacht werden, damit auch jeder von dieser Zielsetzung erfährt.

5. Vor der Bekanntgabe eines Leitbildes muss über das Leitbild sorgfältig nachgedacht werden, damit es später nicht kurzfristig verändert werden muss, sondern seine Langzeitwirkung entfalten kann (vgl. auch Füser, S. 76).

Von dem Leitbild könnte man dann **strategischen Zielsetzungen** ableiten, die sich nicht mehr unbedingt auf den gesamten Betrieb beziehen, sondern beispielsweise auf einzelne Märkte, auf denen der Betrieb tätig ist bzw. tätig sein will. Insofern wären dann die strategischen Ziele etwas konkreter als das Leitbild.

5.1.3 Sachziel und Formalziel

Neben den soeben behandelten Einteilungsversuchen, die die betrieblichen Ziele zum Gegenstand haben, ist es unserer Ansicht nach für das Verständnis von Zielsystemen zweckmäßig, zwischen **Sachziel und Formalziel** zu unterscheiden sowie auf eventuelle Nebenbedingungen hinzuweisen, die man, um ihre Bedeutung zu betonen, auch **Nebenziele** nennen kann (vgl. Schuster/Siemens, S. 4).

Unter dem Sachziel, das auch in der Literatur als Leistungsziel bezeichnet wird, versteht man das konkrete Handlungsprogramm eines Betriebs (vgl. Grochla, 1972, S. 38).

Bei der Formulierung einer solchen Zielsetzung wird auf reale Objekte bzw. tatsächliche Aktivitäten Bezug genommen.

Beispiele für Sachziele sind:
– Herstellung einer bestimmten Anzahl eines Produkts,
– Verbesserung der Produktqualität,
– Ausbau des Distributionssystems,
– Einführung einer neuen Fertigungstechnologie (vgl. Horváth, S. 181, und Bea, S. 320).

Ein Sachziel ist also dadurch gekennzeichnet, dass man den gewünschten Zustand, d.h. den Inhalt der Zielsetzung, weitgehend verbal erläutern muss. Man kann es auch als inhaltliches Ziel bezeichnen.

Demgegenüber handelt es sich beim Formalziel um eine abstrakt formulierte Vorgabe, die in der Regel letztlich in einer Zahl zum Ausdruck gebracht wird, so dass man hier auch von einem rechnerischen Ziel sprechen kann. Meist wird eine Größe gewählt, die den Erfolg des Betriebs spiegelt. Formalziele werden daher auch als Erfolgsziele bezeichnet.

Bei den folgenden Vorgaben handelt es sich beispielsweise um Formalziele:

– Gewinnmaximierung,
– Kostensenkung,
– Erhöhung der Rentabilität,
– Verbesserung der Wirtschaftlichkeit,
– Erreichung eines bestimmten Umsatzes (vgl. Bea, S. 320, und Horváth, S. 181).

Nachfolgend werden einige bei der Formulierung von Formalzielen häufig verwendete Begriffe kurz erläutert:

a) Gewinn
Gewinnziele haben in der Regel den pagatorischen Gewinn (das positive Jahresergebnis, d.h. den Jahresüberschuss) zum Gegenstand, der häufig nur kurz **Gewinn** genannt wird. Wir haben bereits darauf hingewiesen, dass der

Gewinn als Reinvermögenserhöhung definiert werden kann, wobei sich das Reinvermögen ermitteln lässt, indem man vom Vermögen die Schulden abzieht.

Den Gewinn kann man auch ermitteln, indem man vom Ertrag den Aufwand abzieht. Übersteigt der Ertrag den Aufwand, liegt ein Gewinn vor. Da die Begriffe Aufwand und Ertrag nicht leicht zu definieren sind, beschränken wir uns zunächst auf die Ermittlung des Gewinns mit Hilfe des Reinvermögens.

Das folgende einfache Beispiel soll die Gewinnentstehung verdeutlichen:

Ein Unternehmer gründet einen Betrieb, der sich auf Beratungsdienstleistungen spezialisiert. Zu diesem Zweck hebt er von seinem privaten Sparbuch 5.000 EURO ab und kauft dafür die notwendige Büroausstattung sowie das notwendige Büromaterial. Das Reinvermögen beträgt, da der Betrieb keine Schulden hat, somit 5.000 EURO. Im Verlauf des Jahres werden mehrere Beratungen durchgeführt. Weiterhin verzichtet der Unternehmer auf Privatentnahmen. Am Ende des Geschäftsjahres verfügt der Betrieb über eine Büroausstattung im Wert von 3.000 EURO, über Büromaterial im Werte von 1.000 EURO sowie über einen Kassenbestand in Höhe von 6.000 EURO. Allerdings ist eine Büromateriallieferung im Werte von 500 EURO noch nicht bezahlt worden, so dass der Betrieb Lieferantenverbindlichkeiten, d.h. Schulden, in Höhe von 500 EURO hat. Die Gewinnermittlung sieht damit folgendermaßen aus: Das Reinvermögen zu Beginn des Geschäftsjahres beträgt 5.000 EURO. Am Ende des Geschäftsjahres verfügt der Betrieb über ein Vermögen in Höhe von 10.000 EURO. Die Schulden betragen 500 EURO. Damit ergibt sich das Reinvermögen in Höhe von 9.500 EURO. Es ist somit von 5.000 EURO auf 9.500 EURO angestiegen. Der Reinvermögensanstieg, d.h. der Gewinn, beträgt 4.500 EURO.

b) Rentabilität

Rentabilitätsziele haben in der Regel ebenfalls den Gewinn zum Gegenstand, allerdings wird der **Gewinn auf eine Ausgangsgröße bezogen**.

Insofern gibt es verschiedene Möglichkeiten, die **Rentabilität** auszudrücken, so kann man beispielsweise den Gewinn durch das eingesetzte Eigenkapital teilen. Man erhält dann die so genannte **Eigenkapitalrentabilität.**

Bezogen auf das soeben erwähnte Beratungsunternehmen würde sich folgende Eigenkapitalrentabilität ergeben:

Eigenkapitalrentabilität = Gewinn : eingesetztes Eigenkapital
= 4.500 EURO : 5.000 EURO
= 0,9 = 90%

c) Kostendeckungsgrad

Wenn keine Gewinnerzielung möglich ist, muss man eine andere Zielsetzung wählen. In einem solchen Fall könnte man beispielsweise anstreben, dass die durch die Produktverkäufe bzw. Dienstleistungsabgabe entstehenden Einnahmen die Kosten, die durch die betreffende Güterbereitstellung entstanden sind, wenigstens teilweise abdecken. Man kann also in diesem Fall einen bestimmten Kostendeckungsgrad anstreben.

In einem kommunalen Bäderbetrieb plant man für das nächste Jahr Einnahmen durch Eintrittsentgelte in Höhe von 300.000 Euro; die Kosten werden voraussichtlich bei 1.000.000 Euro liegen. Die Berechnung des Kostendeckungsgrades ergibt sich dann folgendermaßen: Einnahmen/Kosten = 300.000 Euro/1.000.000 Euro = 30%. Die Kosten werden in diesem Fall also zu 30% von den Einnahmen abgedeckt.

d) Wirtschaftlichkeit

In diesem Fall geht es um die Beachtung **des Wirtschaftlichkeitsgrundsatzes**, den wir bereits erläutert haben.

Demnach soll man versuchen, entweder ein bestimmtes Ergebnis mit den geringstmöglichen Mitteln (Minimalprinzip) oder mit gegebenen Mitteln das bestmögliche Ergebnis (Maximalprinzip) zu erreichen.

Um zu klären, ob man diesen Grundsatz hinreichend beachtet hat, muss man auf der einen Seite die entstandenen Güter erfassen, bewerten und die so ermittelten Werte zusammenfassen und auf der anderen Seite die verbrauchten Güter erfassen, bewerten und die so ermittelten Werte ebenfalls zusammenfassen, damit man anschließend den insgesamt entstandenen Güterwert mit dem insgesamt verbrauchten Güterwert vergleichen kann. Hinzu kommt noch, dass man die Auswirkungen außerordentlicher Ereignisse herausfiltern muss, so dass letztlich nur der durch die Verfolgung des Sachziels entstandene Güterwert mit dem durch die betriebliche Tätigkeit hervorgerufenen Wert der verbrauchten Güter verglichen wird.

Da man im Rechnungswesen die **sachzielbezogene bewertete Güterentstehung als Leistung** und den **sachzielbezogenen bewerteten Güterverbrauch als Kosten** bezeichnet, lässt sich die Wirtschaftlichkeit auch mit Hilfe der Größen **»Kosten und Leistung«** beurteilen.

Wird eine bestimmte Leistung mit den geringsten Kosten erreicht, hat man wirtschaftlich gearbeitet. Wird mit gegebenen Kosten die größtmögliche Leistung erreicht, hat man ebenfalls wirtschaftlich gearbeitet.

Die beiden folgenden Beispiele verdeutlichen diesen Zusammenhang:

- *Ein Unternehmer hat zwei Möglichkeiten, ein Fahrzeug zu produzieren, für das ein Abnehmer 10.000 EURO bezahlen würde. Bei der ersten Produktionsmethode entstehen Kosten in Höhe von 9.000 EURO. Bei der zweiten Vorgehensweise liegen die Kosten bei 9.500 EURO. Folglich ist es unwirtschaftlich, nach der zweiten Methode vorzugehen.*

- *Ein Unternehmer kann unter Inkaufnahme von Kosten in Höhe von 1.000 EURO entweder das Produkt I oder das Produkt II produzieren und anbieten. Für das Produkt I bekommt er am Markt 1.100 EURO, für das Produkt II 1.050 EURO. Folglich bietet er bei Beachtung des Wirtschaftlichkeitsgrundsatzes Produkt I an.*

e) Sparsamkeit

Der Begriff »Sparsamkeit« findet sich in der Regel nicht in der klassischen betriebswirtschaftlichen Literatur. Im Haushaltsrecht hat er allerdings eine große Bedeutung, wobei relativ häufig Fehlinterpretationen vorkommen. Wir haben bereits darauf hingewiesen, dass der Wirtschaftlichkeitsgrundsatz vom Vernunftprinzip abgeleitet wird.

Eine »vernünftige« Sparsamkeit muss dann auch mit dem Wirtschaftlichkeitsgrundsatz in Einklang stehen.

Dies kann nur bedeuten, dass man bei dem Versuch, ein bestimmtes Ergebnis zu erreichen, so sparsam wie möglich mit den Mitteln umgeht, was nichts anderes bedeutet, als dass man versucht, ein bestimmtes Ergebnis mit dem geringstmöglichen Mitteleinsatz zu erreichen.

Für uns ist das Sparsamkeitsprinzip somit gleichbedeutend mit dem Wirtschaftlichkeitsgrundsatz in Form des Minimalprinzips.

Diese Auffassung wird allerdings nicht von allen Autoren, die sich mit den Haushaltsgrundsätzen befassen, geteilt (vgl. z. B. Brede, S. 115).

f) Effizienz

Der Begriff **»Effizienz«** entstammt der Produktionstheorie (vgl. Busse von Colbe/Laßmann, S. 93). Demnach ist der Einsatz der Produktionsfaktoren dann **effizient**, wenn keine Einsatzmenge eines Produktionsfaktors reduziert werden kann, ohne dass die Produktmenge zurückgeht. Kann hingegen eine Einsatzmenge eines Produktionsfaktors reduziert werden, ohne dass die Produktmenge kleiner wird, dann liegt bei diesem Produktionsfaktor eine Überschussmenge, d.h. ein unnötiger Verbrauch, vor. Das Einsatzverhältnis zwischen den Produktionsfaktoren, das so genannte Faktoreinsatzmengenverhältnis, ist dann **ineffizient**.

Zu beachten ist, dass es sowohl Produkte gibt, bei denen nur ein Faktoreinsatzmengenverhältnis effizient ist, als auch Produkte, bei denen mehrere Faktoreinsatzmengenverhältnisse effizient sind. Im ersten Fall ist die effiziente Kombination der Produktionsfaktoren auch die nach dem Wirtschaftlichkeitsgrundsatz zu wählende Kombination. Im zweiten Fall müssen noch die Preise der Produktionsfaktoren in die Betrachtung einbezogen werden, um zu klären, welche von den effizienten Faktoreinsatzmengenkombinationen wirtschaftlich ist.

Insgesamt wird deutlich, dass es bei der Effizienzbetrachtung nur um die Mengen der Produktionsfaktoren geht, während die Wirtschaftlichkeitsbetrachtung auf die Güterwerte abstellt. Insofern setzt ein wirtschaftlicher Einsatz der Produktionsfaktoren zwar einen effizienten Einsatz der Produktionsfaktoren voraus, ist aber nicht jeder effiziente Einsatz der Produktionsfaktoren auch wirtschaftlich.

Die nachfolgenden Beispiele verdeutlichen den Unterschied zwischen Wirtschaftlichkeit und Effizienz:

- *Unterstellt, für ein Fahrrad würden lediglich zwei Räder und ein Gestell benötigt; dann sind u. a. folgende Faktoreinsatzmengenkombinationen effizient: 4 Räder und 2 Gestelle; 10 Räder und 5 Gestelle sowie 100 Räder und 50 Gestelle. Im ersten Fall kann man 2 Fahrräder, im zweiten Fall 5 Fahrräder und im dritten Fall 50 Fahrräder erzeugen. In allen Fällen liegen keine Überschussmengen vor. Setzt man weniger Räder oder weniger Gestelle ein, dann geht die Produktmenge zurück. Die genannten Faktoreinsatzmengenverhältnisse sind also effizient. Da für eine bestimmte Produktmenge nur ein effizientes Faktoreinsatzmengenverhältnis in Betracht kommt, sind die genannten effizienten Kombinationen auch wirtschaftlich.*

- *Unterstellt, in einem Organisationsbereich sind 1.000 Berechnungen durchzuführen. Man kann hierfür Personen einsetzen. Für eine Berechnung wird eine Arbeitsstunde einer Person benötigt. Man kann auch eine Fremdfirma beauftragen, die eine moderne Anlage einsetzt und die für 100 Berechnungen eine Maschinenstunde benötigt und auch abrechnet. Weiterhin sind die Preise für die verschiedenen Produktionsfaktoren bekannt. Eine Arbeitsstunde kostet 30 EURO und eine Maschinenstunde kostet 200 EURO. Um die 1.000 Berechnungen zu erledigen, gibt es mehrere effiziente Möglichkeiten, d.h. mehrere effiziente Faktoreinsatzmengenkombinationen. So kann man beispielsweise ausschließlich Personen beschäftigen, und zwar in einem Umfang von 1.000 Arbeitsstunden. Man kann aber auch ausschließlich den Maschineneinsatz wählen, 10 Maschinenstunden sind dann ebenfalls effizient, weiterhin sind auch bestimmte Kombinationen effizient. Man könnte die 1.000 Berechnungen z. B. auch mit 500 Arbeitsstunden und 5 Maschinenstunden durchführen. Allerdings ist nur eine der zahlreichen effizienten Produktionsmöglichkeiten wirtschaftlich, und zwar der 100%ige Maschineneinsatz. In diesem Fall entstehen für die 1.000 Berechnungen Kosten in Höhe von 10 x 200 EURO = 2.000 EURO. Sobald man auf eine Maschinenstunde verzichtet, sind zusätzlich 10 Arbeitsstunden erforderlich. Durch den Verzicht auf eine Maschinenstunde steigen die Gesamtkosten auf 9 x 200 EURO + 10 x 30 EURO = 1.800 EURO + 300 EURO = 2.100 EURO. Je stärker man den Maschineneinsatz durch den Arbeitseinsatz ersetzt, umso höher sind die Kosten der jeweils durchaus effizienten Güterverbräuche.*

Es ist abschließend noch zu erwähnen, dass in der betrieblichen Praxis, aber auch in der Literatur teilweise andere Begriffsfassungen gewählt werden: So sind Gornas und Beyer (vgl. S. 44) der Auffassung, dass »Wirtschaftlichkeit und Effizienz Synonyme darstellen«. Die gleiche Begriffsfassung wählt auch Brede (S. 115): »Die Wirtschaftlichkeit wird auch als **Effizienz** bezeichnet.« Horváth (vgl. S. 142) geht lediglich mit einem Satz auf den Begriff ein und stellt Folgendes fest: »Effizienz ist die von einer konkreten Zielsetzung losgelöste Input-Output-Relation« (»Doing the things right«). Nach Auffassung von Reichard (vgl. Betriebswirtschaftslehre, S. 12) sind mit Effizienz »Aussagen gemeint, die sowohl Mitteleinsatz/Ergebnis – Relationen wie auch Ergebnis/Ziel – Beziehungen betreffen und sich auf geplante oder tatsächliche Werte (Soll oder Ist) beziehen können …«). Wie unterschiedlich der Begriff »Effizienz« definiert werden kann, machen Cronauge und Westermann deutlich (S. 54–55).

Angesichts des uneinheitlichen und häufig auch unklaren Gebrauchs empfiehlt es sich, auf den Begriff »Effizienz« möglichst zu verzichten, auch wenn dieser Begriff sich einer zunehmenden Anwendung erfreut und er sogar Eingang in das Haushaltsrecht gefunden hat (vgl. z. B. § 75 [1] GO NRW).

g) Effektivität

Bezüglich des Begriffs **Effektivität** fehlt es bisher ebenfalls an einer überzeugenden Begriffsfassung. So stellen Gornas und Beyer (vgl. S. 44) fest, dass man anstelle von Effektivität »auch von der Wirksamkeit des Verwaltungshandels« sprechen könnte. Auch Brede (S. 208) empfiehlt, den Ausdruck »Effektivität« im Sinne des deutschen Begriffs »Wirksamkeit« zu verwenden und das Handlungsergebnis (das auch **Outcome** genannt wird) zum Mitteleinsatz in Relation zu setzen, um die Effektivität zu messen.

Gornas und Beyer gelangen aufgrund ihrer Begriffsfassung unter anderem zu den Schlussfolgerungen, dass effektives Handeln auch unwirtschaftlich und wirtschaftliches Handeln auch ineffektiv sein kann (vgl. Gornas/Beyer, S. 45). Da, wie wir bereits erläutert haben, der Wirtschaftlichkeitsgrundsatz mit dem Vernunftprinzip im Einklang steht, könnte es, wenn man dieser Begriffsfassung folgt, eine »vernünftige Ineffektivität« oder eine »unvernünftige Effektivität« geben. Damit wäre Effektivität als Zielsetzung untauglich. Reding (Sp. 277) bezeichnet Ergebniseffizienz als Effektivität und trägt durch die Mischung der Begriffe ebenfalls nicht zu einer klaren Begriffsfassung bei. Bei Horváth (vgl. S. 142) findet sich nur die folgende flüchtige Definition: »Mit Effektivität bezeichnet man die auf eine konkrete Zielsetzung als Output bezogene Wirtschaftlichkeit« (»Doing the right things«).

Angesichts der bisher nicht überzeugenden Definitionsversuche lassen wir uns von dem Satz »Doing the right things right« leiten und verzichten auf die Verwendung des Begriffs »Effektivität«.

5.2 Ziele der traditionellen und der modernen Kommunalverwaltung sowie der privatwirtschaftlichen Unternehmung – eine vergleichende Betrachtung

Für den Bereich der **privatwirtschaftlichen Unternehmen** ist die Frage nach den obersten Zielen keineswegs leicht zu beantworten. Die Unternehmensziele sind nicht einfach vorgegeben, sondern sie festzulegen ist die erste Aufgabe der Unternehmenspolitik (vgl. Schneider, Investition und Finanzierung, 2. Auflage, S. 50). Zwar muss die Leitung einer privatwirtschaftlichen Unternehmung bei der Zielbildung rechtliche Rahmenbedingungen beachten und kann insofern die Ziele nicht einfach willkürlich formulieren, jedoch ist die Möglichkeit, über Ziele zu entscheiden, ein Teil der unternehmerischen Freiheit, die einen wesentlichen Baustein eines marktwirtschaftlichen Systems bildet.

Das Ergebnis des unternehmerischen Zielbildungsprozesses kann aufgrund des bestehenden Freiraums unterschiedlich ausfallen. Hammann und Lohrberg (vgl. S. 47) nennen als mögliche »Ausprägungen für allgemeine Unternehmensziele ...

- das Überlebensstreben,
- das Gewinnstreben,
- das Umsatzstreben,
- das Streben nach Aufrechterhaltung der Liquidität,
- das Streben nach Prestige und Macht,
- das Streben nach Unabhängigkeit.«

Unter Berücksichtigung der oben erläuterten Unterteilung in Sach-, Formal- und Nebenziele kann man allerdings für eine privatwirtschaftliche Unternehmung vereinfachend Folgendes feststellen: Das **Sachziel** besteht darin, bestimmte Produkte zu erstellen und abzusetzen. Als **Formalziel** gilt zunächst einmal ein Gewinnziel, wobei häufig von der Gewinnmaximierung als Formalziel ausgegangen wird. Zusätzlich hat die privatwirtschaftliche Unternehmung das Liquiditätsziel zu beachten, d.h. die Gewinnmaximierung ist unter der **Nebenbedingung** der ständigen Zahlungsfähigkeit anzustreben.

Für den *traditionellen* kommunalen Verwaltungsbetrieb gilt folgende Zielsetzung: Das **Sachziel** besteht darin, die Aufgaben zu erfüllen, für die die Gemeinde zuständig ist. Um diese Aufgaben zu erfüllen, sind entsprechende Produkte zu erstellen und abzugeben. Meist handelt es sich dabei um Dienstleistungen. Als **Formalziel** gilt die Beachtung des Wirtschaftlichkeitsgrundsatzes. Die Erfüllung des Sach- und Formalziels hat unter Beachtung bestimmter **Nebenbedingungen** zu erfolgen, wobei man hier, worauf wir bereits hingewiesen haben, wegen der besonderen Bedeutung von **Nebenzielen** sprechen sollte. Hierzu zählen besonders die Rechtmäßigkeit des Verwaltungshandelns, die Bürgernähe, die Mitarbeiterfreundlichkeit, die Umweltverträglichkeit (bzw. Nachhaltigkeit) und der sich auf Einnahmen und Ausgaben beziehende Haushaltsausgleich, den wir nachfolgenden kurz »alten« Haushaltsausgleich nennen.

Die oberste Zielsetzung des traditionellen kommunalen Verwaltungsbetriebs lässt sich somit kurz als wirtschaftliche, rechtmäßige, bürgernahe, umweltverträgliche bzw. nachhaltige, den »alten« Haushaltsausgleich und die Belange der Beschäftigten beachtende Erfüllung bestimmter öffentlicher Aufgaben definieren.

Für den *modernen* kommunalen Verwaltungsbetrieb ergeben sich durch das **Neue Kommunale Finanzmanagement bzw. Rechnungswesen**, das häufig kurz als **NKF bzw. NKR** bezeichnet wird, einige Änderungen im Zielsystem: Das **Sachziel** besteht weiterhin darin, die Aufgaben zu erfüllen, für die die Gemeinde zuständig ist. »Die Gemeinde hat ihre Haushaltswirtschaft so zu planen und zu führen, dass die stetige Erfüllung ihrer Aufgaben gesichert ist« (§75 [1] GO NRW; § 82 [1] NGO). Als **Formalziel** gilt ebenfalls – wie bisher – die Beachtung des Wirtschaftlichkeitsgrundsatzes

(§ 82 [2] NGO), wobei in Nordrhein-Westfalen allerdings neben den traditionellen Begriffen »Wirtschaftlichkeit und Sparsamkeit« auch der Ausdruck »Effizienz« Berücksichtigung gefunden hat (§75 [1] GO NRW). Typisch für das NKF ist allerdings, dass nunmehr nicht nur das Formalziel »Wirtschaftlichkeit«, sondern zusätzlich ein weiteres Formalziel gilt. Es handelt sich dabei um eine gewinnorientierte Zielsetzung: »Der Haushalt muss in jedem Jahr in Planung und Rechnung ausgeglichen sein. Er ist ausgeglichen, wenn der Gesamtbetrag der Erträge die Höhe des Gesamtbetrages der Aufwendungen erreicht oder übersteigt« (§ 75 [2] GO NRW; eine ähnliche Formulierung findet sich in § 82 [4] NGO). Damit bekommt das Ziel »Haushaltsausgleich«, das bisher als Ausgleich von Einnahmen und Ausgaben zu interpretieren war, einen neuen Inhalt. Es ist deshalb sinnvoll, in sprachlicher Hinsicht zwischen der früheren und gegenwärtigen Zielsetzung zu unterscheiden. Wir sprechen daher vom **»alten« Haushaltsausgleich,** wenn wir die bisherige Vorgabe meinen, und vom **»neuen« Haushaltsausgleich, wenn wir den im NKF gültigen Haushaltsausgleich behandeln.** Beim »neuen« Haushaltsausgleich handelt es sich zwar um eine gewinnorientierte Vorgabe, allerdings nicht um eine Maximierungsvorschrift. Der »neue« Haushaltsausgleich ist bereits dann erreicht, wenn die Gemeinde keinen Verlust erwirtschaftet oder, anders formuliert, ihr Reinvermögen erhalten hat. Die Erfüllung der Sach- und Formalzielsetzung hat nach wie vor unter Beachtung bestimmter **Nebenziele zu erfolgen.** Hierzu zählen weiterhin die Rechtmäßigkeit des Verwaltungshandelns, die Bürgernähe, die Mitarbeiterfreundlichkeit, die Umweltverträglichkeit bzw. Nachhaltigkeit. Zusätzlich hat man noch als eine übergeordnete Zielsetzung das Ziel »Intergenerative Gerechtigkeit« in das kommunale Zielsystem aufgenommen. Da das Ziel Haushaltsausgleich sich von einer liquiditätsorientierten Zielsetzung zu einer erfolgsorientierten Zielsetzung wandelte, musste man durch eine entsprechende Formulierung in den haushaltsrechtlichen Vorschriften noch dem Ziel »Zahlungsfähigkeit« (Liquidität) Rechnung tragen (vgl. § 82 [4] NGO und § 75 [6] GO NRW).

Die oberste Zielsetzung des modernen kommunalen Verwaltungsbetriebs können wir damit zusammenfassend als wirtschaftliche, das Reinvermögen erhaltende, die Zahlungsfähigkeit sichernde, rechtmäßige, bürgernahe, nachhaltige, intergenerativ gerechte und die Belange der Beschäftigten beachtende Erfüllung bestimmter öffentlicher Aufgaben definieren.

In ***Abbildung 7*** haben wir die wesentlichsten Aspekte der drei Zielsysteme noch einmal gegenübergestellt.

Betriebstyp *Zielbereich*	**privatwirtschaftliches Unternehmen**	**traditioneller kommunaler Verwaltungsbetrieb**	**kommunaler Verwaltungsbetrieb im NKF**
Sachziel	*Produktion und Absatz bestimmter Güter*	*Erfüllung bestimmter öffentlicher Aufgaben*	*Erfüllung bestimmter öffentlicher Aufgaben*
Formalziel	*Gewinnmaximierung*	*Wirtschaftlichkeit (beim Eigenbetrieb zusätzlich ein Gewinnziel)*	*Wirtschaftlichkeit,* ***»neuer« Haushaltsausgleich***** *(beim Eigenbetrieb zusätzlich ein Gewinnziel)*
Nebenziele	*Liquiditätsziel*	***»alter« Haushaltsausgleich*,*** *Rechtmäßigkeit, Mitarbeiterfreundlichkeit, Bürgernähe, Umweltverträglichkeit bzw. Nachhaltigkeit*	*Liquiditätsziel, Rechtmäßigkeit, Mitarbeiterfreundlichkeit, Bürgernähe, Umweltverträglichkeit, Nachhaltigkeit, intergenerative Gerechtigkeit*

* Einnahmen ≥ Ausgaben   ** Erträge ≥ Aufwendungen

Abbildung 7: Gegenüberstellung der Ziele des privatwirtschaftlichen Unternehmens und des traditionellen sowie modernen kommunalen Verwaltungsbetriebs

Es wird deutlich, dass zwischen den obersten Zielen einer privatwirtschaftlichen Unternehmung und denen eines kommunalen Verwaltungsbetriebs einige Unterschiede bestehen. Nachfolgend wollen wir uns auf einen Vergleich zwischen der privatwirtschaftlichen Unternehmung und dem modernen kommunalen Verwaltungsbetrieb beschränken: Im Einzelnen sind besonders die folgenden Punkte zu beachten:

a) Das Sachziel des privatwirtschaftlichen Unternehmens unterscheidet sich zunächst einmal nicht von dem des modernen kommunalen Verwaltungsbetriebs, auch wenn die Formulierungen in Abbildung 7 unterschiedlich gewählt worden sind.

Dies wird deutlich, wenn man bedenkt, dass der kommunale Verwaltungsbetrieb im Hinblick auf die Aufgabenerfüllung wie ein privatwirtschaftliches Unternehmen für andere Personen oder Organisationen Sachgüter und Dienstleistungen erstellen und abgeben muss.

b) Gleichwohl besteht ein wesentlicher Unterschied: Das privatwirtschaftliche Unternehmen ist im Hinblick auf die Formulierung des Sachziels grundsätzlich frei, während das Sachziel der Kommunalverwaltung fast vollständig fremdbestimmt ist.

Der kommunale Verwaltungsbetrieb hat zahlreiche Aufgaben der unterschiedlichsten Art zu erfüllen. Dabei handelt es sich überwiegend um so genannte **Pflichtaufgaben,** die durch Gesetze, Verordnungen usw. vorgegeben sind. Bei den so genannten **freiwilligen Aufgaben** sind Beschlüsse des Rates maßgeblich, wobei auch hier Grenzen bei der Zielbildung zu beachten sind, da nur ein bestimmter Kreis öffentlicher Aufgaben in die Zuständigkeit der Gemeinde fällt. Die Ratsbeschlüsse sind wiederum Vorgaben für die Verwaltung einer Kommune. Selbstverständlich kann das privatwirtschaftliche Unternehmen sein Sachziel nicht völlig frei bestimmen. Die entsprechenden rechtlichen Vorgaben, wie beispielsweise die Wettbewerbsgesetze, das Außenwirtschaftsgesetz und die Vorschriften der Europäischen Union, sind zu beachten. Sie engen die Freiheit der Zielbildung jedoch nur so weit ein, dass die Freiheit der anderen Marktteilnehmer nicht eingeschränkt wird.

c) Ein privatwirtschaftliches Unternehmen soll einen möglichst hohen Gewinn erzielen. Für einen modernen kommunalen Verwaltungsbetrieb kommt es hingegen primär darauf an, das Reinvermögen zu erhalten. Es handelt sich also um eine viel schwächer ausgeprägte gewinnorientierte Zielsetzung. Eine Gewinnmaximierungsvorschrift gibt es auch für den modernen kommunalen Verwaltungsbetrieb nicht. Sie dürfte auch verfassungsrechtlich nicht zulässig sein.

Zu beachten ist weiterhin, dass die im »neuen« Haushaltsausgleich zum Ausdruck kommende Gewinnorientierung nur für die Gemeinde als Ganzes gilt und keinesfalls für die einzelnen Bereiche bzw. Organisationseinheiten einer Gemeinde, die selbstverständlich, wenn sie öffentliche Güter bereitstellen, nach wie vor Verluste machen »dürfen«. Für jeden dieser Bereiche gilt es aber, das Formalziel »Wirtschaftlichkeit« zu beachten, also dafür Sorge zu tragen, dass keine Ressourcen verschwendet werden.

Der Sinn einer solchen Vorgabe wird deutlich, wenn man beispielsweise ein Sozialamt betrachtet. Eine derartige Organisationseinheit kann keinen Gewinn erzielen, denn sie hat die Sozialhilfedienstleistungen unentgeltlich zu erbringen. Sie kann aber wirtschaftlich oder unwirtschaftlich arbeiten. Wirtschaftliches Handeln läge dann vor, wenn das Sozialamt seine Aufgaben ohne Verschwendung, d.h. ohne einen unnötigen Ressourceneinsatz, erfüllen würde.

d) Wenn man das Verhältnis von Formal- und Sachziel betrachtet, dann wird ein weiterer Unterschied deutlich:

Im Bereich der Privatwirtschaft gilt die Formalzieldominanz** (vgl. Busse von Colbe/Laßmann, S. 25). **Der Gewinn ist das oberste Unternehmensziel, von dem die anderen Ziele abgeleitet werden, also beispielsweise auch das Sachziel.

Man versucht das Produktions- und Absatzprogramm so festzulegen, dass ein bestimmter Gewinn entsteht. Erkennt man, dass man mit dem formulierten Sachziel den angestrebten Gewinn nicht erreichen kann, dann wird das Sachziel entsprechend angepasst.

Da die Kommunalverwaltung überwiegend Pflichtaufgaben zu erfüllen hat und es sich hierbei um Aufgaben handelt, die auf jeden Fall zu erfüllen sind, liegt es nahe, im Bereich der Kommunalverwaltung von einer Sachzieldominanz zu sprechen. Dies ist jedoch falsch. Der Wirtschaftlichkeitsgrundsatz, das Formalziel, ist der Aufgabenerfüllung, dem Sachziel, nicht unter-, sondern gleichgeordnet. Formal- und Sachziel sind hier also simultan zu beachten. Eine Pflichtaufgabe ist zwar auf jeden Fall, aber nicht um jeden Preis zu erfüllen, sondern mit dem geringstmöglichen Mitteleinsatz, d.h. ohne Verschwendung. Ob diese Gleichrangigkeit von Sach- und Formalziel auch den »neuen« Haushaltsausgleich einbezieht, ist noch nicht hinreichend behandelt worden.

***Was das Formalziel »Wirtschaftlichkeit« und das Sachziel »Aufgabenerfüllung« anbelangt, so ist unseres Erachtens eine Gleichrangigkeit von Formal- und Sachziel gegeben, die man in der Formulierung »wirtschaftliche Aufgabenerfüllung« zum Ausdruck bringen kann** (vgl. Schuster/Siemens, S. 7).*

e) Schließlich ist noch auf einen Unterschied im Hinblick auf die Stellung der Nebenbedingungen bzw. Nebenziele hinzuweisen:

Beim Liquiditätsziel im Bereich der Privatwirtschaft handelt es sich im Grunde um ein Ziel, das dem der Gewinnerzielung untergeordnet ist. Es hat im Hinblick auf das Gewinnziel Mittelcharakter.

Verstößt man gegen das Liquiditätsziel, wird eine privatwirtschaftliche Unternehmung zahlungsunfähig. Da die Illiquidität in aller Regel zum Konkurs führt, kann die Unternehmung dann das Gewinnziel nicht erreichen. Insofern ist die Erhaltung der ständigen Zahlungsfähigkeit eine notwendige Voraussetzung, um einen Gewinn zu erzielen.

Für den kommunalen Verwaltungsbetrieb sind bezüglich des Liquiditätszieles einige Besonderheiten zu beachten.

Gerät eine Kommunalverwaltung in Zahlungsschwierigkeiten, ist sie nicht sofort in ihrer Existenz bedroht. Es greifen dann andere staatliche Betriebe ein, beispielsweise die Aufsichtsbehörde, um die Erfüllung der kommunalen Aufgaben sicherzustellen.

Auch bei einem modernen kommunalen Verwaltungsbetrieb lässt sich das Liquiditätsziel nicht einfach vom Sach- oder Formalziel ableiten. Man muss es neben diesen beiden Zielen zusätzlich verankern und beachten.

f) Ähnliche Überlegungen gelten für andere Nebenbedingungen, unter denen die kommunale Aufgabenerfüllung zu erfolgen hat. So sollen die Aufgaben einer Gemeinde beispielsweise nicht nur wirtschaftlich, sondern auch rechtmäßig, bürgernah und umweltverträglich bzw. nachhaltig erfüllt werden und hat bei der Aufgabenerfüllung den Belangen der Beschäftigten und den zukünftigen Generationen Rechnung zu tragen. Während sich vergleichbare Zielsetzungen bei einem privatwirtschaftlichen Unternehmen vom Gewinnziel ableiten lassen – denn wenn ein solcher Betrieb beispielsweise nicht kundenorientiert arbeitet, dann wird er auf Dauer sein Gewinnziel nicht erreichen –, gilt dies für die Kommunalverwaltung nicht. So könnte man z. B. kommunale Aufgaben wirtschaftlich erfüllen, ohne auf den Bürger bzw. die Bürgerin hinreichend Rücksicht zu nehmen.

Insofern ist, wenn man die Beachtung der Bürgernähe, Mitarbeiterfreundlichkeit, Rechtmäßigkeit usw. will, bei einem kommunalen Verwaltungsbetrieb eine ausdrückliche Nennung dieser Nebenbedingungen auf der obersten Zielebene erforderlich. Sie stehen somit gleichrangig neben dem Formal- und Sachziel, so dass sich hierfür, wie wir bereits erläutert haben, die Bezeichnung »Nebenziele« anbietet.

6 Die Managementfunktionen

6.1 Überblick über die Managementfunktionen

Wir haben bereits darauf hingewiesen, dass es zahlreiche Begriffe gibt, die mehr oder weniger dem Begriff »Management« entsprechen, und dass die Begriffe in der Regel eine doppelte Bedeutung haben, indem von ihnen sowohl die Tätigkeit (die Funktion) als auch die für die Tätigkeit zuständige Organisationseinheit bzw. Personengruppe erfasst wird.

Wir beschäftigen uns zunächst nur mit der Funktion, wobei wir unter

Management (Betriebsführung) die zielorientierte Gestaltung bzw. Steuerung des betrieblichen Geschehens

verstehen, zu der wir wie Kuhn (vgl. S. 3) auch die Beeinflussung der Mitarbeiterinnen und Mitarbeiter im Hinblick auf die Zielerreichung, d.h. die **Personalführung**, zählen.

Die im Rahmen der Betriebsführung zu erfüllenden Teilaufgaben werden in der Literatur unterschiedlich abgegrenzt. Nach unserer Auffassung obliegt es dem dispositiven Faktor,

- die Ziele zu setzen,
- zu planen,
- zu entscheiden,
- zu realisieren und
- zu kontrollieren.

Die aufgeführten Tätigkeiten kann man als **Funktionen der Betriebsführung** oder als **Managementfunktionen** bezeichnen.

Sie lassen sich in Form eines Kreises darstellen (vgl. Wöhe, S. 63), der als **Management-Kreis** bekannt ist und der folgenden Zusammenhang zum Ausdruck bringt: Die Betriebsführung setzt die Ziele (1), plant (2), was man unternehmen muss, um die Ziele zu erreichen, entscheidet (3), welche von den zur Wahl stehenden Handlungsmöglichkeiten ergriffen werden soll, realisiert (4) die Planung und kontrolliert (5), ob die Ziele erreicht werden, um dann entweder die Ziele zu ändern oder neu zu planen – damit ist der Kreis geschlossen. Allerdings ist zu beachten, dass die einzelnen Tätigkeiten nicht in einer bestimmten Reihenfolge anfallen, sondern dass Überlagerungen die Regel sind.

So muss man beispielsweise bereits bei der Auswahl der Ziele Entscheidungen treffen oder beispielsweise im Rahmen der Planung kontrollieren, ob man tatsächlich die richtigen Daten verarbeitet hat.

Weiterhin ist zu beachten, dass diese Tätigkeit aufeinander abgestimmt werden müsse. Hierzu bedarf es eines entsprechenden Informationsaustausches. Information (6) und Koordination (7) ergänzen somit den Management-Kreis, wobei es hier verschiedene Möglichkeiten gibt, dies darzustellen. Man kann beispielsweise die Teilaufgabe »Koordination« in den Mittelpunkt des Kreises stellen und, um die Teilaufgabe »Information« berücksichtigen zu können, den Kreis um einen äußeren Ring ergänzen.

Den Managementprozess kann man auch anders darstellen, beispielsweise in Form einer Kurve. Man spricht dann von einem **Managementzyklus.** Inhaltlich gilt das Gleiche wie für den Management-Kreis.

Die bisherigen Ausführungen machen deutlich, dass es sich beim Management um eine komplexe Funktion handelt, die sich weder eindeutig abgrenzen noch eindeutig unterteilen lässt. Uns erscheint es sinnvoll, im Rahmen einer Einführungsschrift vier Aufgaben des dispositiven Faktors etwas ausführlicher zu besprechen, und zwar **das Treffen von Führungsentscheidungen, die Planung, die Organisation und die Überwachung.**

6.2 Führungsentscheidungen

Die wichtigste Aufgabe des dispositiven Faktors besteht in der Fixierung der obersten betrieblichen Ziele, mit denen wir uns sowohl aus dem Blickwinkel einer privatwirtschaftlichen Unternehmung als auch aus dem Blickwinkel des kommunalen Verwaltungsbetriebs bereits beschäftigt haben.

In Verbindung mit der Zielbestimmung sind wichtige Entscheidungen zu treffen, die man als **Zielentscheidungen** bezeichnen kann.

Die Entscheidung selbst ist eine Wahlhandlung. Es handelt sich hierbei um die Wahl einer von mehreren Alternativen, wobei wir als Alternative eine von mehreren Handlungsmöglichkeiten bezeichnen, die sich gegenseitig ausschließen.

Im privatwirtschaftlichen Bereich zählt zu den Zielentscheidungen besonders die Festlegung des Sachziels. Der dispositive Faktor muss in diesem Zusammenhang z.B. zwischen alternativen Produktionsprogrammen, alternativen Zielgruppen oder alternativen Absatzmärkten wählen, um das Formalziel, den maximalen Gewinn, zu erreichen.

Wir haben bereits darauf hingewiesen, dass der dispositive Faktor im kommunalen Verwaltungsbetrieb bezüglich der obersten betrieblichen Ziele einen viel geringeren Entscheidungsspielraum hat als das Management einer privatwirtschaftlichen Unternehmung, da ein Großteil der Zielsetzung durch Gesetze, Verordnungen usw. vorgegeben ist. Zielentscheidungen betreffen daher weniger die Ebene der betrieblichen Oberziele, sondern eher die Ziele, die von diesen abgeleitet werden, wobei man, da diese Ziele im Hinblick auf die Oberziele Mittelcharakter haben, darüber streiten kann, ob man nicht hier schon von **Mittelentscheidungen** sprechen sollte.

Der letzte Punkt deutet an, dass es sich bei den **Führungsentscheidungen** nicht nur um Zielentscheidungen handelt, sondern auch wichtige Entscheidungen, bei denen es um die Mittel zur Zielerreichung geht, vom dispositiven Faktor getroffen werden müssen.

Führungsentscheidungen im privatwirtschaftlichen Bereich sind besonders dadurch gekennzeichnet, dass die betreffenden Wahlhandlungen eine große Bedeutung für die Existenz der Unternehmung haben und die Unternehmung als Ganzes betreffen.

Im Bereich der Kommunalverwaltung sind aufgrund entsprechender rechtlicher Regelungen in der Regel keine Entscheidungen zu treffen, die den Bestand des betreffenden Verwaltungsbetriebs in Frage stellen können. Gleichwohl sind einige Wahlhandlungen so bedeutsam, dass man sie nicht auf nachgeordnete Stellen übertragen sollte, wenn man das Erreichen der obersten Ziele nicht gefährden will, und daher durchaus als Führungsentscheidungen zu betrachten. Hierzu zählen beispielsweise Entscheidungen, die

- die Einführung eines neuen Steuerungskonzepts,
- den Austausch des Rechnungswesens,
- die Installation eines Controllingsystems oder
- die Besetzung einer Leitungsstelle

betreffen.

Typisch für eine solche Wahlhandlung ist, dass es sich hierbei in der Regel um einen Vorgang handelt,

- der einen bestimmten **Zeitraum** in Anspruch nimmt,
- der **mehrstufig** ist, d.h. bei dem man mehrere Phasen oder Abschnitte erkennen kann, und
- an dem **mehrere Personen,** eventuell sogar mehrere Organisationen, beteiligt sind (vgl. beispielsweise Reichard, S. 28, sowie Engelhardt/Günter, S. 34–40),

so dass man in diesem Zusammenhang mit Recht von einem **Entscheidungsprozess** spricht.

Es gibt zahlreiche Versuche, den betrieblichen Entscheidungsprozess darzustellen. ***Abbildung 8*** beinhaltet den Vorschlag von Reichard (vgl. S. 29), der durch eine Gliederung des Entscheidungsprozesses in sieben Phasen gekennzeichnet ist und auf den wir nachfolgend kurz eingehen:

- ***1. Phase*:** Ausgangspunkt eines Entscheidungsprozesses ist die Beschäftigung mit einem Problem, also mit einem Zustand, den man als unbefriedigend empfindet und den man ändern möchte. Um negative Auswirkungen möglichst zu begrenzen, ist es erforderlich, einen eventuellen Mangel möglichst frühzeitig zu erkennen. Insofern ist es nicht sinnvoll abzuwarten, bis ein hoher Problemdruck entsteht, sondern angebracht, bei ersten Hinweisen auf ein Problem einen aktiven Suchprozess einzuleiten **(Problemsuche)**. Gelingt es, das Problem auszumachen, sollte man es genauer betrachten, um möglicherweise seine Ursachen und Erscheinungsformen und damit Ansatzpunkte für eine Problemlösung zu erkennen. Insofern schließt sich an die erfolgreiche Problemsuche die **Problemanalyse** an.

- ***2. Phase*:** Ist das Problem bekannt, müssen Informationen der unterschiedlichsten Art eingeholt werden **(Informationsbeschaffung)**. Besonders wichtig ist es zu wissen, welche Handlungsmöglichkeiten (Alternativen) es gibt, um das Problem zu lösen. In der Regel ist es nicht ausreichend, die erforderlichen Informationen zu ermitteln, sondern man muss die gewonnenen Informationen im Hinblick auf die Problemlösung systematisch aufbereiten **(Informationsverarbeitung)**, so dass die verschiedenen Handlungsmöglichkeiten deutlich werden.

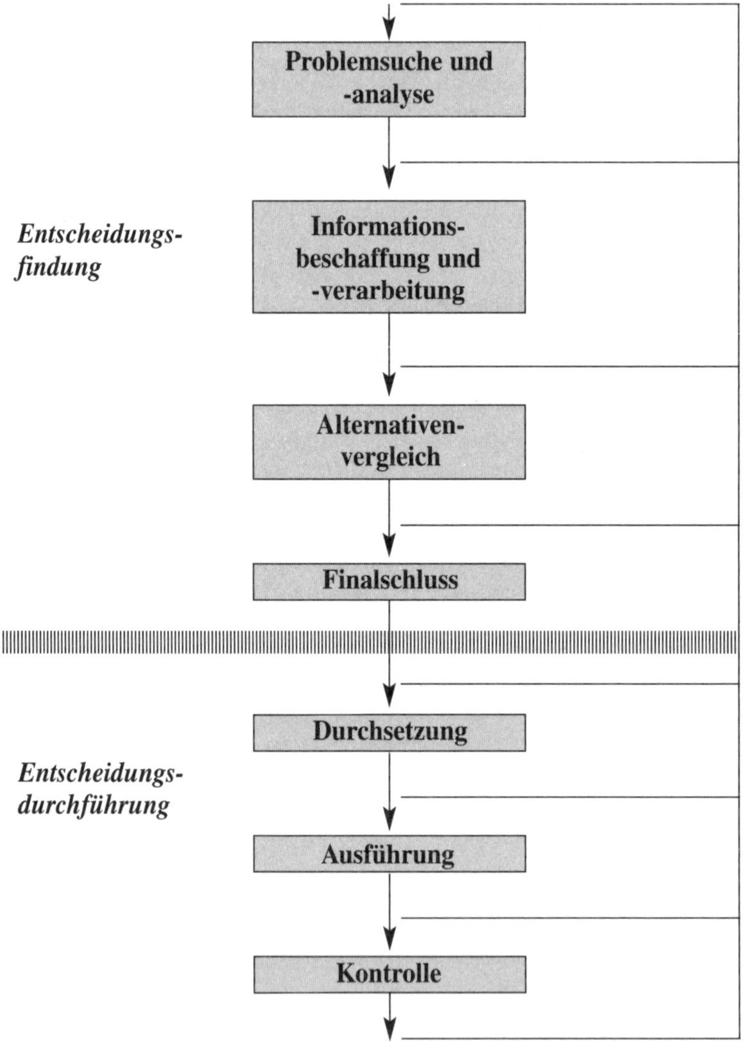

Abbildung 8: Struktur eines Entscheidungsprozesses

– *3. Phase:* Sind die Alternativen bekannt, werden sie im Hinblick auf ihre Eignung für die Problemlösung miteinander verglichen (**Alternativenvergleich**).

– *4. Phase*: Die Gegenüberstellung der Alternativen endet mit der Auswahl der günstigsten Handlungsmöglichkeit. Es handelt sich hierbei um den so genannten **Finalschluss**, mit dem die ***Entscheidungsfindung*** beendet wird.

– *5. Phase:* Anschließend beginnt die ***Entscheidungsdurchführung,*** wobei es zunächst darauf ankommt, dass die ausgewählte Alternative auch von denjenigen, die erst in späteren Phasen am Entscheidungsprozess beteiligt sind, akzeptiert wird. Diejenigen, die für den Finalschluss zuständig sind, müssen nun dafür sorgen, dass die Personen, die die Handlung ausführen oder die Einfluss auf die geplante Maßnahme haben (wie beispielsweise der Personalrat), die Entscheidung akzeptieren. Die Entscheidungsträger müssen sich also mit ihrer Vorstellung durchsetzen (**Durchsetzung**).

– *6. Phase:* Es erfolgt nunmehr die eigentliche Problemlösung. Man schafft die notwendigen Voraussetzungen für die angestrebten Veränderungen, indem man Personal und Sachmittel bereitstellt. Anschließend werden die erforderlichen Weisungen erteilt, um die **Ausführung** der geplanten Handlungen zu erreichen.

– *7. Phase:* Nach einem gewissen zeitlichen Abstand ist zu überprüfen, ob der angestrebte Zustand auch tatsächlich eingetreten ist (**Kontrolle**). Werden Abweichungen zwischen dem geplanten Zustand, dem Soll, und dem tatsächlichen Zustand, dem Ist, festgestellt, kann sich der Entscheidungsprozess in »Form einer Rückkopplungsschleife« (Reichard, S. 32) ganz oder teilweise wiederholen.

Die Betriebswirtschaftslehre hat zahlreiche **Hilfsmittel** entwickelt, die in den einzelnen Phasen des Entscheidungsprozesses eingesetzt werden können. Sie werden auch als **Techniken** oder **Instrumente** bezeichnet und lassen sich folgendermaßen einteilen (vgl. Schuster/Siemens, S. 13–14):

- Die ***erste Gruppe*** umfasst die Instrumente, die der Informationsgewinnung, d.h. der Datenerhebung, dienen. Von diesen so genannten **Erhebungstechniken** finden im kommunalen Verwaltungsbetrieb besonders die Dokumentenanalyse, die Selbstaufzeichnung, die Dauerbeobachtung, das Multimomentverfahren, die Zeitaufnahme, die Datenerhebung mittels Interview und die schriftliche Befragung Anwendung.
- Die ***zweite Gruppe*** wird bei der Aufbereitung der ermittelten Daten eingesetzt, wobei es uns zweckmäßig erscheint, zwischen den **Darstellungstechniken für Abläufe,** zu denen das Balkendiagramm, das Arbeitsablaufdiagramm, das Blockdiagramm, die Netzplantechnik und die Entscheidungstabelle zählen, und den **Techniken des Alternativenvergleichs,** den eigentlichen **Entscheidungstechniken,** zu unterscheiden, die eine Auswahlsituation transparent machen.

Zu den Techniken des Alternativenvergleichs gehören die Entscheidungsbaumtechnik und die Nutzwertanalyse, wobei letztere auch als Punktbewertungsverfahren und Multifaktorenrechnung bezeichnet wird.

Grundsätzlich können alle Techniken in allen Phasen des Entscheidungsprozesses eine sinnvolle Anwendung finden. Es liegt allerdings auf der Hand, dass die Erhebungstechniken in der Phase 2, die Techniken des Alternativenvergleichs in der Phase 3 und die Darstellungstechniken für Abläufe in der Phase 6 des obigen Entscheidungsprozesses eine besondere Bedeutung haben.

Im Rahmen einer Einführungsschrift können die genannten Techniken nicht detailliert erläutert werden, insofern ist auf weiterführende Schriften zu verweisen (vgl. beispielsweise Schuster/Siemens, S. 15–55). Nachfolgend soll aber an Hand eines stark vereinfachten Beispiels aus dem Bereich der Kommunalverwaltung der mögliche Einsatz einzelner Instrumente zumindest angedeutet werden.

Beispiel:

In einer Kleinstadt haben mehrere Ratsmitglieder aus der Bevölkerung Hinweise erhalten, dass die Versorgung mit Freizeiteinrichtungen für Kinder und Jugendliche möglicherweise unzureichend ist (Phase 1).

Der Rat setzt sich mit dem Problem auseinander und beauftragt die Verwaltung, weitere Informationen einzuholen (Phase 2). Die Verwaltung führt eine Befragung bei den Eltern und Jugendlichen durch, beobachtet stichprobenartig die Nutzung der bisherigen Freizeiteinrichtungen und versucht, die zukünftige Entwicklung der Bevölkerungsstruktur, ausgehend von den vorhandenen statistischen Unterlagen, zu prognostizieren. Weiterhin wird geklärt, welche finanziellen Mittel im nächsten Haushaltsjahr für weitere Freizeiteinrichtungen zur Verfügung gestellt werden können. Man gelangt zu der Erkenntnis, dass weitere Freizeiteinrichtungen durchaus erforderlich sind, aber unter Beachtung der finanziellen Beschränkungen zunächst nur eine weitere Freizeiteinrichtung bereitgestellt werden kann, wobei nur zwei Alternativen zur Wahl stehen. Entweder kann ein Kinderspielplatz oder ein Bolzplatz gebaut werden.

Die Verwaltung bereitet die ermittelten Daten übersichtlich auf, damit der Rat den Alternativenvergleich durchführen kann (Phase 3). Die Entscheidungsfindung soll mit Hilfe der ***Entscheidungsbaumtechnik*** *unterstützt werden. Dabei sind folgende Angaben zu berücksichtigen:*

> *Nach den vorliegenden Schätzungen ist mit einer Wahrscheinlichkeit von 20% damit zu rechnen, dass der Spielplatz pro Tag durchschnitt-*

lich von 50 Kindern benutzt wird, wobei das einzelne Kind in der Regel zwei Stunden auf dem Spielplatz spielt. Mit einer Wahrscheinlichkeit von 10% ist sogar mit 100 Kindern pro Tag zu rechnen. Da die Spielgeräte dann häufiger besetzt sind, ist die Verweildauer aber deutlich geringer. Das einzelne Kind wird dann im Durchschnitt nur eine Stunde auf dem Spielplatz spielen. Mit einer Wahrscheinlichkeit von 70% werden 30 Kinder pro Tag die Anlage in Anspruch nehmen, und zwar durchschnittlich drei Stunden. Der Bolzplatz wird während der Schulzeit nur nachmittags, und zwar durchschnittlich etwa 6 Stunden, benutzt. Es können gleichzeitig zwei Spiele durchgeführt werden. Ein Spiel dauert $1^{1}/_{2}$ Stunden, wobei bei einem Spiel 2 Mannschaften mit je 11 Spielern zu berücksichtigen sind. In den Ferien wird der Bolzplatz auch vormittags benutzt. Es wird dann durchschnittlich 9 Stunden pro Tag gespielt. Da der Platz bei schlechtem Wetter nicht zu benutzen ist, ergibt sich insgesamt für den Bolzplatz eine geringere Einsatzzeit als für den Spielplatz. Man rechnet damit, dass der Spielplatz 300 Tage im Jahr benutzt werden kann und der Bolzplatz nur 200 Tage, wobei die 200 Tage etwa 30 Ferientage einschließen.

*In **Abbildung 9** wird der betreffende Entscheidungsbaum dargestellt, der folgende Informationen beinhaltet:*

Das Rechteck symbolisiert die Entscheidungssituation. Hier hat man die Wahl zwischen der Alternative AI (Spielplatz), die durch den oberen Zweig verdeutlicht wird, und der Alternative AII (Bolzplatz), die durch den unteren Zweig zum Ausdruck gebracht wird. Wird die Alternative AI gewählt, dann können verschiedene Ereignisse auftreten. Dies wird durch den nicht ausgefüllten Kreis symbolisiert, an den sich entsprechend der Zahl der Ereignisse drei Zweige anschließen. Entweder kommen 300 Tage pro Tag 50 Kinder mit einer Verweildauer von je 2 Stunden, so dass insgesamt pro Jahr 30.000 Spielstunden zu verzeichnen sind, oder es kommen 300 Tage pro Tag 100 Kinder mit einer Verweildauer von jeweils einer Stunde, wobei dann ebenfalls 30.000 Spielstunden pro Jahr erreicht werden, oder es kommen 300 Tage pro Tag 30 Kinder mit einer Verweildauer von jeweils 3 Stunden, so dass sich dann 27.000 Spielstunden pro Jahr ergeben. Die betreffenden Ergebnisse werden am Ende der Zweige, d.h. an den ausgefüllten Kreisen, festgehalten.

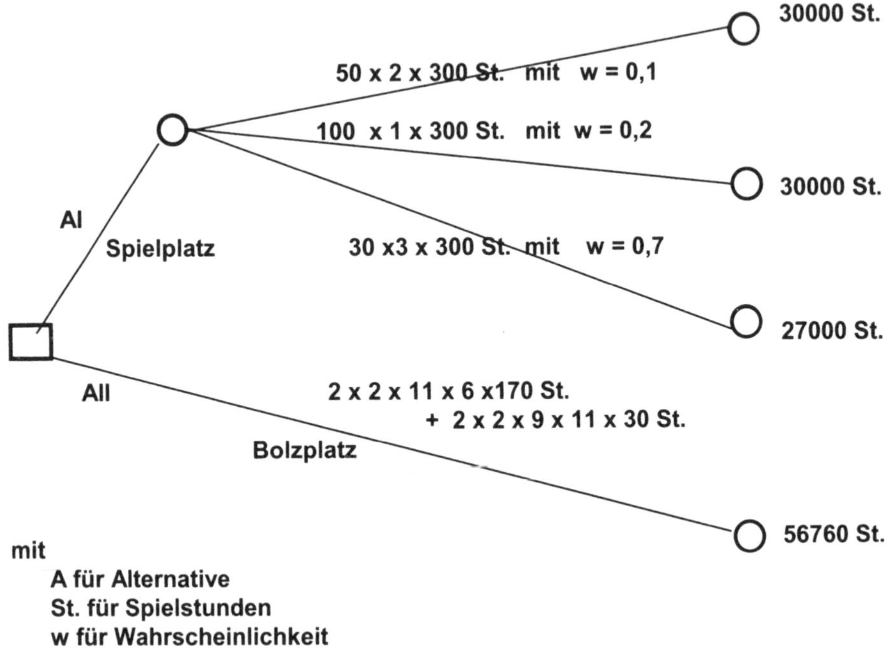

Abbildung 9: Beispiel für die Anwendung der Entscheidungsbaumtechnik im kommunalen Bereich

*Wählt man als **Auswahlkriterium den Erwartungswert der Spielstunden,** dann muss man die beim Spielplatz möglichen Resultate mit den Eintrittswahrscheinlichkeiten multiplizieren und die so berechneten Teilergebnisse zusammenfassen. Es ergibt sich dann folgende Berechnung: 0,1 x 30.000 St. + 0,2 x 30.000 St. + 0,7 x 27.000 St. = 3.000 St. + 6.000 St. + 18.900 St. = **27.900 St.** Für den Bolzplatz sieht die Berechnung folgendermaßen aus: 170 Tage sind 6 Stunden pro Tag 44 Personen auf dem Platz und 30 Tage sind 9 Stunden pro Tag ebenfalls 44 Personen auf dem Platz, so dass sich pro Jahr 170 x 6 x 44 St. + 30 x 9 x 44 St. = 44.880 St. + 11.880 St. = **56.760 St.** ergeben. Dieser Wert ist bei den vorliegenden Angaben mit Sicherheit zu erwarten und entspricht somit dem Erwartungswert. Folglich liegt der Erwartungswert der Spielstunden beim Bolzplatz höher als beim Spielplatz.*

Dem Rat erscheint die Untersuchung der Verwaltung überzeugend, der Anwendung der Entscheidungsbaumtechnik stimmt er ebenfalls zu und auch das Auswahlkriterium wird von ihm akzeptiert. Infolgedessen trifft er die Entscheidung, den Bolzplatz erstellen zu lassen (Finalschluss; Phase 4).

Da er der Vorlage der Verwaltung zugestimmt hat, wirft die Durchsetzung dieses Beschlusses (Phase 5) keine großen Probleme auf.

Die Verwaltung führt den Ratsbeschluss aus (Phase 6), indem vom Verwaltungsvorstand einzelne Mitarbeiter bzw. Mitarbeiterinnen mit der Erledigung der entsprechenden Aufgaben beauftragt werden, die daraufhin die notwendigen Maßnahmen ergreifen, also beispielsweise die Grundstücksfrage klären und die Vergaben durchführen.

Anschließend findet eine Überprüfung statt, die sich zunächst auf die Qualität der erbrachten Arbeiten und später darauf erstreckt, ob der Bedarf an Spielmöglichkeiten für Kinder und Jugendliche der betreffenden Altersgruppen nunmehr gedeckt ist (Phase 7).

Das Beispiel macht deutlich, dass es sich bei einer Entscheidung im kommunalen Verwaltungsbetrieb nicht nur um einen Vorgang handelt, der einen bestimmten Zeitraum in Anspruch nimmt und der sich zumindest gedanklich in mehrere Abschnitte zerlegen lässt, sondern auch um eine Wahlhandlung, an der in der Regel mehrere Personen beteiligt sind. Insofern kann man auch von einem **multipersonalen Entscheidungsprozess** sprechen (vgl. Backhaus, S. 51). Auf kommunale Führungsentscheidungen wirken die Mitglieder des Rates bzw. der Ratsausschüsse, der Verwaltungsvorstand, gegebenenfalls auch weitere Führungskräfte und die Mitglieder des Personalrats ein. Wie stark der Einfluss der betreffenden Personen bzw. Gremien ist, hängt unter anderem davon ab, wie die Zuständigkeiten rechtlich geregelt sind. In diesem Zusammenhang sind besonders die Gemeindeordnungen zu beachten.

Nach **§ 41 der Gemeindeordnung für das Land Nordrhein-Westfalen** kann der Rat beispielsweise die Entscheidung über folgende betriebswirtschaftlich relevante Angelegenheiten nicht übertragen:

- die allgemeinen Grundsätze, nach denen die Verwaltung geführt werden soll,
- die Wahl der Mitglieder der Ausschüsse und ihrer Vertreter,
- die Wahl der Beigeordneten,
- den Erlass der Haushaltssatzung und des Stellenplans, die Aufstellung eines Haushaltssicherungskonzeptes, die Zustimmung zu überplanmäßigen und außerplanmäßigen Aufwendungen und Auszahlungen sowie zu überplanmäßigen und außerplanmäßigen Verpflichtungsermächtigungen, die Festlegung von Wertgrenzen für die Veranschlagung und Abrechnung einzelner Investitionsmaßnahmen,

- die Festsetzung allgemein geltender öffentlicher Abgaben und privatrechtlicher Entgelte,
- die Feststellung des Jahresabschlusses Abnahme und die Entlastung sowie Bestätigung des Gesamtabschlusses,
- die teilweise oder vollständige Veräußerung oder Verpachtung von Eigenbetrieben, die teilweise oder vollständige Veräußerung einer Beteiligung an einer Gesellschaft oder anderen Vereinigung des privaten Rechts,
- die Errichtung, Übernahme, Erweiterung, Einschränkung und Auflösung von Anstalten des öffentlichen Rechts ..., öffentlichen Einrichtungen und Eigenbetrieben, die erstmalige Beteiligung sowie die Erhöhung einer Beteiligung an einer Gesellschaft oder anderen Vereinigungen in privater Rechtsform,
- die Umwandlung der Rechtsform von Anstalten des öffentlichen Rechts ..., öffentlichen Einrichtungen und Eigenbetrieben sowie die Umwandlung der Rechtsform von Gesellschaften, an denen die Gemeinde beteiligt ist,
- die Bestellung und Abberufung der Leitung und der Prüfer der örtlichen Rechnungsprüfung sowie die Erweiterung der Aufgaben der örtlichen Rechnungsprüfung über die Pflichtaufgaben hinaus,
- die Übernahme neuer Aufgaben, für die keine gesetzliche Verpflichtung besteht.

Im Übrigen kann der Rat die Entscheidung über bestimmte Angelegenheiten auf Ausschüsse oder den Bürgermeister übertragen und ferner Ausschüsse ermächtigen, in Angelegenheiten ihres Aufgabenbereichs die Entscheidung dem Bürgermeister zu übertragen. Geschäfte der laufenden Verwaltung gelten im Namen des Rates als auf den Bürgermeister übertragen, soweit nicht der Rat sich, einer Bezirksvertretung oder einem Ausschuss für einen bestimmten Kreis von Geschäften oder für einen Einzelfall die Entscheidung vorbehält.

6.3 Planung

6.3.1 Definition und Merkmale der Planung

Wir haben bereits darauf hingewiesen, dass die einzelnen Managementfunktionen sich überlagern. Insofern sind auch die Begriffe Planung und Entscheidung nicht klar voneinander zu trennen. Dass Planen und Entscheiden in einer wechselseitigen Beziehung stehen, wird beispielsweise dadurch deutlich, dass man einerseits zukünftige Entscheidungen planen muss und man umgekehrt eventuell aktuell entscheiden muss, wie und was geplant werden soll. Es ist daher nicht verwunderlich, dass Inhalte, die einige Fachvertreter unter der Überschrift »Entscheidung« besprechen, in anderen Beiträgen unter dem Thema »Planung« abgehandelt werden.

Bei der Vermittlung des Überblicks über das betriebliche Geschehen haben wir den Begriff »Planung« vorläufig definiert, indem wir *Planung als gedankliche Vorwegnahme zukünftigen Tuns* bezeichnet haben. Nunmehr wollen wir uns dem Begriff etwas gründlicher zuwenden. Da es in der betriebswirtschaftlichen Literatur keine einheitliche Begriffsfassung gibt, erscheint es uns sinnvoll, zunächst die Definitionsversuche einiger führender Vertreter der BWL zusammenzustellen. Im Einzelnen finden sich folgende Vorschläge:

- »**Planung** ist die gedankliche Vorbereitung zielgerichteter Entscheidungen.« (***Wöhe,*** S. 96)

- »**Planung** ist ein geordneter, informationsverarbeitender Prozeß zur Erstellung eines Entwurfs, welcher Größen für das Erreichen von Zielen vorausschauend festlegt« (***Schweitzer***, S. 19)

- **»Planung ist gedankliche Vorstrukturierung späterer Handlungen (Realisierungen)**.« (***Mag***, S. 4).

- »**Planung** heißt das eigene Handeln vorausbedenken bei einem vorgegebenen Wissen über Ziele, Mittel, Handlungsmöglichkeiten und denkbare künftige Zustände der Welt für einen Kalenderzeitraum (bis zu einem Planungshorizont). Kürzer läßt sich Planung als ein gedachtes zweckbewußtes Handeln bis zu einem Planungshorizont bezeichnen.« (***Schneider***, Allgemeine Betriebswirtschaftslehre, S. 2)

Trotz der unterschiedlichen Formulierungen fallen die Definitionen im Kern ähnlich aus. Sämtliche der aufgeführten Begriffsfassungen weisen auf die wichtigsten Eigenschaften der Planung hin. Im Einzelnen können folgende **Planungsmerkmale** genannt werden (vgl. Mag, S. 5):

- **Planung hat immer mit Informationen zu tun.** In Verbindung mit der Planung müssen Informationen der unterschiedlichsten Art (also beispielsweise Wissen über die Ziele, die Umwelt und die Handlungsmöglichkeiten) gewonnen, gespeichert, verarbeitet und übertragen werden.
- **Planung ist stets auf die Zukunft bezogen und muss folglich von unvollkommenen Informationen ausgehen.** Da der Mensch die zukünftige Entwicklung nur prognostizieren (versuchsweise vorhersagen), aber nicht vorhersehen kann, ist letztlich ungewiss, ob die Annahmen, die seiner Planung zugrunde liegen, später zutreffen und ob das geplante Vorgehen sich auch tatsächlich als richtig erweist.
- **Planung beinhaltet immer ein methodisch-systematisches und zielgerichtetes Verhalten.** Man nutzt also bei der Planung das betriebswirtschaftliche Instrumentarium und man versucht, die Vorgehensweise zu strukturieren. Durchwursteln gehört nicht zum Wesen der Planung. Weiterhin hat man bei der Planung in der Regel eine

gegebene Zielsetzung und damit einen Orientierungspunkt vor Augen, soweit man sich im Rahmen der Planung nicht zunächst mit den betrieblichen Zielen selbst befassen muss.

- **Planung schließt stets auch zukünftige Handlungen (Aktivitäten) ein.** Sie geht über die Problemerkennung hinaus und befasst sich zusätzlich mit Maßnahmen, die der Problemlösung dienen. In diesem Punkt unterscheidet sich die Planung von der Prognose. Ebenso wie die Planungen sind auch die **Prognosen** in die Zukunft gerichtet; während sich allerdings die Planungen mit den zukünftigen Handlungen beschäftigten, die man unter Beachtung zukünftiger Ereignisse vornehmen sollte, geben die Prognosen lediglich an, welche zukünftigen Ereignisse wahrscheinlich eintreten werden. Insofern sind die Prognosen lediglich ein Bestandteil der Planung.

Neben den in allen aufgeführten Definitionen zumindest andeutungsweise vorkommenden Merkmalen der Planung beinhaltet der Vorschlag von Schneider den besonderen Hinweis, dass zum Wesen der Planung eine zeitliche Vorstellung, d.h. ein **Planungshorizont,** gehört. Man muss bei der Planung den zukünftigen Zeitraum festlegen, für den die Aussagen gelten sollen. Ohne eine Abgrenzung des **Planungszeitraums** ist keine sinnvolle Zuordnung von Ereignissen, Handlungen und Handlungsfolgen und damit letztlich auch keine Bewertung der Alternativen möglich.

Ausgehend von diesen Überlegungen ergänzen wir unsere vorläufige Definition und wählen nunmehr folgende genauere Begriffsfassung:

Planung ist die zielorientierte gedankliche Vorwegnahme zukünftigen Tuns in einem bestimmten Zeitraum.

6.3.2 Arten der Planung

Welcher Zeitpunkt als Planungshorizont gewählt werden sollte, lässt sich nicht generell angeben. Allerdings ist zu beachten, dass die Planungsaussagen umso vager werden, je weiter der Planungshorizont in der Zukunft liegt. Diese Tendenz hat dazu geführt, dass man in der betrieblichen Praxis parallel Planungen für mehrere Zeiträume durchführt. Auch wenn letztlich unterschiedliche Abgrenzungen vorgenommen werden können, so gelten doch weitgehend folgende Richtwerte als üblich (vgl. Mag, S. 9):

- Bei der **kurzfristigen Planung** bezieht man sich auf einen Zeitraum von **1 Jahr,**
- bei der **mittelfristigen Planung** bezieht man sich auf einen Zeitraum von **etwa 4 bis 5 Jahren** und
- die **langfristige Planung** geht **über** einen Zeitraum von **4–5 Jahren** hinaus.

Mit dem Zeithorizont verändert sich auch die Genauigkeit der Planung. »Für den zeitlichen Nahbereich entwirft man eine **Detail-** oder **Feinplanung,** für den zeitlichen Fernbereich entwirft man eine **Grob-** oder **Umrißplanung«** (Mag, S. 9). Trennscharf ist die Unterscheidung nicht, allerdings ist offensichtlich, dass der Detaillierungsgrad der Planung umso geringer ist, je weiter der Planungshorizont in der Zukunft liegt. Insofern handelt es sich bei der kurzfristigen Planung eher um eine Detail- oder Feinplanung und bei der langfristigen Planung eher um eine Grob- oder Umrissplanung.

In der Regel ist es nicht sinnvoll, die Pläne allein nach dem Zeithorizont zu unterscheiden, sondern es bietet sich an, zusätzlich auch inhaltliche Gesichtspunkte bei der Abgrenzung heranzuziehen. Beachtet man weiterhin noch organisatorische Aspekte, so lassen sich in einer Unternehmung vier Arten von Planungen unterscheiden, die in einer hierarchischen Beziehung zueinander stehen (vgl. Mag, 46–51).

Im Einzelnen handelt es sich dabei um

a) die Grundsatzplanung,
b) die strategische Planung,
c) die taktische Planung und
d) die operative Planung.

Zu a): Die **Grundsatzplanung** ist langfristig angelegt und im Prinzip unbefristet. Es handelt sich also ausnahmsweise um eine Planung, der kein konkreter Planungshorizont zugrunde liegt. Mit ihr wird der Rahmen für die anderen Planungen abgesteckt. Inhalt der Grundsatzplanung sind fundamentale Orientierungspunkte für das Unternehmen bzw. für einen Betrieb. Man kann daher auch von der Leitbildplanung sprechen, da Grundsätze formuliert werden, die für das Unternehmen dauerhaft gelten sollen. Solche Leitlinien bestimmen beispielsweise die Unternehmensaufgabe, die Branchenzugehörigkeit, den Standort des Unternehmens, das Verhältnis des Unternehmens zu seinen Mitarbeitern, zu den Anteilseignern und zur Umwelt, die Führungskonzeption und Finanzierungsgrundsätze. Für die Grundsatzplanung ist zunächst einmal die Unternehmensleitung zuständig. Je nach Art und Größe des Unternehmens können allerdings auch die Anteilseigner und die Personalvertretung einen nicht unbedeutenden Einfluss auf die Festlegung solcher langfristig gültigen Orientierungspunkte haben.

Zu b): Die **strategische Planung** ist wie die Grundsatzplanung langfristig angelegt, gilt aber im Gegensatz zu dieser nur befristet. Am häufigsten wird ein Zeitraum gewählt, der etwa 10 Jahre in die Zukunft reicht. Es geht dabei um die Planung des grundsätzlichen Handlungsprogramms im Hinblick auf die Erhaltung und Schaffung so genannter Erfolgspotenziale. In der Regel werden verschiedene Geschäftsfelder, auf denen man tätig sein will, voneinander abgegrenzt und für diese grundsätzliche Vorgehensweisen, d.h. Strategien, entwickelt. Da die strategische Planung relativ weit in die Zukunft reicht, ist sie mit großen Unsicherheiten behaftet. Das gilt umso mehr, je schneller sich der technische Fortschritt entwickelt und sich die Märkte verändern. Auf der anderen Seite ist die strategische Planung bei aller Problematik unverzichtbar, da durch sie die grundsätzliche Entwicklungsrichtung für einen Betrieb angedeutet wird. Wegen dieser großen Bedeutung für die Existenz eines Betriebes fällt sie in den Zuständigkeitsbereich der Betriebsleitung. Die strategische Planung hat einen Vorgabecharakter für die taktische Planung.

Zu c): Die **taktische Planung** ist mittelfristig angelegt und erstreckt sich über einen Zeitraum von maximal 5 Jahren. Sie erfolgt, wie bereits gesagt, unter Berücksichtigung der strategischen Planung. Da der Planungshorizont näher liegt als bei der strategischen Planung, kann man mit genaueren Informationen arbeiten. Die im Rahmen der strategischen Planung vorgenommene Grobplanung für die einzelnen Unternehmensbereiche wird konkretisiert. Es erfolgt eine bereichsspezifische Feinplanung. Folglich liegt die Zuständigkeit für die taktische Planung in der Regel weitgehend bei der jeweiligen Bereichsleitung.

Zu d): Durch die **operative Planung,** die einen Planungszeitraum von etwa einem Jahr abdeckt, erfolgt eine Konkretisierung der taktischen Planung. Die Planungssicherheit ist relativ hoch. Man arbeitet mit Größen, die dem Rechnungswesen entstammen. Geplant werden also besonders Einnahmen, Ausgaben, Aufwand, Ertrag, Kosten und Leistung für das anstehende Jahr. Dabei steht das Formalziel im Vordergrund. Insofern handelt es sich bei der operativen Planung weitgehend um eine liquiditäts- und erfolgsorientierte Planung. Zuständig für die operative Planung sind neben der Bereichsleitung Personen, die nachgelagerte Organisationseinheiten leiten, um die Verbindung zur Ausführung sicherzustellen. Die operative Planung hat auch die Aufgabe, negative Auswirkungen, die aus einer fehlerhaften taktischen Planung resultieren können, zu minimieren.

Das Ergebnis der operativen Planung, bei der es sich in der Regel um eine **Jahresplanung** handelt, ist der Jahresplan, der teilweise auch als **Budget** bezeichnet wird (vgl. Schweitzer, S. 81). Der Begriff »Budget« wird allerdings in Praxis und Literatur unterschiedlich gefasst. Wir übernehmen nachfolgend die Definition von Horváth (S. 255).

> ***»Ein Budget ist für uns ein formalzielorientierter, in wertmäßigen Größen formulierter Plan, der einer Entscheidungseinheit für eine bestimmte Zeitperiode mit einem bestimmten Verbindlichkeitsgrad vorgegeben wird.«***

Legt man diese Definition zugrunde, dann ist der Begriff »Budget« nicht einfach mit dem Begriff »Jahresplan« gleichzusetzen, sondern es sind zahlreiche Budgets denkbar. So kann man beispielsweise nach der Geltungsdauer zwischen einem Monatsbudget, einem Quartalsbudget, einem Jahresbudget und einem Mehrjahresbudget oder nach der Wertdimension zwischen einem Ausgabenbudget und einem Kostenbudget unterscheiden.

Wie der Begriff »Budget«, so wird auch der Begriff »Budgetierung« in Literatur und Praxis uneinheitlich verwendet. Nicht selten wird der Begriff **»Budgetierung«** in die Nähe des Begriffs »Jahresplanung« gerückt. Wir übernehmen diese Vorstellung nicht. Auf der einen Seite kann die Budgetierung verschiedene Zeiträume betreffen. Es lässt sich dann beispielsweise zwischen der Monatsbudgetierung, der Quartalsbudgetierung, der Jahresbudgetierung und der Mehrjahresbudgetierung unterscheiden. Auf der anderen Seite wird in Verbindung mit der Budgetierung in der Regel nicht nur ein Budget aufgestellt, sondern soll letztlich auch die Budgeteinhaltung garantiert werden. Damit geht die Budgetierung über die Planung hinaus.

»Unter Budgetierung wollen wir den gesamten Budgetierungsprozeß verstehen, d.h. insbesondere Aufstellung, Verabschiedung, Kontrolle sowie Abweichungsanalyse.« *(Horváth, S. 255)*

6.3.3 Bestandteile, Abstimmung und Fortschreibung der Pläne

Der Plan ist das Ergebnis der Planung.

Unverzichtbare **Bestandteile (Inhalte) eines Planes** (vgl. Rau, Planung, S. 7) sind Informationen über

- die Ziele, die angestrebt werden,
- die Prämissen, d.h. die Annahmen, die man bei der Planung zugrunde gelegt hat, hierzu zählen auch die Annahmen bezüglich der zukünftigen Entwicklung, d.h. die Prognosen,
- die Maßnahmen, die durchgeführt werden sollen, um die Ziele zu erreichen,
- die Mittel, die Ressourcen, die bei den geplanten Maßnahmen eingesetzt werden können oder sollen,
- die Personen, die die betreffenden Maßnahmen durchführen sollen,
- die Zeitpunkte des Mitteleinsatzes und
- die Orte des Mitteleinsatzes.

Werden mehrere Pläne erstellt, dann müssen diese aufeinander abgestimmt werden, das gilt sowohl in zeitlicher Hinsicht als auch bezüglich einer eventuell hierarchischen Anordnung.

Bei der **Abstimmung der Pläne in zeitlicher Hinsicht** werden **drei Möglichkeiten der Verkettung** (vgl. Mag, S. 10) unterschieden, und zwar

- die Reihung,
- die Staffelung und
- die Schachtelung *(vgl. Abbildung 10).*

– Bei der **Reihung** werden die einzelnen Pläne so erstellt, dass sie aufeinander folgen und somit nacheinander liegende Planungszeiträume erfassen. Mit dem Ende des Planungszeitraums für den kurzfristigen Plan beginnt der Planungszeitraum für den mittelfristigen Plan, und dessen Ende ist gleichzeitig der Beginn des Planungszeitraums für den langfristigen Plan.

– Bei der **Staffelung** überlappen sich die Planungszeiträume teilweise, d.h. der letzte Teil des Planungszeitraums für den kurzfristigen Plan ragt in den sich daran anschließenden Planungszeitraum des mittelfristigen Plans hinein, und der letzte Teil des Planungszeitraums für den mittelfristigen Plan bildet gleichzeitig den Anfang des Planungszeitraums für den langfristigen Plan.

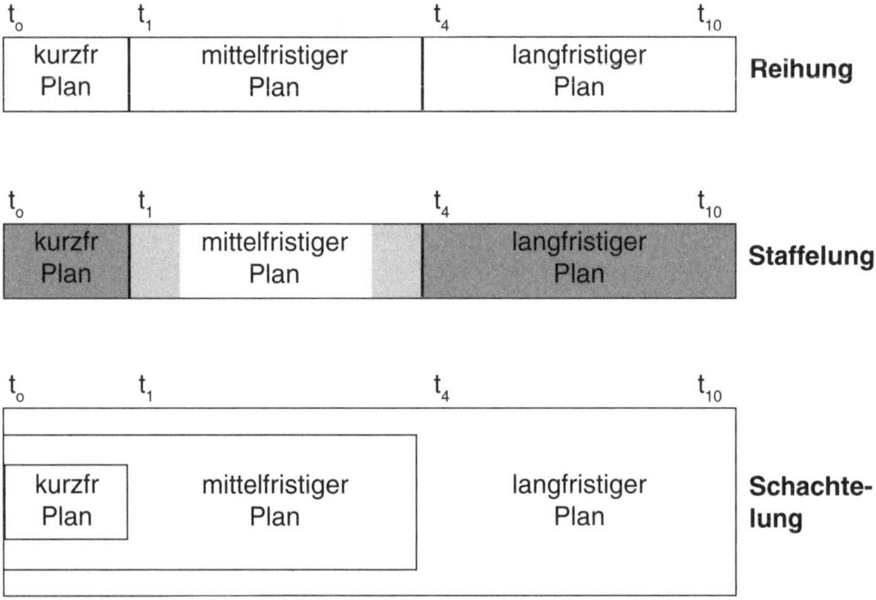

$\mathbf{t_0}$ für den Beginn des 1. zukünftigen Jahres
$\mathbf{t_1}$ für das Ende des 1. zukünftigen Jahres
$\mathbf{t_4}$ für das Ende des 4. zukünftigen Jahres
$\mathbf{t_{10}}$ für das Ende des 10. zukünftigen Jahres

Abbildung 10: Zeitliche Verkettung von Plänen

– Bei der **Schachtelung** wird der kurzfristige Plan vollständig in den mittelfristigen Plan aufgenommen, der seinerseits Bestandteil des langfristigen Plans ist. Nur bei der Schachtelung gelingt somit eine vollständige Integration aller Pläne. Diese Verkettungsform ist daher den anderen überlegen und insofern anzustreben.

Um übergeordnete Pläne mit nachrangigen Plänen zu koordinieren, um also mit anderen Worten eine in sich stimmige **hierarchische Ordnung der Pläne** zu gewährleisten, bieten sich folgende Verfahren an (vgl. Mag, S. 51–52):

- die retrograde Koordination (Planung),
- die progressive Koordination (Planung) und
- das Gegenstromverfahren (die Gegenstromplanung).

Abbildung 11 (vgl. Wöhe, S. 103) vermittelt einen Überblick über die Möglichkeiten der hierarchischen Verkettung von Plänen.

– Bei der **retrograden Koordination (Planung),** die man auch als **Top-down-Planung** bezeichnen kann, stellt die Unternehmensführung zunächst den Rahmenplan auf, von dem die direkt untergeordneten Organisationseinheiten ihre Pläne ableiten, die sie dann auch konkretisieren. Diese Teilpläne geben dann ihrerseits den Rahmen für die Planung der nachgelagerten Organisationseinheiten ab. Es wird also von oben nach unten vorgegangen. Der Vorteil dieser Art der Koordination wird darin gesehen, dass in Verbindung mit der Planung die Unterziele von den obersten Unternehmenszielen abgeleitet werden. Nachteilig ist, dass bei der Rahmenplanung eventuell von unzureichenden Informationen ausgegangen wird, also beispielsweise die Möglichkeiten der ausführenden Organisationseinheiten überschätzt werden, so dass die Pläne auch bei großem Engagement nicht realisiert werden können und insofern unsinnige Vorgaben entstehen, was sich auf die Motivation der Mitarbeiter und Mitarbeiterinnen nachteilig auswirken dürfte.

– Bei der **progressiven Koordination,** die man auch als **Bottom-up-Planung** bezeichnen kann, werden zunächst von den in der Unternehmenshierarchie unten angesiedelten Organisationseinheiten Teilpläne erstellt, die dann auf der nächsthöheren Organisationsebene koordiniert und zusammengefasst werden. Die so entstandenen Pläne werden an die nächsthöhere Instanz weitergeleitet, die dann diese koordiniert und zusammenfasst. Zuletzt erstellt die Unternehmensführung aus den Teilplänen der großen Unternehmensbereiche den Gesamtplan des Unternehmens. Es wird also von unten nach oben vorgegangen. Der Vorteil dieser Art der Plankoordination besteht darin, dass marktnahe Informationen verarbeitet werden. Insofern ist auch die Wahrscheinlichkeit groß, dass dic Zielsetzungen in den Plänen realistisch ausfallen. Dies und die frühzeitige Beteiligung der unteren Organisationseinheiten dürften sich positiv auf die Motivation der Mitarbeiter und Mitarbeiterinnen auswirken. Nachteilig könnte sein, dass die Teilpläne sich möglicherweise widersprechen und dann nicht bzw. nur schlecht zu koordinieren sind. Nicht zu unterschätzen ist auch die Gefahr, dass von den unteren Planungseinheiten Informationen zurückgehalten werden, um auf die Zielsetzung derart einzuwirken, dass später eine Planerfüllung leichter möglich ist.

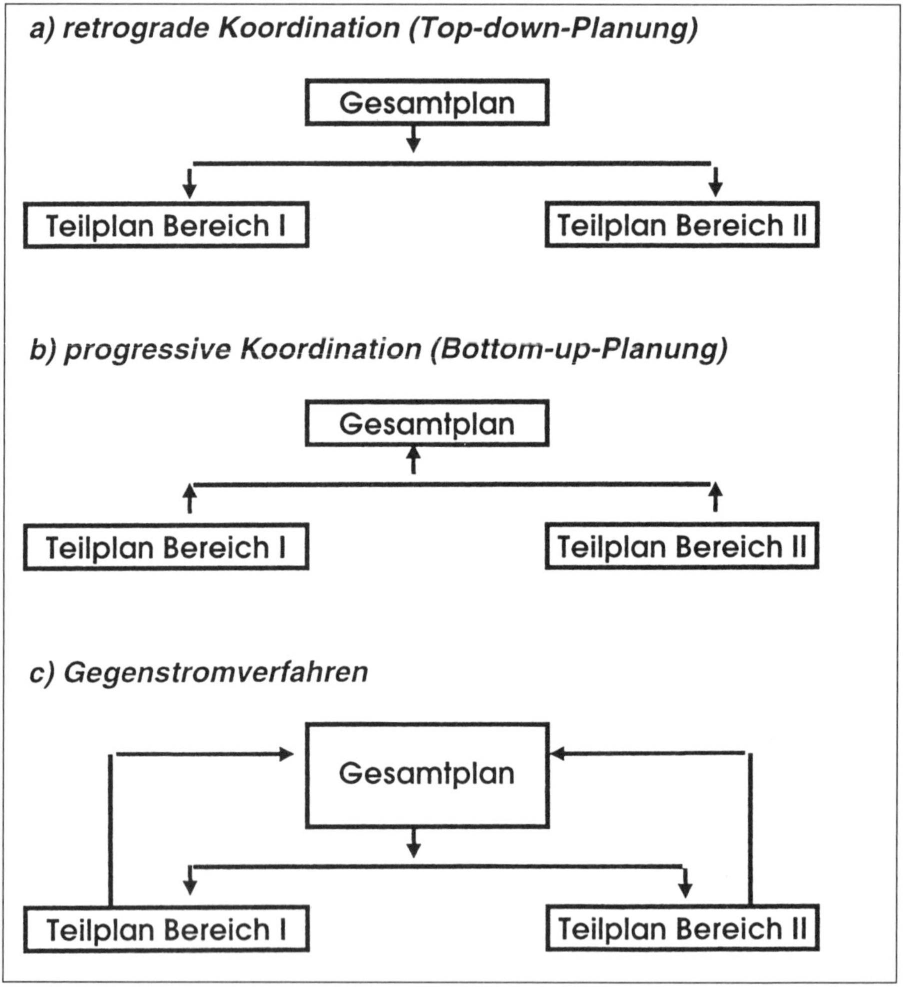

Abb. 11: Hierarchische Verkettung von Plänen

- Beim **Gegenstromverfahren,** das auch **Gegenstromplanung** genannt wird, handelt es sich im Grunde um eine Kombination der beiden soeben dargestellten Koordinationsmöglichkeiten. Bei dieser Art der Planung stellt die Unternehmensführung zunächst den Rahmenplan auf, von dem die Teilpläne der nachgelagerten Organisationseinheiten abgleitet werden. Je nach Anzahl der Organisationsebenen dienen diese Teilpläne dann wieder als Rahmenpläne für die Planung der folgenden Organisationseinheiten. Nach diesem »Vorlauf« beginnt der »Rücklauf«. Ausgehend von der untersten Organisationsebene erfolgt dann die Überprüfung der vorläufigen Pläne und eventuell die Neuformulierung der Teilpläne, die dann auf der nächsten Organisationsstufe wieder zu koordinieren sind, so dass letztlich eventuell auch der Gesamtplan angepasst werden muss, aus dem sich dann wieder neue Teilpläne für die nachgelagerten Organisationseinheiten ableiten lassen. In der Regel sind mehrere »Umläufe« erforderlich, bis die endgültige Planung »steht«. Der Vorteil des Verfahrens wird darin gesehen, dass sowohl die oberste betriebliche Zielsetzung beachtet wird als auch Informationen der ausführenden Organisationseinheiten verarbeitet werden. Nachteilig ist, dass das Verfahren möglicherweise einen langen Zeitraum in Anspruch nimmt und einen eventuell hohen Koordinationsaufwand hervorruft.

Will man den Planungshorizont beibehalten, also beispielsweise immer zehn Jahre im Voraus planen, dann muss man die Pläne kontinuierlich in die Zukunft verschieben, also beispielsweise Ende Januar den bisher bis Ende Dezember gültigen Jahresplan um die Planung für den Januar des Folgejahres ergänzen. Im Februar würde man dann die Planung für den Februar des Folgemonates in die Jahresplanung aufnehmen usw. Es handelt sich hierbei um eine **Planfortschreibung** (vgl. Rau, Planung, S. 14). Diese kontinuierliche Verschiebung des Jahresplanes in die Zukunft hat Auswirkungen auf den mittelfristigen Plan und dadurch wiederum Auswirkungen auf den langfristigen Plan. Auch diese beiden Pläne würden um einen Monat weiter in die Zukunft verschoben. Man spricht in diesem Zusammenhang vom **Prinzip der rollenden Planung** (vgl. Wöhe, S. 104).

6.3.4 Planung im kommunalen Verwaltungsbetrieb

Dreh- und Angelpunkt der betriebswirtschaftlichen Planung im Bereich der Kommunalverwaltung ist die Erstellung des **Haushaltsplans,** wobei wir allerdings gegenwärtig zwischen zwei Varianten unterscheiden müssen, und zwar zwischen dem traditionellen (verwaltungskameralistischen) und dem modernen Haushaltsplan, den wir nachfolgend als NKF-Haushaltsplan bezeichnen und für den sich auch die Bezeichnung »doppischer Haushaltsplan« findet (vgl. Modellprojekt). Die traditionelle und die moderne Haushaltsplanung werden in den beiden folgenden Kapiteln etwas genauer betrachtet.

Zunächst soll allerdings noch kurz auf andere »Arten und Formen der kommunalen Planung« (Püttner, Überblick, S. 319) hingewiesen werden. Neben der Finanzplanung wird in der deutschen Verwaltung noch die **Raumplanung** aus dem Kreis der Planungen herausgehoben, deren Besonderheit unter anderem darin besteht, dass sie aufgrund spezieller rechtlicher Regelungen sowohl für die betreffende Kommunalverwaltung selbst als auch für Dritte (also für die Bürger und Bürgerinnen, die privaten Unternehmen und andere Verwaltungen) relevant bzw. verbindlich ist. Ansonsten sind die Planungsarbeiten in der Regel mit der einzelnen kommunalen Aufgabe verbunden, so dass diejenigen, die eine solche Aufgabe zu erfüllen haben, auch die entsprechenden Planungen vornehmen müssen bzw. sollten: »Wer für die Personalverwaltung zuständig ist, darf oder soll Personalplanung betreiben, wer eine Bibliothek leitet, ist für den Anschaffungsplan zuständig, wer ein Theater leitet, bestimmt den Spielplan usw.« (Püttner, Überblick, S. 320) Diese Auffassung deckt sich mit unseren betriebswirtschaftlichen Überlegungen. Die Planung als Teil der Managementfunktionen berührt das gesamte betriebliche Geschehen und ist daher stets erforderlich, wenn Maßnahmen im Hinblick auf die Zielerreichung zu ergreifen sind. Da, wie wir bereits festgestellt haben, das Sachziel der Kommunalverwaltung darin besteht, eine Vielzahl von Aufgaben der unterschiedlichsten Art zu erfüllen, müssen alle Entscheidungsträger, die für eine solche Aufgabe zuständig sind, auch die entsprechenden Planungen vornehmen. Insofern ist im kommunalen Bereich relativ häufig dezentral zu planen.

6.3.5 Der traditionelle kommunale Haushaltsplan

Bei dem **traditionellen (verwaltungskameralistischen) Haushaltsplan** handelt es sich um »die nach den Vorschriften der Gemeindeordnung und der Gemeindehaushaltsverordnung festgestellte, für die Wirtschaftsführung der Gemeinde maßgebliche Zusammenstellung der für ein Rechnungsjahr veranschlagten Einnahmen und Ausgaben« *(Brinkmeier, Band 2, S. 33).* Diese wurde bzw. wird – soweit die Umstellung auf das NKF noch nicht erfolgt ist – durch eine fünfjährige (mittelfristige) Finanzplanung ergänzt, die ebenfalls Einnahmen und Ausgaben erfasst.

Der verwaltungskameralistische Haushaltsplan entspricht damit im Kern dem Finanzplan einer Unternehmung, der als »pagatorische Zukunftsrechnung« (Chmielewicz, Band 1, S. 27) die für einen bestimmten Zeitraum geplanten Einnahmen, d.h. Geldzuflüsse, und Ausgaben, d.h. Geldabflüsse, beinhaltet. **Gegenüber dem Finanzplan einer Unternehmung sind allerdings einige Besonderheiten zu beachten,** die sich durch die oben genannten speziellen rechtlichen Regelungen ergeben.

Während das Unternehmen die Länge der Planperiode grundsätzlich selbst festlegen, also beispielsweise zwischen einem Monatsplan, einem Jahresplan oder einem Mehrjahresplan und verschiedenen Formen der Verkettung der Pläne wählen kann, erstreckt sich der Haushaltsplan in der Regel auf das **zukünftige Kalenderjahr.**

Anders als der unternehmerische Finanzplan enthält der traditionelle Haushaltsplan neben den in der Planperiode eingehenden Einnahmen und zu leistenden Ausgaben **auch** so genannte **Verpflichtungsermächtigungen.** Es handelt sich dabei nicht um Geldbewegungen im betreffenden Haushaltsjahr, sondern um Ermächtigungen zum Eingehen von Verpflichtungen, die erst zukünftige Haushaltsjahre mit Ausgaben belasten.

Die **Gliederung der Einnahmen und Ausgaben** fällt im traditionellen Haushaltsplan **erheblich detaillierter** aus als im Rahmen eines unternehmerischen Finanzplans. Während beispielsweise von Chmielewicz bei einer erweiterten Gliederung der unternehmerischen Finanzrechnung rund 20 Einnahme- und 20 Ausgabepositionen unterschieden werden (vgl. Chmielewicz, Band 1, S. 70), sind die geplanten Einnahmen und Ausgaben der Kommunalverwaltung nach der traditionellen Haushaltssystematik einer kaum zu überschauenden Zahl so genannter Haushaltsstellen zuzuordnen.

Anders als im Finanzplan der Unternehmung werden im traditionellen Haushaltsplan nicht nur Geldabflüsse (nach außen) bzw. Geldzuflüsse (von außen), sondern auch »interne Zahlungen« erfasst. Der unternehmerische Finanzplan kennt hingegen keine »internen Zahlungen«. Nur Geldtransaktionen mit anderen Wirtschaftssubjekten werden berücksichtigt und als Zahlungen bzw. Einnahmen oder Ausgaben bezeichnet. Im verwaltungskameralistischen Haushaltsplan werden hingegen auch »fiktive Zahlungsvorgänge« erfasst. Dies ist eine Folge der Haushaltssystematik. So führt beispielsweise die Trennung von Vermögens- und Verwaltungshaushalt dazu, dass geplante »Zahlungen« zwischen diesen beiden Teilen des Haushalts als Zuführungen zum bzw. vom Verwaltungshaushalt bzw. Vermögenshaushalt berücksichtigt werden müssen.

Der Haushaltsplan ist Teil der Haushaltssatzung. Soll diese geändert werden, ist eine Nachtragssatzung erforderlich. Dabei handelt es sich um ein relativ aufwendiges förmliches Verfahren. Insofern können bedeutsame Planveränderungen bzw. Plananpassungen im kommunalen Bereich nicht so schnell vorgenommen werden wie bei einer Unternehmung.

Damit wird deutlich, dass die Planung der Einnahmen und Ausgaben des traditionellen, d.h. verwaltungskameralistisch geführten, kommunalen Verwaltungsbetriebs im Vergleich zur Finanzplanung einer Unternehmung

- mehr Zeit in Anspruch nehmen dürfte,
- – wenn überhaupt – nur erheblich langsamer an Datenänderungen angepasst werden kann,
- wegen der extremen Untergliederung der Zahlungen schlechter zu überblicken ist und
- durch die Berücksichtigung innerbetrieblicher »Zahlungen« eine zusätzliche Aufblähung erfährt, wodurch die Transparenz noch weiter eingeschränkt wird.

Hinzu kommt, dass die Zuordnung der Zahlungen nach dem Gliederungsplan der Haushaltssystematik und damit nach Aufgabenbereichen nicht bedeutet, dass so die zukünftigen Einnahmen und Ausgaben der einzelnen Organisationseinheiten deutlich werden.

Die nach dem Gliederungsplan zu unterscheidenden Aufgabenbereiche weichen nicht selten von den Organisationseinheiten ab (vgl. Schwarting, S. 98 und 99). In vielen Fällen ist daher nicht oder nur schlecht erkennbar, welche Beträge beispielsweise ein bestimmtes Amt im zukünftigen Haushaltsjahr einnehmen und ausgeben wird.

6.3.6 Der »doppische« kommunale Haushaltsplan

Die Entstehung des »doppischen« bzw. modernen kommunalen Haushaltsplanes ist auf das für die Kommunen entwickelte »**Neue Steuerungsmodell**« zurückzuführen, von dem wir im Verlauf dieser Schrift zunächst in Verbindung mit den jeweiligen betriebswirtschaftlichen Grundlagen einzelne Bausteine darstellen, die wir dann im Schlusskapitel zu einem Gesamtbild zusammenführen. Ein Beitrag der »Neuen Steuerung« besteht in dem Versuch, die Probleme der traditionellen Haushaltsplanung zu lösen, indem man in Verbindung mit dem Stichwort »Budgetierung« **neue Formen und Inhalte der Planung** vorschlägt.

Wir haben bereits darauf hingewiesen, dass der Begriff der **Budgetierung** über den der Planung hinausgeht und neben der Aufstellung eines Budgets auch beispielsweise die Budgetkontrolle einschließt. Legt man dieses Verständnis von Budgetierung zu Grunde, so kann man auch die traditionelle kommunale Finanzwirtschaft, welche die Aufstellung des Haushaltsplanes, die Ausführung des Haushaltsplans sowie die Jahresrechnung und damit einen abschließenden Vergleich zwischen geplanten und tatsächlichen Größen umfasst, als Budgetierung bezeichnen. Insofern gibt es im kommunalen Bereich nicht *die* Budgetierung, sondern es sind **verschiedene Formen der Budgetierung** zu unterscheiden. Man sollte daher die im Rahmen der Neuen Steuerung empfohlene Budgetierungsvariante auch sprachlich als solche kenntlich machen, indem man für sie beispielsweise wie Gruber (S. 78) den Begriff **»dezentrale Budgetierung«** verwendet und zusätzlich eventuell die bisherige Haushaltswirtschaft als **»traditionelle Budgetierung«** oder **»zentrale Budgetierung«** bezeichnet.

Da wir uns in diesem Kapitel lediglich mit der Managementfunktion »Planung« beschäftigen, soll hier noch keine vollständige Darstellung der dezentralen Budgetierung erfolgen, sondern wollen wir uns darauf beschränken, ausschließlich die **Budgetaufstellung, d.h. die Planung im Rahmen der Budgetierung,** zu behandeln.

Der Versuch, die »neue« Vorgehensweise bei der Planung der Einnahmen und Ausgaben zu skizzieren, ist allerdings mit dem Problem behaftet, dass sich in der Literatur keine wirklich klare Darstellung des »Neuen Steuerungsmodells« findet, sondern eher Abhandlungen mit unzureichenden betriebswirtschaftlichen Begriffsfassungen und nebulösen Formulierungen dominieren (vgl. beispielsweise die KGSt-Berichte Nr. 12/1991 und Nr. 5/1993). Hinzu kommt, dass auch die Praxis unterschiedliche Wege der Verwaltungsreform beschreitet (vgl. Schwarting, S. 114). Gleichwohl ist der Grundgedanke erkennbar, den wir nachfolgend wiedergeben:

> **Ausgangspunkt ist eine klare Gliederung der Gesamtverwaltung in mehrere größere relativ selbstständig handelnde Organisationseinheiten.** Die **Verwaltungsspitze** fungiert als eine Art **Holding** (vgl. Reichard, Umdenken, S. 58), der die oben genannten **Organisationseinheiten wie Tochterunternehmen** zugeordnet sind. Es entsteht innerhalb der Verwaltung eine **konzernähnliche Struktur.** Von einer »Konzernstruktur« und von einem »Konzern Kommunalverwaltung« (KGSt, Das Neue Steuerungsmodell, S. 19) zu sprechen, ist allerdings schlicht falsch, da die Organisationseinheiten keine eigene Rechtsform erhalten, sondern Teile der Verwaltung bleiben. Ob man es bei traditionellen Bezeichnungen für diese Organisationseinheiten belässt oder ob man neue Formulierungen bevorzugt, also beispielsweise von einem Fachbereich spricht (vgl. beispielsweise Burger, S. 39), ist relativ unbedeutend. Wichtig ist hingegen, dass einem solchen Bereich ein möglichst großer Gestaltungsspielraum in betriebswirtschaftlicher Hinsicht zugestanden wird. Dieser kommt unter anderem darin zum Ausdruck, dass nicht eine zentrale Einheit allein die Einnahmen und Ausgaben des Bereichs plant, sondern dass die betreffende Organisationseinheit Einfluss auf die Planung ihrer Ausgaben und Einnahmen nimmt. Andererseits kann der einzelne Bereich seinen finanziellen Plan, den man als Bereichsbudget oder Teilhaushalt bezeichnen kann, nicht völlig unabhängig, also nicht völlig dezentral erstellen; denn letztlich muss der Teilplan in den Gesamtplan hineinpassen.

Eine **Abstimmung** der verschiedenen **finanziellen Pläne (Budgets)** und damit die Abstimmung des **Gesamtbudgets (Gesamthaushalts)** mit den **Bereichsbudgets (Teilhaushalten)** kann man sich in Form des bereits erläuterten **Gegenstromverfahrens** vorstellen (vgl. Reichard, Umdenken, S. 75).

Im Einzelnen ist folgender Ablauf denkbar:

(1) Der Rat und die Verwaltungsleitung formulieren aufgrund entsprechender Schätzungen bezüglich der zu erwartenden Einnahmen und der mehr oder weniger nicht zu beeinflussenden Ausgaben ***Eckdaten*** *für den zukünftigen* ***Gesamthaushalt*** *und entwickeln darüber hinaus erste inhaltliche Zielvorstellungen bezüglich dessen, was im Haushaltsjahr erreicht werden soll, man spricht in diesem Zusammenhang auch von* ***Leistungszielen*** *(Reichard, Umdenken, S. 57). Aus diesen Eckdaten werden für*

die einzelnen Bereiche die entsprechenden vorläufigen Vorgaben abgeleitet. Die Informationen fließen von oben nach unten ***(top down)****.*

(2) Die einzelnen Bereiche überprüfen, wie weit diese Vorstellungen realisierbar sind. Im Einzelnen loten sie dabei aus, welche ***Produkte*** *sie in welchem Umfang und in welcher Qualität erstellen müssen, um die* ***Leistungsziele*** *zu erreichen, und welche finanziellen Mittel erforderlich sind, um diese Produkte, die man in ihrer Gesamtheit auch als* ***Outpu****t bezeichnet, zur Verfügung zu stellen. Das Ergebnis dieser Überprüfung wird dem Rat und der Verwaltungsspitze mitgeteilt. Die Informationen fließen von unten nach oben* ***(bottom up)****.*

(3) Eventuell müssen zwischen dem Rat und der Verwaltungsspitze auf der einen und den Bereichsleitungen auf der anderen Seite ***»Verhandlungen«*** *stattfinden, um die unterschiedlichen Vorstellungen über die Budgets sowie die Leistungsziele in Einklang zu bringen. Solche Verhandlungen können weitere Datenermittlungen nach sich ziehen, so dass sich* ***der für das Gegenstromverfahren typische Planungskreislauf eventuell mehrfach wiederholt.***

(4) Letztlich entscheidet allerdings der Rat über den Gesamthaushalt und die grundsätzlich zu verfolgenden inhaltlichen Ziele. In Verbindung mit diesem Beschluss legt er ebenfalls den finanziellen Rahmen fest, in dem die einzelnen Bereiche sich »bewegen« können, wobei diesen zusätzlich noch die Leistungsziele vorgegeben werden.

Nach wie vor beschließt also der Rat über den Gesamthaushalt (das Gesamtbudget) und die Teilhaushalte (die Bereichsbudgets), allerdings weicht der »neue« Haushaltsplan besonders in zwei Punkten vom »traditionellen« Haushaltsplan ab:

- ***Erstens erfolgt eine Zuordnung der Einnahmen und Ausgaben zu Organisationseinheiten,*** *die jeweils für einen bestimmten Teil des kommunalen Produktionsprogramms zuständig sind. Man spricht daher in der Praxis auch etwas unklar von einem* ***produkt- oder outputorientierten Haushaltsplan.***

- ***Zweitens ist der Detaillierungsgrad erheblich geringer*** *(vgl., Brinkmeier, Band 2, S. 283). Lediglich der finanzielle Rahmen wird festgelegt. Es handelt sich sowohl beim Gesamthaushalt, d.h. beim Gesamtbudget, als auch bei den darin enthaltenen Teilhaushalten, den Bereichsbudgets, um so genannte* ***Globalbudgets*** *(vgl. Reichard, S. 74). Die Zuordnung der geplanten Einnahmen und Ausgaben zu Haushaltsstellen entfällt.*

Die Aufstellung der Globalbudgets durch den Rat bedeutet allerdings nicht, dass nun nicht mehr detailliert geplant wird. Die Feinplanung wird gleichwohl noch vorgenommen, allerdings auf einer anderen Organisationsebene, und zwar durch die jeweils zuständigen Bereiche, und damit dezentral. Dem einzelnen Bereich wird also das Bereichsbudget (der Teilhaushalt) nur als Rahmen vorgegeben, in dem er die Detailplanung und damit eventuell auch eine Zuordnung zu Haushaltsstellen selbstständig vornehmen muss. Die Detailplanung ist aus zwei Gründen erforderlich: Ohne eine solche Planung könnten die Bereichsleitungen ihre »Verhandlungen« mit dem Rat und der Verwaltungsspitze nicht kompetent führen. Weiterhin ist sie als Basis für spätere Kontrollen erforderlich. Die Abweichungsanalyse mit einem Globalbudget reicht nicht aus, um eventuelle Schwachstellen zu erkennen.

Im Rahmen des Neuen Kommunalen Finanzmanagements wird diese Variante der Planung aufgegriffen und um weitere Überlegungen ergänzt.

Da die moderne Kommunalverwaltung durch die Neufassung des Ziels Haushaltsausgleich nunmehr einerseits auf den Erhalt des Reinvermögens ausgerichtet ist und andererseits, wie bisher, auch die Zahlungsfähigkeit sicherstellen muss, ist sie gezwungen in zweierlei Hinsicht zu planen: Sie muss sowohl die *Aufwendungen und Erträge* als auch den Geldzufluss und Geldabfluss für das nächste Haushaltsjahr planen. In diesem Zusammenhang ist darauf hinzuweisen, dass – anders als bisher – die Geldbewegungen nicht mehr als Einnahmen bzw. Ausgaben, sondern ausschließlich als *Einzahlungen* bzw. *Auszahlungen* bezeichnet werden.

Die Planung der für das nächste Haushaltsjahr zu berücksichtigenden Zahlungen erfolgt im **Finanzplan.** Die simultan vorzunehmende Planung der im nächsten zu berücksichtigenden Aufwendungen und Erträge erfolgt im **Ergebnisplan.** Da man bei der modernen kommunalen Haushaltsplanung nunmehr ähnlich wie in der doppelten kaufmännischen Buchführung neben Einzahlungen und Auszahlungen auch Aufwendungen und Erträge berücksichtigen muss, wird in diesem Zusammenhang vom **Doppischen Kommunalhaushalt** gesprochen.

Die Begriffe Aufwendungen und Erträge sind nicht so einfach zu definieren wie die Begriffe Einzahlungen und Auszahlungen. Genauere Erläuterungen müssen daher der weiterführenden Literatur zugeordnet werden (vgl. Schuster, Doppelte Buchführung, S. 13). Wir wollen aber zumindest anhand einiger einfacher Beispiele die Bedeutung einer solchen Abgrenzung aufzeigen:

- *Im anstehenden Haushaltsjahr soll eine Maschine gekauft, bezahlt und gleich zu Beginn des Jahres in Betrieb genommen werden. Die Anschaffungsausgabe wird 10.000 Euro betragen und die Maschine soll gleichmäßig genutzt werden, wobei die geplante Nutzungsdauer 4 Jahre beträgt. Folglich werden wir im Finanzplan eine geplante Auszahlung in Höhe von 10.000 Euro eintragen. Der für das nächste Haushaltsjahr zu berücksichtigende Verbrauch beträgt jedoch nur ein Viertel der Anschaffungsausgabe. Demzufolge werden wir im Ergebnisplan für das nächste Jahr Aufwendungen in Höhe von 2.500 Euro eintragen. Die Festlegung des Planungsansatzes nennt man auch in der modernen Haushaltswirtschaft* ***Veranschlagung.***

– *Im anstehenden Haushaltsjahr wollen wir einen Kredit in Höhe von 1.000.000 Euro aufnehmen. Folglich veranschlagen wir im Finanzplan für das nächste Haushaltsjahr eine Einzahlung in Höhe von 1.000.000 Euro. Unser Ergebnis wird hierdurch nicht beeinflusst. Eine Veranschlagung im Ergebnisplan findet nicht statt.*

– *Im nächsten Jahr wollen wir für 30.000 Euro Streusalz kaufen und bezahlen. Wir rechnen damit, dass wir im nächsten Jahr nicht nur das in dem Jahr gekaufte Streusalz verbrauchen werden, sondern auch den Lagerbestand, der einen Wert von 20.000 Euro hat. Wir veranschlagen also im Finanzplan für das nächste Jahr eine Auszahlung in Höhe von 30.000 Euro und im Ergebnisplan Aufwendungen in Höhe von 50.000 Euro.*

Die Beispiele zeigen, dass die »doppische« kommunale Haushaltsplanung erheblich von der verwaltungskameralistischen Haushaltsplanung abweicht. Hinzu kommt, dass die für die Gemeinde als Ganzes vorzunehmende Planung auf Produktbereiche heruntergebrochen werden muss, wobei es sich bei einem Produktbereich nicht unbedingt um eine Organisationseinheit der Gemeinde handelt, sondern um einen speziellen Kreis von Gütern, die die Gemeinde erstellt. Neben dem Finanzplan sind also produktbereichsbezogene **Teilfinanzpläne** und neben dem Ergebnisplan sind somit produktbereichsbezogene **Teilergebnispläne** aufzustellen (vgl. beispielsweise § 4 GemHVO NRW).

6.4 Organisation

6.4.1 Ziele und Elemente der Organisation

Um den angestrebten Zustand zu erreichen, ist es erforderlich, das, was man gedanklich vorweggenommen hat, auch auszuführen. Damit wird eine weitere Führungsfunktion angesprochen, die **Organisation.**

Bei der Organisation geht es darum, die Mittel, über die man verfügen kann, so zueinander **in Beziehung zu setzen,** dass man die gesteckten **Ziele** erreicht. Um einen großen Gestaltungsspielraum zu erlangen, geht man bei dieser zielorientierten Zuordnung der Mittel von möglichst kleinen Einheiten aus. Man wählt also Größen, die man entweder nicht weiter zerlegen kann oder aber aus Gründen der Wirtschaftlichkeit nicht weiter gliedert.

Solche kleinsten Einheiten werden **Elemente der Organisation** genannt. Ausgehend von diesen Überlegungen, lässt sich **Organisation** als **»Strukturierung von Systemen zur Erfüllung von Daueraufgaben«** (Grochla, S. 13) definieren, wobei man unter einem **System »eine Gesamtheit miteinander in Beziehung stehender Elemente«** (Grochla, S. 15) versteht.

Überträgt man diese allgemeine Begriffsfassung auf den kommunalen Bereich, dann liegt folgende Definition nahe (vgl. auch Schuster/Siemens, S. 2), mit der wir auch nachfolgend arbeiten wollen:

Als Organisation des kommunalen Verwaltungsbetriebs wird das In-Beziehung-Setzen der Elemente des kommunalen Verwaltungsbetriebs im Hinblick auf die für die Kommunalverwaltung langfristig gültige Zielsetzung bezeichnet.

Die Formulierung macht deutlich, dass für das Verständnis des Begriffs »Organisation« **drei Definitionsbestandteile** von Bedeutung sind:

a) die langfristig gültigen Ziele,
b) die Elemente und
c) das In-Beziehung-Setzen.

Zu a): Mit dem **ersten Definitionsbestandteil,** d.h. mit der **langfristig gültigen Zielsetzung des kommunalen Verwaltungsbetriebs,** haben wir uns bereits befasst (vgl. Abb. 7).

Zu b): Bezüglich des **zweiten Definitionsbestandteils** haben sich durch die Entwicklung der Organisationslehre Veränderungen ergeben.

In der älteren Organisationslehre wird **der einzelne Mensch** oder **das einzelne Sachmittel als Element,** d.h. als kleinster Organisationsbaustein, angesehen. Es werden dann also Menschen und Sachmittel im Hinblick auf das Erreichen der betrieblichen Zielsetzung in Beziehung gesetzt.

In der modernen Organisationslehre arbeitet man hingegen mit **abstrakten Bausteinen.** Diese abstrakten Elemente der Organisation nennt man **Stellen,** wobei man zwischen der **Einpersonenstelle**, **die häufig nur kurz Stelle genannt wird,** und der **Mehrpersonenstelle** unterscheidet (vgl. Schwarz, Sp. 2117). *Wenn nachfolgend nicht ausdrücklich auf mehrere Personen hingewiesen wird, dann ist mit dem Begriff »Stelle« immer die Einpersonenstelle gemeint*, für die wir folgende Definition wählen:

Bei der Stelle *(Einpersonenstelle)* ***handelt es sich um einen Aufgabenbereich, den eine gedachte Person mit einer bestimmten Qualifikation bei normaler Leistung ausfüllen kann*** *(vgl. beispielsweise Kosiol, Organisation, S.89–93, und Acker, Sp. 1577).*

Die Stellenbildung ist relativ kompliziert und aufwendig, aber unverzichtbar; denn so wie man für den Bau eines Hauses die Steine benötigt, so benötigt man für die eigentliche organisatorische Gestaltung die kleinsten Organisationseinheiten.

Will man die einzelnen Stellen abgrenzen, ist zunächst all das zu ermitteln, was getan werden muss, um das angestrebte Ziel zu realisieren. Es werden zu diesem Zweck von der obersten Zielsetzung eines Betriebs, die in der privatwirtschaftlichen Organisationslehre auch betriebliche Gesamtaufgabe genannt wird, alle Teilaufgaben abgeleitet, die zu erfüllen sind, um eben diese Zielsetzung zu erreichen. Dabei ist sicherzustellen, dass keine Teilaufgabe übersehen wird. Würde ein solcher Fehler unterlaufen, dann würden später bestimmte Tätigkeiten nicht ausgeführt. Wie in einem Uhrwerk, das beim Versagen eines kleinen Zahnrades nicht funktioniert, ist bei Vernachlässigung einer Teilaufgabe die Erfüllung der betrieblichen Gesamtaufgabe nicht möglich.

Die Zerlegung der betrieblichen Gesamtaufgabe in ihre kleinsten Teilaufgaben unter Verwendung bestimmter Gliederungskriterien wird Aufgabenanalyse genannt *(vgl. Kosiol, Aufgabenanalyse, Sp. 201).*

Ist es gelungen, die kleinsten Teilaufgaben zu ermitteln, aus denen die betriebliche Gesamtaufgabe besteht, dann geht es in einem weiteren Schritt darum, die kleinsten Teilaufgaben so zusammenzufassen, dass sie von den einzelnen Mitgliedern des Betriebes optimal erfüllt werden können. Bei der Zusammenfassung der Teilaufgaben hat man anders als früher nicht mehr konkrete Menschen vor Augen, sondern gedachte Personen.

Die Zusammenfassung analytisch gewonnener Teilaufgaben zum Aufgabenbereich einer gedachten Person unter Verwendung bestimmter Zentralisierungskriterien nennt man Aufgabensynthese *(vgl. Kosiol, Organisation, S. 76).*

Den so ermittelten Aufgabenbereich nennt man, wie bereits erwähnt, Stelle. Aufgabenanalyse und Aufgabensynthese dienen also letztlich der Stellenbildung und damit der Ermittlung der kleinsten Organisationseinheiten.

Die Arbeit mit dem abstrakten Element »Stelle« und somit mit dem Aufgabenbereich einer gedachten Person hat den Vorteil, dass beim Ausfall der konkreten Person, d.h. des Stelleninhabers, nicht die gesamten Aufgaben neu verteilt werden müssen, sondern dass man lediglich die betreffende Stelle für den erforderlichen Zeitraum mit einem neuen Stelleninhaber besetzen muss.

Im Vergleich zur Privatwirtschaft wirft die Aufgabenanalyse und damit letztlich die Stellenbildung im kommunalen Bereich größere Probleme auf (vgl. Schuster/Siemens, S. 61). Während man bei einer privatwirtschaftlichen Unternehmung von der betrieblichen Gesamtaufgabe ausgehen kann, besteht das Sachziel des kommunalen Verwaltungsbetriebs, wie wir bereits erläutert haben, aus einer Vielzahl völlig unterschiedlicher Aufgaben, die mehr oder weniger gleichrangig nebeneinander stehen und die alle »zerlegt« werden müssen, um sämtliche Teilaufgaben zu erkennen und damit eine lückenlose Basis für die Aufgabensynthese zu schaffen. Diese große Schwierigkeit führt dazu, dass in den Kommunalverwaltungen häufig auf eine sorgfältige Aufgabenanalyse und Aufgabensynthese verzichtet wird. Stattdessen wird die Stellenbildung dann unsystematisch und wenig überzeugend vorgenommen.

Nachfolgend erläutern wir anhand eines **stark vereinfachten Beispiels** aus der Kommunalverwaltung die grundsätzliche Vorgehensweise bei der Stellenbildung:

> *Betrachtet wird der Bereich einer Gemeinde, der die Aufgabe zu erfüllen hat, die Straßenbeleuchtung sicherzustellen. Um die Stellen zu bilden, wird zunächst eine* ***Aufgabenanalyse*** *durchgeführt, und zwar wird die Gesamtaufgabe zunächst nach Funktionen, d.h. nach Verrichtungen bzw. nach grundsätzlichen Tätigkeiten, gegliedert. Man bezeichnet dies auch als Funktions- bzw. Verrichtungsgliederung. Es wird deutlich, dass drei Arten von Teilaufgaben erfüllt werden müssen, und zwar gibt es Neuinstallationen, Reparaturarbeiten und den Austausch von Teilen. Die weitere Analyse der ermittelten Teilaufgaben wird nach Objekten, d.h. nach Gütern, vorgenommen. Dabei wird deutlich, dass bei der Neuinstallation eines Beleuchtungskörpers drei Teile beachtet werden müssen, und zwar der Mast, eine Steuerungseinrichtung und die Leuchte. Das Gleiche gilt für die Reparaturarbeiten und den Teileaustausch. Es ist also zwischen Reparaturen an Masten, an der Steuerungseinrichtung und an der Leuchte bzw. zwischen dem Leuchtenaustausch, dem Mastenaustausch und dem Austausch der Steuerungseinrichtung zu unterscheiden.*
>
> ***Abbildung 12*** *vermittelt einen Überblick über die von uns durchgeführte* ***zweistufige Aufgabenanalyse,*** *die dadurch gekennzeichnet ist, dass wir* ***zunächst eine Verrichtungs- bzw. Funktionsanalyse*** *und* ***anschließend eine Objektanalyse*** *vorgenommen haben. Selbstverständlich hätten wir auch umgekehrt vorgehen können, d.h. es wäre auch möglich gewesen, auf der ersten Stufe nach Objekten und dann auf der zweiten Stufe nach Funktionen zu gliedern.*

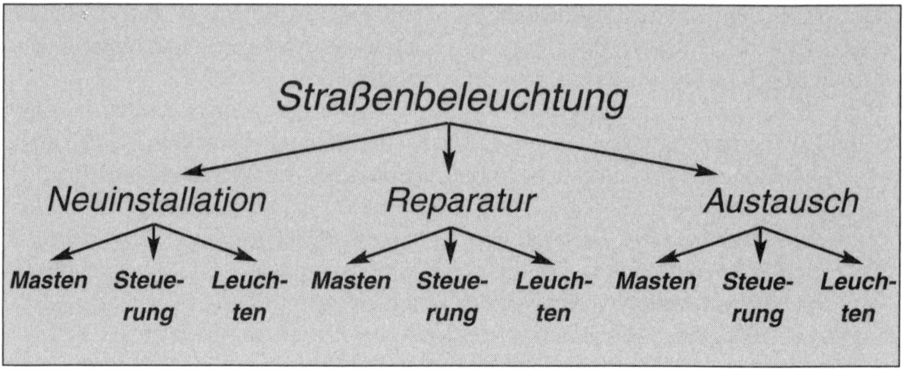

Abbildung 12: Beispiel für eine zweistufige Aufgabenanalyse

An die Aufgabenanalyse schließt sich die ***Aufgabensynthese*** *an. Wir wollen also sinnvolle Aufgabenkreise für gedachte Personen bilden.*

Dazu benötigen wir weitere Informationen. Zunächst müssen wir uns über die erforderliche Qualifikation der gedachten Personen informieren. Aus Gründen der Vereinfachung unterstellen wir, dass für alle Arbeiten der gleiche Berufsabschluss erforderlich ist, für den wir die Bezeichnung Beleuchtungsfacharbeiter bzw. Beleuchtungsfacharbeiterin wählen. Weiterhin benötigen wir Informationen über die Normalleistung einer solchen gedachten Person. Diese setzen wir ebenfalls aus Gründen der Vereinfachung mit 90.000 Minuten pro Jahr an.

Schließlich müssen wir noch wissen, in welchem Umfang die durch die Aufgabenanalyse ermittelten Teilaufgaben pro Jahr anfallen. Im Einzelnen sollen folgende Zahlen gelten:

Teilaufgabe	***Jahresarbeitsminuten***
Neuinstallation Masten:	*180.000*
Neuinstallation Steuerung:	*180.000*
Neuinstallation Leuchten:	*180.000*
Reparatur Masten:	*135.000*
Reparatur Steuerung:	*45.000*
Reparatur Leuchten:	*90.000*
Austausch Masten:	*45.000*
Austausch Steuerung:	*135.000*
Austausch Leuchten:	*90.000*

*Ausgehend von diesen Daten, könnten wir eine Aufgabensynthese nach Funktionen (Verrichtungen) vornehmen, also die Teilaufgaben so zusammenfassen, dass einer gedachten Person gleiche Tätigkeitsarten zugeordnet werden. Eine solche **Verrichtungszentralisation** würde in unserem einfachen Beispiel dazu führen, dass wir drei Stellenarten zu unterscheiden hätten: die Stelle »Neubauarbeiten«, die Stelle »Reparaturarbeiten« und die Stelle »Austauscharbeiten«, wobei wir unter Beachtung der anfallenden Arbeiten und der Normalkapazität die betreffenden Stellen in folgenden Zahlen bilden müssten:*

- *6 Stellen »Neubauarbeiten«,*
- *3 Stellen »Reparaturarbeiten« und*
- *3 Stellen »Austauscharbeiten«.*

*Würden wir die Teilaufgaben nach dem Zentralisierungskriterium »Objekt« zusammenfassen, also die **Objektzentralisation** wählen, wären drei Stellenarten zu unterscheiden, und zwar die Stelle »Arbeiten an Masten«, die Stelle »Arbeiten an Steuerungseinrichtungen« und die Stelle »Arbeiten an Leuchten«, wobei die einzelnen Stellen in folgenden Zahlen zu bilden wären:*

- *4 Stellen »Arbeiten an Masten«,*
- *4 Stellen »Arbeiten an Steuerungseinrichtungen« und*
- *4 Stellen »Arbeiten an Leuchten«.*

Zu c): Nunmehr müssen wir uns noch mit dem **dritten Definitionsbestandteil** des Begriffs »Organisation« befassen. Es handelt sich dabei um die **Zuordnung** der gebildeten Stellen. Sie müssen so zueinander in Beziehung gesetzt werden, dass die Zielsetzung erreicht wird.

Wünschenswert wäre es, wenn »eine Zuordnung aus einem Guss« gelänge, so dass einerseits erkennbar ist, in welchem grundsätzlichen Unter- bzw. Überordnungsverhältnis die einzelnen Stellen stehen, und andererseits auch deutlich wird, wer bei einer konkreten Aufgabenstellung wann, wo, wie und in welcher Reihenfolge tätig wird. Bisher ist der Organisationslehre dieser alles umfassende Ansatz, d.h. die simultane Lösung sämtlicher organisatorischer Probleme, nicht gelungen. Stattdessen hat sich ein arbeitsteiliges Vorgehen durchgesetzt (vgl. Schuster/Siemens, S. 12), und zwar wird zwischen Aufbauorganisation und Ablauforganisation unterschieden.

- Bei der **Aufbauorganisation,** die in der Kommunalverwaltung auch als **institutionelle Organisation** bezeichnet wird (vgl. KGSt, Grundlagen, S. 31), verzichtet man auf die Berücksichtigung von Raum und Zeit und versucht man, die grundsätzliche Zuordnung der Stellen zu erkennen und zu gestalten. Es handelt sich bei diesem Vorgehen quasi um eine Momentaufnahme des betrieblichen Geschehens. Es entsteht eine Art Röntgenbild. Es wird somit nicht deutlich, was in einem Betrieb passiert, sondern es wird die Struktur des Betriebes aufgedeckt. Insofern stehen die **Organisationsstrukturen,** die auch **Organisationsformen** genannt werden, im Mittelpunkt der aufbauorganisatorischen Betrachtung. Wegen der Vernachlässigung von Raum und Zeit kann ein relativ großer Bereich des Betriebes und eventuell sogar der gesamte Betrieb analysiert werden. Dabei wird nicht nur der Frage nachgegangen, wie die Stellen grundsätzlich zugeordnet sind, sondern es wird auch untersucht, wie man sie zuordnen sollte, um die Ziele zu erreichen.

Bei der Aufbauorganisation geht es also darum, das grundsätzliche, mehr oder weniger dauerhafte Gesamtgefüge, das einen Betrieb oder einen großen Bereich kennzeichnet, zu erfassen und zu gestalten *(vgl. Schuster/Siemens, S. 123).*

- Bei der **Ablauforganisation**, die in der Kommunalverwaltung auch als **funktionelle Organisation** bezeichnet wird, beschränkt man sich, wie aus der Formulierung schon hervorgeht, auf die Analyse einzelner Abläufe, d.h. einzelner Vorgänge oder Prozesse. Der Verzicht auf die Gesamtbetrachtung eines Betriebs ermöglicht es, Veränderungen im Zeitablauf und auch die räumliche Zuordnung der Stellen zu berücksichtigen. So wird beispielsweise deutlich, welche Stelleninhaber bei einem kompletten **Arbeitsablauf**, den man heute auch als **Geschäftsprozess** (vgl. Deckert, Der Weg, S. 9) bezeichnet, in welcher Reihenfolge, wie lange, wo tätig sind bzw. gegebenenfalls tätig sein sollten, um die mit dem Vorgang verfolgte Zielsetzung zu erreichen.

Bei der Ablauforganisation geht es somit um »die raum-zeitliche Strukturierung der zur Aufgabenerfüllung erforderlichen Arbeitsprozesse« *(Kosiol, Ablauforganisation, Sp. 1).*

Zu beachten ist, dass bei der Aufbau- und Ablauforganisation die gleichen Stellen in Beziehung gesetzt werden müssen. Es handelt sich somit lediglich um zwei jeweils eingeschränkte und damit unvollkommene Betrachtungsweisen der gleichen Organisationseinheiten. Man lässt sich bewusst auf diese arbeitsteilige Vorgehensweise ein, da eine simultane Betrachtung aller organisatorischen Erscheinungen beim gegenwärtigen Stand der Organisationslehre nicht zu leisten ist. Gleichwohl ist in der Realität die aufbau- und die ablauforganisatorische Zuordnung der Stellen unlösbar miteinander verbunden. »Ein organisatorischer Aufbau ohne Organisation der Abläufe ist sinnlos; organisatorische Abläufe ohne aufbauorganisatorischen Rahmen sind nicht vorstellbar« (Picot, S. 115).

6.4.2 Die Aufbauorganisation des kommunalen Verwaltungsbetriebs

Nach der erfolgten Stellenbildung werden im Rahmen der aufbauorganisatorischen Gestaltung aus den kleinsten Organisationseinheiten, d.h. den Stellen, größere Organisationseinheiten gebildet und, falls erforderlich, aus diesen anschließend noch größere Organisationseinheiten. Im Bereich der Privatwirtschaft werden beispielsweise Stellen zu Sachgebieten, Sachgebiete zu Abteilungen und Abteilungen zu Bereichen zusammengefasst.

Für die traditionelle Kommunalverwaltung gilt Folgendes: Hier bilden mehrere Stellen ein Sachgebiet, mehrere Sachgebiete eine Abteilung, mehrere Abteilungen ein Amt und mehrere Ämter einen Hauptverwaltungsbereich bzw. ein Dezernat.

Eine Übersicht über die größeren Organisationsbereiche einer traditionellen Kommunalverwaltung, d.h. über Hauptverwaltungsbereiche und Ämter, bietet der **Verwaltungsgliederungsplan**.

Die Kommunale Gemeinschaftsstelle für Verwaltungsvereinfachung (KGSt) hat für die Gemeinden verschiedener Größenklassen Grundmuster solcher Pläne entwickelt. Besonders bekannt ist der Rahmengliederungsplan, der unabhängig von der Größenklasse als erste Orientierungshilfe für die Aufbauorganisationen der Städte und Gemeinden herangezogen werden kann und, wenn man sich frühere Verwaltungsgliederungspläne der Kommunen ansieht, offensichtlich auch überwiegend herangezogen wurde.

Nach dem **Rahmengliederungsplan der KGSt** werden 8 Hauptverwaltungsbereiche und 45 Ämter bzw. gleichrangige Organisationseinheiten unterschieden, die in diese Hauptverwaltungsbereiche eingeordnet werden (vgl. KGSt, Verwaltungsorganisation, S. 75). **Abbildung 13** vermittelt einen Überblick über diese größeren Organisationseinheiten der traditionellen Kommunalverwaltung (vgl. auch Schuster/Siemens, S. 75).

Vom Verwaltungsgliederungsplan zu unterscheiden ist der **Dezernatsverteilungsplan.** Hier werden die größten Organisationsbereiche auf die Stellen der Beigeordneten bzw. der Dezernenten und Dezernentinnen zugeschnitten, so dass die Dezernate nicht mit den Hauptverwaltungsbereichen übereinstimmen müssen. In der Praxis werden die Begriffe allerdings unterschiedlich gebraucht, so dass beispielsweise Dezernatsverteilungspläne auch als Verwaltungsgliederungspläne bezeichnet werden.

Der Einfluss des »Neuen Steuerungsmodells« hat in vielen Kommunalverwaltungen zu starken Veränderungen der Aufbauorganisation geführt. Die größeren Organisationsbereiche einer Kommunalverwaltung erlangen mehr Selbstständigkeit, was unter anderem in dem Stichwort »dezentrale Ressourcenverantwortung« zum Ausdruck kommt. Die Verwaltungsspitze gibt Handlungsrechte und damit auch Verantwortung an nachgelagerte Organisationseinheiten ab.

HAUPT-VERWALTUNGS-BEREICH	AMT bzw. gleichrangige Organisationseinheit	
1 Allgemeine Verwaltung	10	Hauptamt
	11	Personalamt
	12	Statistisches Amt
	13	Presseamt
	14	Rechnungsprüfungsamt
2 Finanzverwaltung	20	Kämmerei
	21	Kasse
	22	Steueramt
	23	Liegenschaftsamt
	24	Amt für Verteidigungslasten
3 Rechts-, Sicherheits- und Ordnungsverwaltung	30	Rechtsamt
	31	*
	32	Ordnungsamt
	33	Einwohner- u. Meldeamt
	34	Standesamt
	35	Versicherungsamt
	36	*
	37	Feuerwehr
	38	Zivilschutzamt
4 Schul- und Kulturverwaltung	40	Schulverwaltungsamt
	41	Kulturamt
	42	Bibliothek
	43	Volkshochschule
	44	Musikschule
	45	Museum
	46	Theater
	47	Archiv
5 Sozial-, Jugend- u. Gesundheitsverwaltung	50	Sozialamt
	51	Jugendamt
	52	Sportamt
	53	Gesundheitsamt
	54	Krankenhäuser
	55	Ausgleichsamt

** nicht besetzt*

Abbildung 13: Rahmenverwaltungsgliederungsplan (Teil 1)

HAUPT-VERWALTUNGS-BEREICH	AMT bzw. gleichrangige Organisationseinheit	
6 Bauverwaltung	60	Bauverwaltungsamt
	61	Stadtplanungsamt
	62	Vermessungs- u. Katasteramt
	63	Bauordnungsamt
	64	Wohnungsförderungsamt
	65	Hochbauamt
	66	Tiefbauamt
	67	Grünflächenamt
7 Verwaltung für öffentliche Einrichtungen	70	Stadtreinigungsamt
	71	Schlacht- und Viehhof
	72	Marktamt
8 Verwaltung für Wirtschaft und Verkehr	80	Amt für Wirtschafts- u. Verkehrsförderung
	81	Eigenbetriebe
	82	Forstamt

Abbildung 13: Rahmenverwaltungsgliederungsplan (Teil 2)*
* Vgl. KGSt, Verwaltungsorganisation, S. 236

Dies kann ohne eine Veränderung des grundsätzlichen Aufgabenbereichs, d.h. unter Beibehaltung der bestehenden Organisationsstruktur, erfolgen, so dass beispielsweise die traditionelle Bezeichnung »Amt« bestehen bleibt. In vielen Gemeinden hat man jedoch mit der Umverteilung der Kompetenzen auch die Aufgabenbereiche neu zugeschnitten und anders als früher benannt, wobei die Ergebnisse der organisatorischen Umgestaltung keineswegs einheitlich ausfallen. Nachfolgend geben wir einige **Beispiele** wieder.

*In **Oberhausen** wurde beispielsweise unter dem Motto **»Rathaus ohne Ämter«** (vgl. Stadt Oberhausen, Rathaus ohne Ämter) folgende aufbauorganisatorische Grundstruktur gewählt:*

- *Die Stadtverwaltung wird von einem Gremium, der so genannten **Verwaltungskonferenz,** geführt, wobei dem **Oberbürgermeister** bzw. der **Oberbürgermeisterin** (ursprünglich dem Oberstadtdirektor bzw. der Oberstadtdirektorin) weiterhin die Leitungsfunktion zukommt. Er bzw. sie trägt, wie in der Gemeindeordnung vorgeschrieben, die politische Verantwortung für die Gesamtverwaltung, wird jedoch anders als früher weniger bestimmend, sondern stärker moderierend und koordinierend tätig.*

– Eine besondere Rolle spielt in diesem Führungsteam aufgrund der Gemeindeordnung ebenfalls weiterhin der **Leiter bzw. die Leiterin der Kämmerei,** der bzw. die spezielle Funktionen zu erfüllen hat, die durch andere Teammitglieder nicht eingeschränkt werden können.
– Mitglieder in der Verwaltungskonferenz sind weiterhin die Leitungskräfte der nachgeordneten Organisationseinheiten, d.h. der **Dezernate**, sowie spezieller Organisationseinheiten, denen überwiegend eine beratende Funktion zukommt.
– Die Dezernate bestehen aus **Bereichen** oder vergleichbaren Organisationseinheiten, z.B. Eigenbetrieben. Auch das einzelne Dezernat wird teamorientiert geführt, und zwar durch die **Dezernatskonferenz,** wobei die Entscheidungskompetenz des Dezernenten bzw. der Dezernentin unangetastet bleibt.
– Die Bereiche bestehen ihrerseits aus **Fachbereichen.**
– Die Fachbereiche werden in so genannte **Kostenstellen** untergliedert.
– Die Kostenstellen bestehen ihrerseits aus mehreren **Stellen.**

Abbildung 14 vermittelt einen vereinfachten Überblick über die in Oberhausen gebildeten Organisationseinheiten, wobei auf die Berücksichtigung der primär beratend tätigen Bereiche, d.h. der Stabsbereiche, aus Gründen der Anschaulichkeit verzichtet wurde.

In **Wuppertal** wählte man eine andere Organisationsstruktur und auch andere Bezeichnungen für die Organisationseinheiten. Als Oberbegriff wurde die Formulierung **»Konzern« Stadt Wuppertal** gewählt (vgl. Organisationspläne der Stadt Wuppertal vom 23.10.95).

– Unter diesem gemeinsamen »Dach« finden sich **drei Bereiche** (der Bereich **»Namhafte Beteiligungen«,** der Bereich **»Eigenbetriebe«** und der Bereich **»Stadtverwaltung Wuppertal«).**
– Leitungsorgan des Bereichs »Stadtverwaltung Wuppertal« ist die **Geschäftsführung.**
– Diese ist vorgesetzte Organisationseinheit für vier **Geschäftsbereiche,** die ihrerseits aus **Ressorts** bzw. **Stadtbetrieben** bestehen.

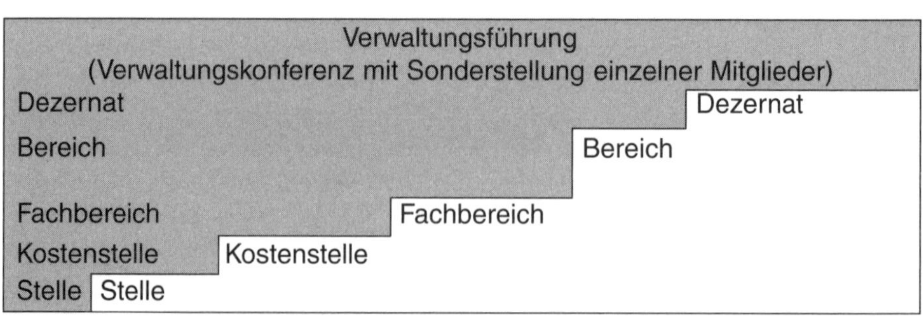

Abbildung 14: Übersicht über die im Rahmen des Modells »Rathaus ohne Ämter« in der Stadtverwaltung Oberhausen eingerichteten Organisationseinheiten

*In **Krefeld** (vgl. Geschäftsbereichsverteilungsplan der Stadt Krefeld vom Oktober 1998) wird die Stadtverwaltung vom Oberbürgermeister bzw. von der Oberbürgermeisterin (ursprünglich Oberstadtdirektor bzw. Oberstadtdirektorin) geleitet. Auf der nachgeordneten Organisationsebene erfolgt eine Einteilung in acht **Geschäftsbereiche,** die ihrerseits in der Regel aus **Ämtern** bzw. **Fachbereichen** bestehen.*

Bei der Zusammenfassung der Stellen zu größeren Organisationseinheiten und bei der Zusammenfassung dieser so entstandenen Organisationseinheiten zu noch größeren Organisationseinheiten spricht man von **Zentralisierung.** Wie bei der Zusammenfassung der Teilaufgaben im Rahmen der Aufgabensynthese, d.h. wie bei der Stellenbildung, werden auch bei der Zentralisierung von Organisationseinheiten bestimmte Gesichtspunkte, die auch hier **Zentralisierungskriterien** heißen, berücksichtigt. Dabei stehen wieder die zwei Kriterien im Vordergrund, die wir schon als Gliederungskriterien bei der Aufgabenanalyse und als Zentralisierungskriterien bei der Aufgabensynthese kennen gelernt haben.

Man kann kleinere Organisationseinheiten entweder nach Objekten oder nach Funktionen (Verrichtungen) zentralisieren, d.h. zu größeren Organisationseinheiten zusammenfassen. Dabei ist zu beachten, dass man bei einer Zentralisierung nach Objekten automatisch nach Funktionen dezentralisiert und man umgekehrt bei einer Zentralisierung nach Funktionen automatisch nach Objekten dezentralisiert.

Beispiel:

*Eine **Großstadtverwaltung X** unterhält unter anderem eine **Stadtbücherei** (kurz: **S**), ein **Kunstmuseum** (kurz: **K**), ein **Heimatmuseum** (kurz: **H**), eine **Volkshochschule** (kurz: **V**) und eine **Musikschule** (kurz: **M**).*

In jeder dieser Einrichtungen sind drei Bereiche zu unterscheiden, und zwar

- *die **Beschaffung** der Produktionsfaktoren (kurz: **B**),*
- *die **Dienstleistungserstellung und -abgabe** (kurz: **D**), die man deshalb zusammengefasst hat, weil man Produktion und Absatz nicht klar trennen kann, und*
- *die **Verwaltung** (kurz: **V**), die beispielsweise das Rechnungswesen, die Personalwirtschaft und die Organisation umfasst.*

*Die Einrichtungen sollen in einen gemeinsamen kommunalen Teilbetrieb eingebracht werden, der die Bezeichnung **Kulturbetrieb der Stadt X** tragen wird. Unabhängig von der später zu wählenden Rechtsform stehen verschiedene Formen der Aufbauorganisation zur Wahl. Wenn man von Mischformen absieht, kann man die Betrachtung allerdings auf zwei Grundmodelle reduzieren.*

Bei Modell A wird auf der ersten Ebene unterhalb der Betriebsleitung nach Objekten und bei Modell B auf der ersten Ebene unterhalb der Betriebsleitung nach Funktionen zentralisiert werden. ***Abbildung 15 und Abbildung 16*** *beinhalten die entsprechenden Übersichten über die Aufbauorganisation. Solche Schaubilder werden* ***Organigramme*** *genannt.*

Abbildung 15 *macht deutlich, dass mit der Zentralisierung nach Objekten, hier nach Produkt- bzw. Dienstleistungsbereichen, eine Dezentralisierung der Funktionen verbunden ist. So wird beispielsweise die betriebliche Grundfunktion Beschaffung dezentral, d.h. in den einzelnen Produktbereichen, wahrgenommen. Es gibt also bei Modell A mehrere Beschaffungsabteilungen.*

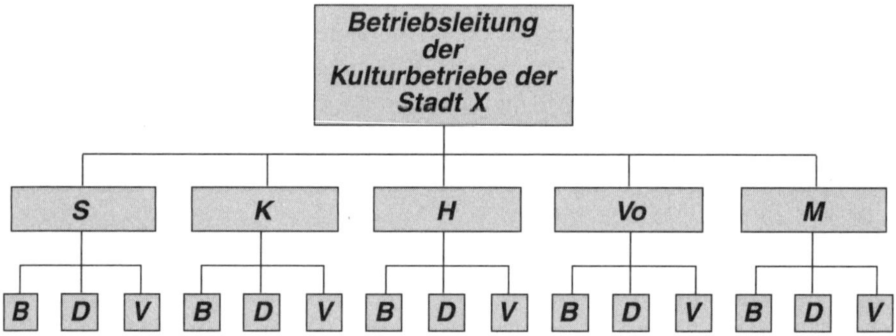

mit

S für Stadtbücherei

K für Kunstmuseum

H für Heimatmuseum

Vo für Volkshochschule

M für Musikschule

B für Beschaffung

D für Dienstleistungserstellung und -abgabe

V für Verwaltung

Abbildung 15: Beispiel für eine Zentralisierung nach Objekten auf der Ebene unterhalb der Betriebsleitung

Aus ***Abbildung 16*** *geht hervor, dass mit der Zentralisierung nach Funktionen – wobei wir hier aus Gründen der Vereinfachung nur drei unterschieden haben – eine Dezentralisierung nach Objekten verbunden ist.*

Mit dem Objekt »Stadtbücherei« hat man beispielsweise in sämtlichen der drei großen Bereiche zu tun. Die Aufgaben der Stadtbücherei werden also dezentral wahrgenommen. So fällt beispielsweise die Bücherbeschaffung in das Aufgabenfeld des Bereichs »Beschaffung«, die Festlegung der Öffnungszeiten für die

Bücherausleihe in das Aufgabenfeld des Bereichs »Dienstleistungserstellung und -abgabe« und die Erstellung einer Kosten- und Leistungsrechnung für die Stadtbücherei in das Aufgabenfeld des Bereichs »Verwaltung«.

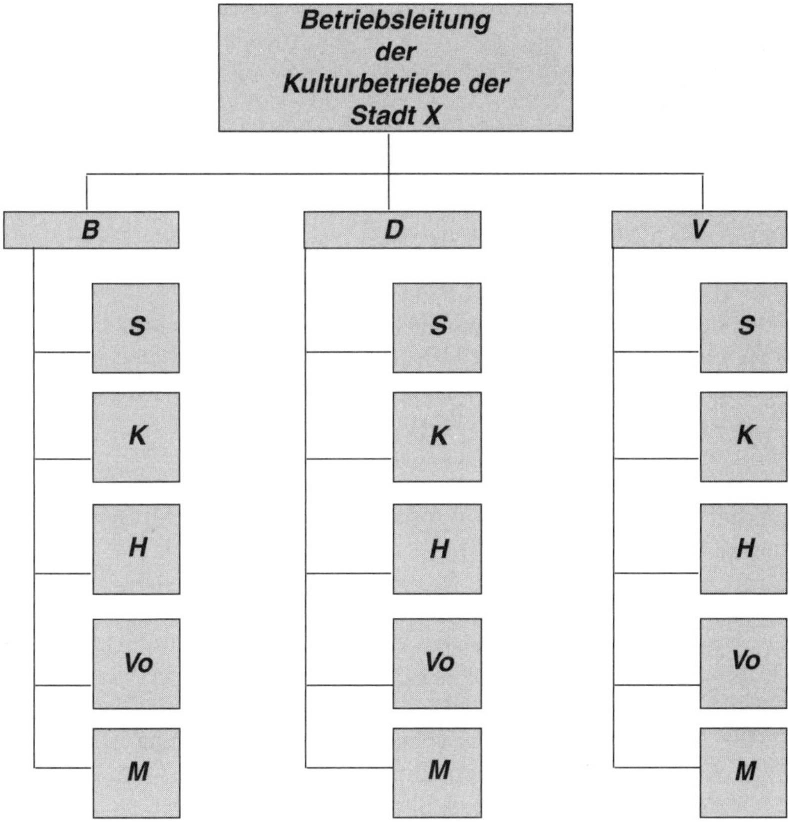

mit

B für Beschaffung

D für Dienstleistungserstellung und -abgabe

V für Verwaltung

S für Stadtbücherei

K für Kunstmuseum

H für Heimatmuseum

Vo für Volkshochschule

M für Musikschule

Abbildung 16: Beispiel für eine Zentralisierung nach Funktionen auf der Ebene unterhalb der Betriebsleitung

In der betrieblichen Praxis wird in der Regel die Zentralisierung nicht in der theoretisch reinen Form vorgenommen. Häufig finden sich »gewachsene Strukturen«. Auf der anderen Seite haben die obigen Überlegungen aber bei geplanten aufbauorganisatorischen Veränderungen durchaus gewisse Auswirkungen, ohne dass allerdings in der Regel ein klarer Bezug zu ihnen hergestellt wird. Dies gilt gegenwärtig auch für die in Verbindung mit der »Neuen Steuerung« eingeleiteten aufbauorganisatorischen Umwandlungsprozesse im kommunalen Bereich.

Welche Ziele mit der **Neugestaltung der kommunalen Aufbauorganisation** verfolgt werden und welche Chancen und Risiken die Veränderung mit sich bringt, lässt sich am einfachsten verdeutlichen, wenn man zuvor kurz auf die beiden bedeutsamsten **aufbauorganisatorischen Grundmuster** für die Privatwirtschaft eingeht (vgl. Schuster/Siemens, S. 129–137), in denen sich die obigen Zentralisierungsvarianten niederschlagen.

Es handelt sich dabei um die **funktionale Stab-Linien-Organisation** und die **divisionalisierte Organisation.** In der modernen Betriebswirtschaftslehre wird die zuerst genannte aufbauorganisatorische Variante auch als **U-Form** (abgeleitet von unitary form) und die zuletzt genannte auch als **M-Form** (abgeleitet von multidivisional) bezeichnet (vgl. Williamson, S. 244).

Die funktionale Stab-Linien-Organisation (U-Form) ist durch folgende **Merkmale** gekennzeichnet **(vgl. Abbildung 17):**

- **Auf der ersten Ebene unterhalb der Unternehmensleitung** erfolgt eine **Gliederung nach den betrieblichen Funktionen,** also eine Aufteilung in Beschaffung, Produktion, Absatz, Finanzierung usw.

- Bei größeren Unternehmen ist eine weitere Untergliederung erforderlich. Häufig wird eine objektorientierte Einteilung, also beispielsweise eine Zerlegung in Produktbereiche, vorgenommen. In der Regel handelt sich somit um ein **mehrstufiges organisatorisches Gebilde.**

- In diesem kommen in der Regel sowohl Linienstellen als auch Stabsstellen vor. Man spricht daher auch von einer **Stab-Linien-Organisation. Linienstellen** sind direkt mit der Aufgabenerfüllung befasst, wobei zwischen **vorgesetzte Linienstellen,** so genannte **Instanzen,** d.h. Stellen, die gegenüber den ihnen unterstellten Linienstellen Weisungsrechte haben, und den **untersten Linienstellen**, die auch als **ausführende Linienstellen** oder als **Realisationseinheiten** bezeichnet werden, unterschieden wird. **Stabsstellen** haben gegenüber Linienstellen kein Weisungsrecht und sind mit der eigentlichen Aufgabenerfüllung nur indirekt befasst, indem sie für die Linienstellen beratend tätig sind. Sie haben allerdings das Recht, die für die Erfüllung dieser Aufgabe erforderlichen Informationen einzuholen.

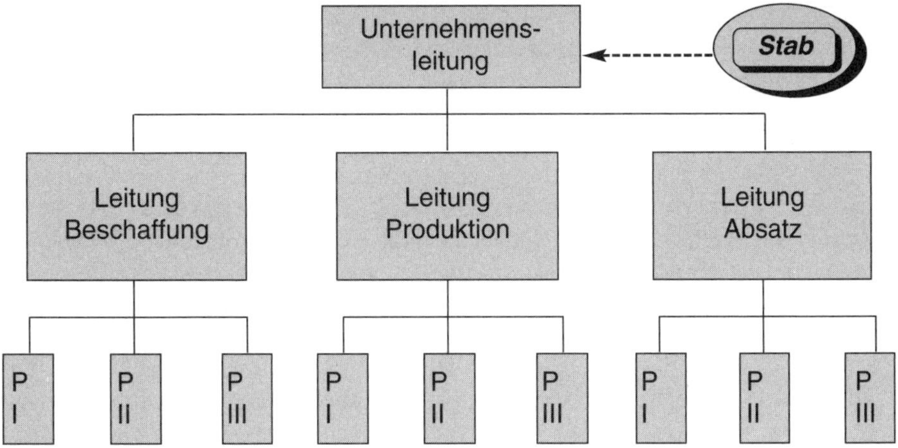

mit P für Produktbereich

Abbildung 17: Vereinfachte Darstellung der funktionalen Stab-Linien-Organisation

- Es gibt einen eindeutigen Weisungs- und Berichtsweg, den man auch als Linie bezeichnet. Es handelt sich somit um ein **Einliniensystem.** Das bedeutet, dass jede Stelle nur einer vorgesetzten Stelle zugeordnet ist, von der sie Weisungen erhält und der sie zu berichten hat.

Diese Organisationsform kann unter anderem folgende **positive Effekte** mit sich bringen:

(1) Da die Zuständigkeiten und der Informationsfluss klar geregelt sind, dürften an sich keine Kompetenzstreitigkeiten vorkommen.
(2) Die auf einer hohen Organisationsebene vorgenommene Gliederung nach betrieblichen Funktionen erlaubt den wirtschaftlichen Einsatz von Funktionsspezialisten. Sie können entsprechend ausgelastet sowie honoriert werden. In einer solchen Organisation ist daher beispielsweise die Beschäftigung hochqualifizierter Einkaufs- oder Finanzmanager möglich.
(3) Alle »Fäden« laufen auf der Ebene der Unternehmensleitung zusammen. Sie koordiniert somit das gesamte betriebliche Geschehen im Hinblick auf die betriebliche Zielsetzung. Sämtliche Berichte gehen letztlich an die Unternehmensleitung und von der Unternehmensleitung gehen letztlich sämtliche Weisungen aus.
(4) Die Berücksichtigung von Stabsstellen kann sich positiv auf die Qualität der Entscheidungen auswirken.

Auf der anderen Seite können sich auch bestimmte **negative Effekte** einstellen.

(1) Es besteht die Gefahr einer zu starken Belastung der Unternehmensleitung. Die permanente Beschäftigung mit dem alltäglichen Geschäft kann dazu führen, dass zu wenig Zeit bleibt, um sich mit den strategischen Entscheidungen, also beispielswei-

se mit der grundsätzlichen Entwicklung des Unternehmens, zu beschäftigen, so dass wichtige Marktveränderungen nicht erkannt werden und die notwendigen Reaktionen unterbleiben. Besonders bei schnell wachsenden Unternehmen besteht die Gefahr, dass die zahlreichen Abstimmungsprozesse auch bei entsprechender Technikunterstützung nicht mehr von der Unternehmensleitung bewältigt werden können und somit Fehlentscheidungen wahrscheinlich werden. Dies kann dazu führen, dass letztlich die Existenz des Unternehmens gefährdet ist. Die Ergänzung durch Stabsstellen wirkt dieser Gefahr entgegen. Indem die Stabsstellen die Aufgaben der Entscheidungsvorbereitung übernehmen, wird die Unternehmensleitung entlastet. Sie kann sich damit verstärkt den für das Unternehmen wesentlichen Fragen widmen.

(2) Allerdings birgt die Berücksichtigung von Stabsstellen die Gefahr, dass Konflikte entstehen, die letztlich für das Unternehmen negative Auswirkungen haben. »Die dem Stab auferlegten Beschränkungen seiner Tätigkeit auf die Entscheidungsvorbereitung bewirkt bei den Stabsmitarbeitern Spannungen« (vgl. Grochla, S. 186), die besonders dann auftreten, wenn Anregungen nicht berücksichtigt werden und eventuell das Ergebnis einer zeitaufwendigen Arbeit keine Beachtung findet. Das fehlende Erfolgserlebnis kann einerseits zu einem nachlassenden Engagement und damit in Zukunft zu einer schlechten Vorbereitung der Führungsentscheidungen führen oder andererseits zur Folge haben, dass die Stabsmitarbeiter versuchen, Kompetenzen an sich zu ziehen, die ihnen nicht zustehen, um ihre Ideen durchzusetzen. Denkbar ist beispielsweise, dass eine Person, die für die Beratung der Unternehmensleitung zuständig ist, Linienstellen auf unteren organisatorischen Ebenen ohne eine formale Weisung dazu veranlasst, bestimmte Aktionen zu ergreifen.

(3) Je größer das Unternehmen wird, um so größer ist die Notwendigkeit einer weiteren Untergliederung, so dass die Zahl der organisatorischen Ebenen zunimmt. Damit verlängern sich die Weisungs- und Berichtswege, so dass möglicherweise die für die Führungsentscheidungen notwendigen Informationen zu spät vorliegen sowie umgekehrt die Weisungen die Realisationseinheiten zu spät erreichen und man letztlich nicht angemessen auf Marktänderungen reagiert. Auch nimmt mit der Länge des Weisungs- und Berichtsweges die Gefahr des Informationsverlustes und der Informationsverfälschung zu. Aus diesem Grund sind verstärkt Fehlentscheidungen bzw. im Hinblick auf die Zielsetzung ungeeignete Maßnahmen zu erwarten.

Die **divisionalisierte Organisation (M-Form)**, für die sich auch die Bezeichnung **(Spartenorganisation)** findet (vgl. Grochla, S. 187), ist durch folgende Merkmale gekennzeichnet **(vgl. Abbildung 18):**

- **Auf der ersten Ebene unterhalb der Unternehmensleitung** erfolgt eine **Gliederung nach Objekten,** also beispielsweise eine Aufteilung nach Produktbereichen, die man auch als Divisionen, Produktsparten oder Sparten bezeichnen kann.
- In der Regel wird eine weitere Untergliederung vorgenommen. Üblicherweise wählt man in den Produktbereichen eine verrichtungsorientierte Einteilung,

also beispielsweise eine Zerlegung nach den betrieblichen Funktionen Beschaffung, Produktion, Absatz usw. Es handelt sich somit fast immer um ein **mehrstufiges organisatorisches Gebilde.**

- In diesem kommen in der Regel sowohl Linienstellen als auch Stabsstellen vor. Es handelt sich daher hier ebenfalls um eine **Stab-Linien-Organisation,** wobei die Stäbe unterschiedlich eingebunden werden können. Meist sind die Stäbe nicht nur für die Beratung der Unternehmensleitung zuständig, sondern in der Regel unterstützen sie auch die Bereichsleitung (vgl. **Abbildung 18).**
- Es gibt einen eindeutigen Weisungs- und Berichtsweg. Insofern ist die Spartenorganisation ein **Einliniensystem.** Das bedeutet, dass auch bei der divisionalisierten Organisation jede Stelle nur einer vorgesetzten Stelle zugeordnet wird, von der sie Weisungen erhält und der sie zu berichten hat.

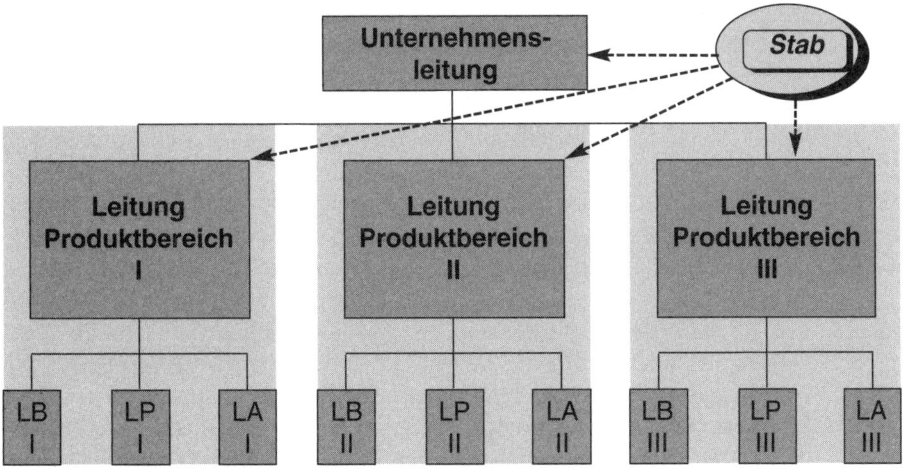

mit B für Beschaffung; P für Produktion; A für Absatz

Abbildung 18: Vereinfachte Darstellung der divisionalisierten Organisation

Gegenüber der funktionalen Organisation bietet die Spartenorganisation folgende **Vorteile:**

(1) Die Unternehmensleitung wird entlastet, da die Koordination des alltäglichen Geschäfts auf der Ebene der jeweiligen Bereichsleitung erfolgt. Die Unternehmensleitung kann sich somit auf die strategischen Entscheidungen konzentrieren.

(2) Durch die Sparten werden überschaubare Organisationseinheiten geschaffen. Es handelt sich im Grunde um kleine Betriebe. Damit sind solche Bereiche relativ gut zu steuern.

(3) Die Spartenleitung übernimmt Aufgaben, die in einer funktionalen Organisation die Unternehmensleitung erfüllt. Insofern besteht die Möglichkeit, hoch qualifiziertes und stark motiviertes Personal für die Übernahme solcher Aufgaben zu interessieren und damit eine größere Zahl von Führungskräften zu beschäftigen, die auf eine weitgehend selbstständige Tätigkeit Wert legen.

(4) Die Motivation zahlreicher Führungskräfte kann zusätzlich dadurch gestärkt werden, dass die Bereiche ergebnisorientiert geführt werden. Der Spartenleitung wird dann die Betriebsführung weitgehend überlassen und sie wird primär daran gemessen, welcher Gewinnbeitrag in einem Wirtschaftsjahr erzielt wurde. Man spricht in diesem Zusammenhang auch von einem gewinnverantwortlichen Bereich bzw. von einem Profitcenter. Durch eine gewinnabhängige Entlohnungskomponente kann die Motivation der Spartenleitung noch zusätzlich gestärkt werden.
(5) Da die Koordination der betriebswirtschaftlichen Maßnahmen auf der Ebene der Bereichsleitung und damit unterhalb der Unternehmensleitung erfolgt, sind die Weisungs- und Berichtswege im Vergleich zu denen bei einer funktionalen Organisation zumindest zunächst einmal kürzer. Insofern ist eine schnellere Anpassung an sich verändernde Marktbedingungen möglich.

Auf der anderen Seite beinhaltet auch die Spartenorganisation einige **Risiken:**

(1) So besteht die Gefahr, dass die Bereiche sich zu sehr verselbstständigen und ein Eigenleben führen, so dass letztlich die obersten Unternehmensziele nicht erreicht werden.
(2) Durch die Bildung der Produktbereiche werden zwangsläufig die betrieblichen Funktionen dezentral erfüllt. Es gibt also beispielsweise mehrere Beschaffungsabteilungen, mehrere Fertigungsbereiche und mehrere Absatzabteilungen.
    - Insofern können Rationalisierungsmöglichkeiten nicht genutzt werden. Es werden Arbeiten erledigt, die bei einer entsprechenden Bündelung unnötig wären und wegfallen könnten.
    - Hinzu kommt, dass jeder Bereich eine eigene Reservehaltung vornehmen bzw. bestimmte Kapazitäten vorhalten muss, um Arbeitsspitzen auffangen zu können. Durch Zusammenfassung der Organisationseinheiten könnten hier ebenfalls Einsparungen erzielt werden.
    - Nicht zu übersehen sind auch eventuelle Nachteile auf den Beschaffungsmärkten. Bei einer zentralen Beschaffung könnten möglicherweise bessere Konditionen, beispielsweise höhere Rabatte, erzielt werden.
    - Im Absatzbereich kann es passieren, dass die einzelnen Sparten, wenn sich die Produktpaletten überschneiden, in Konkurrenz treten. Dies kann sich negativ auf das Erscheinungsbild des Unternehmens auswirken und zur Folge haben, dass die Gesamtzielsetzung nicht erreicht wird.

Die Gegenüberstellung der verschiedenen Vor- und Nachteile bzw. Chancen und Risiken zeigt, dass nicht generell eine Organisationsform der anderen überlegen ist, sondern dass man die Beurteilung nur im konkreten Einzelfall vornehmen kann, wobei zahlreiche Gesichtspunkte zu beachten sind. Folgende Tendenzaussage kann man allerdings wagen: Je größer ein Betrieb ist und je schneller sich das Umfeld des Betriebes ändert, um so eher ist eine divisionalisierte Organisation zu empfehlen, da diese zu überschaubaren Bereichen führt und man insofern schneller und angemessener auf Veränderungen reagieren kann.

Betrachten wir nun die **Aufbauorganisation der traditionellen Kommunalverwaltung,** so lässt sich Folgendes feststellen:

- Ohne Zweifel handelt es sich um ein **mehrstufiges Einliniensystem.** Es sind mehrere Organisationsebenen erkennbar. Dies wird durch die Gliederung der Hauptverwaltungsbereiche in Ämter, die Gliederung der Ämter in Abteilungen usw. deutlich. Weiterhin ergibt sich durch das öffentliche Dienstrecht eine klare hierarchische Einordnung der Stellen, so dass jeder Mitarbeiter bzw. jede Mitarbeiterin nur einen unmittelbaren Vorgesetzten bzw. eine unmittelbare Vorgesetzte hat.
- Weiterhin kommen – wenn auch in relativ geringer Zahl – neben Linienstellen Stabsstellen vor. Überwiegend handelt es sich dabei um Führungsstäbe, also beispielsweise um die Stellen für persönliche Referenten der Verwaltungsspitze. Insofern kann man die traditionelle Kommunalverwaltung also ebenfalls als **Stab-Linienorganisation** bezeichnen.
- **Andererseits ist die traditionelle Kommunalverwaltung weder eindeutig als funktionale noch als divisionale Organisation einzuordnen, wenn auch eine gewisse Nähe zur Objektorientierung unübersehbar ist** (vgl. Schuster/Siemens, S. 153). Unterhalb der Verwaltungsspitze finden sich, wie wir bereits erläutert haben, acht Hauptverwaltungsbereiche (vgl. **Abbildung 13).** Die beiden ersten sind nach funktionalen Gesichtspunkten gebildet worden. Es handelt sich dabei um den Hauptverwaltungsbereich 1 (»Allgemeine Verwaltung«) und den Hauptverwaltungsbereich 2 (»Finanzverwaltung«). Bei den restlichen Hauptverwaltungsbereichen ist eine Zentralisierung nach dem Objekt erkennbar. Das deuten die Bezeichnungen der betreffenden Hauptverwaltungsbereiche (»Rechts-, Sicherheits- und Ordnungsverwaltung«, »Schul- und Kulturverwaltung« usw.) bereits an. Dass sie nach Objekten zentralisiert worden sind, wird dadurch deutlich, dass wichtige Funktionen dezentral erfüllt werden. Dies gilt beispielsweise für die betriebliche Grundfunktion »Beschaffung«. In der klassischen Kommunalverwaltung findet sich in der Regel keine Organisationseinheit, die für die gesamte Beschaffung zuständig ist. Es gibt üblicherweise kein zentrales Beschaffungswesen. Meistens sind verschiedene Organisationeinheiten zuständig, die in unterschiedlichen Bereichen der Gemeindeverwaltung angesiedelt sind. So werden beispielsweise überwiegend Feuerwehrfahrzeuge im Hauptverwaltungsbereich 3, Bücher im Hauptverwaltungsbereich 4, Sportgeräte im Hauptverwaltungsbereich 5, Beleuchtungskörper im Hauptverwaltungsbereich 6, Reinigungsfahrzeuge im Hauptverwaltungsbereich 7 beschafft. Noch deutlich wird die dezentrale Erfüllung der betrieblichen Funktionen bezüglich der betrieblichen Grundfunktionen »Produktion« und »Absatz«. In jedem der Hauptverwaltungsbereiche entstehen Güter, wobei es sich in der Regel um Dienstleistungen handelt, und von jedem der Hauptverwaltungsbereiche werden Güter, und zwar eben die genannten Dienstleistungen, an die Bürger und Bürgerinnen bzw. an bestimmte Organi-

sationen abgegeben. Wie vorgehend erwähnt, werden allerdings nicht sämtliche betriebliche Funktionen dezentral erbracht. Die Finanzierung wird zentral im Hauptverwaltungsbereich 2 wahrgenommen. Auch die Überwachung erfolgt zentral durch das Rechnungsprüfungsamt, das im Hauptverwaltungsbereich 1 angesiedelt ist. Eine weitgehend zentrale Aufgabenerfüllung gilt ebenfalls bezüglich des Personalwesens und der Organisation. Hierfür ist – wenn auch nicht ausschließlich, so doch weitgehend – das Personal- bzw. Hauptamt und somit der Hauptverwaltungsbereich I zuständig.

In Verbindung mit der Einführung der »Neuen Steuerung« hat es in den kommunalen Verwaltungsbetrieben zahlreiche aufbauorganisatorische Veränderungen ergeben, die sich primär durch folgende Entwicklungslinien auszeichnen:

- **Die Objektorientierung (Produktorientierung) wird verstärkt.** Die Hauptverwaltungsbereiche (Dezernate) werden wie in einer divisionalisierten Unternehmung zu relativ selbstständigen Organisationseinheiten ausgebaut, denen die Erfüllung der betrieblichen Funktionen möglichst uneingeschränkt zugewiesen wird. Die Leitung einer solchen großen Organisationseinheit ist für einen bestimmten Kreis von Produkten zuständig und kann, soweit dieser Teil des Sortiments berührt wird, die betreffenden absatzpolitischen, fertigungstechnischen und beschaffungspolitischen Maßnahmen in eigener Regie planen und ergreifen. Sie ist für den gesamten Einsatz der Produktionsfaktoren, die als Ressourcen bezeichnet werden, verantwortlich, so dass man auch von einer dezentralen Ressourcenverantwortung spricht. Ziel ist es, eine flexible Organisation zu schaffen, die schnell und wirtschaftlich auf die Bürgerwünsche reagieren kann.
- Um möglichst wenige Überschneidungen zwischen den Produktbereichen bzw. entstehen zu lassen, werden **die Hauptverwaltungsbereiche teilweise neu zugeschnitten.** Es werden also Ämter, Abteilungen und Sachgebiete neu zugeordnet und dabei eventuell aufgeteilt. Insgesamt sollen letztlich Bereiche entstehen, die den Produktsparten einer privatwirtschaftlichen Unternehmung ähneln. Um den neuen Zuschnitt auch sprachlich deutlich zu machen, werden teilweise andere Bezeichnungen als früher gewählt. In einzelnen Gemeinden spricht man beispielsweise von Betrieben oder Ressorts.
- Der verstärkte Trend zur Divisionalisierung wird allerdings nicht nur durch die neue Abgrenzung der auch früher schon objektorientierten Bereiche deutlich, sondern zeigt sich auch daran, dass **die so genannten Querschnittsämter an Bedeutung verlieren.** Hierbei handelt es sich um Ämter, die nicht unmittelbar mit Außenstehenden, also beispielsweise mit den Bürgerinnen und Bürgern, zu tun haben, sondern die für andere Teile der Kommunalverwaltung tätig sind. Querschnittsämter übernehmen bestimmte Funktionen zentral für den gesamten kommunalen Verwaltungsbetrieb und sind in der traditionellen Kommunalverwaltung den Hauptverwaltungsbereichen 1 und 2 angesiedelt. Sie

»beliefern« quasi die Ämter, die direkt für die Bürger und Bürgerinnen zuständig sind, wie beispielsweise das Sozialamt, und die als **Fachämter** bezeichnet werden. Typische Querschnittsämter sind das Personalamt und die Kämmerei. Teilweise erfüllen auch kleinere Organisationseinheiten, wie beispielsweise die Organisationsabteilung, solche Querschnittsfunktionen. **Im Rahmen der dezentralen Ressourcenverantwortung werden den produktorientiert gebildeten Hauptverwaltungsbereichen zunehmend frühere Querschnittsaufgaben übertragen** (vgl. Meixner, S. 151). Angestrebt wird unter anderem eine weitgehende Zuständigkeit für organisatorische und personalwirtschaftliche Fragen.

- **Die Bedeutung der Stabsstellen nimmt zu.** Sowohl auf der Ebene der Verwaltungsspitze als auch auf der Ebene der Bereichsleitung entsteht verstärkt die Notwendigkeit, führungsunterstützende Organisationseinheiten zu bilden. Ziel ist es, die jeweiligen Entscheidungsträger rechtzeitig mit den steuerungsrelevanten Informationen zu versorgen. **Meist werden zusätzliche Stabsstellen in Verbindung mit der Berücksichtigung des Controllings eingerichtet.** Solche Stellen für Controller bzw. Controllerinnen sind einerseits zur Unterstützung der Verwaltungsspitze erforderlich, der wegen der größeren Selbstständigkeit der Verwaltungsbereiche der Einblick in das betriebliche Geschehen fehlt. Zum anderen müssen sie auf der Ebene der Bereichsleitung eingerichtet werden, weil hier bei Übernahme des »Neuen Steuerungsmodells« ein Großteil der Koordination bzw. der Managementaufgaben anfällt und die Bereichsleitung entlastet bzw. unterstützt werden muss, damit sie dieser Anforderung gerecht werden kann.
- **Weiterhin ist ein Trend zu einer stärker teamorientierten Verwaltungsführung erkennbar,** wobei der Vorstand einer Aktiengesellschaft offensichtlich als Orientierungspunkt dient. Man spricht daher auch zunehmend vom **Verwaltungsvorstand.** Ein Team, das auch als Pluralinstanz oder als Mehrpersonenstelle bezeichnet wird, ist dadurch gekennzeichnet, dass Aufgaben, Kompetenzen und Verantwortung nicht einzelnen gedachten Personen, sondern einer gedachten Gruppe zugeordnet werden (vgl. Schuster/Siemens, S. 140). Von der Teambildung verspricht man sich zahlreiche Vorteile, so unter anderem die Möglichkeit, ein größeres Kreativitätspotenzial ausschöpfen zu können, und die Verbesserung der Entscheidungsqualität durch wechselseitige Fehlerkontrolle (vgl. Rau, Betriebswirtschaftslehre, S. 187). Auf der anderen Seite birgt die Teamarbeit Gefahren (vgl. Grochla, S. 226–227). Die fehlende Zuordnung der Verantwortung auf einzelne Personen kann beispielsweise dazu führen, dass ein Teil der Teammitglieder sich nicht hinreichend engagiert oder dass eventuell unbrauchbare Lösungsvorschläge gemacht werden, weil man die Folgen des Handelns nur begrenzt tragen muss. Auch besteht die Gefahr, dass der Entscheidungsprozess zu lange dauert und somit zu spät und dann falsch gehandelt wird. Insofern ist die Bildung von Pluralinstanzen auch in der Privatwirtschaft eine Ausnahme. Das gilt auch für Vorstände der Aktiengesellschaften,

die letztlich eine hierarchische Struktur aufweisen, indem die Stelle des bzw. der Vorstandsvorsitzenden oder des Vorstandssprechers bzw. der Vorstandssprecherin gegenüber den anderen Vorstandsstellen ein größeres Gewicht beigemessen wird. **Im Bereich der Kommunalverwaltung ist eine Bildung von Pluralinstanzen ausgeschlossen. Das öffentliche Dienstrecht schreibt die Zuordnung der Verantwortung auf die einzelne Person vor.** Insofern kann man auch den Verwaltungsvorstand – streng genommen – nicht als Team bezeichnen; denn in diesem Gremium führt der Bürgermeister bzw. die Bürgermeisterin den Vorsitz und er bzw. sie entscheidet bei Meinungsverschiedenheiten (vgl. beispielsweise § 70 [4] der Gemeindeordnung des Landes Nordrhein-Westfalen). **Alles in allem handelt es sich also bei den gegenwärtigen aufbauorganisatorischen Veränderungen im Bereich der Kommunalverwaltung, wie oben gesagt, lediglich um eine stärkere Teamorientierung und nicht um die Berücksichtigung von Teams im Sinne von Pluralinstanzen.**

6.4.3 Optimierung kommunaler Geschäftsprozesse

Wir haben bereits darauf hingewiesen, dass man sich im Rahmen der **Ablauforganisation** mit der Erfassung und Gestaltung der einzelnen betrieblichen Vorgänge beschäftigt und sie als »die raum-zeitliche Strukturierung der zur Aufgabenerfüllung erforderlichen Arbeitsprozesse« (Kosiol, Ablauforganisation, Sp. 1) definiert werden kann. Heute spricht man in diesem Zusammenhang häufig von der **Geschäftsprozessoptimierung** (vgl. Deckert [Hrsg.], Geschäftsprozesse).

Mit dem Wechsel der Bezeichnung ist allerdings in der Regel auch eine veränderte Vorgehensweise verbunden. Während für die klassische Ablauforganisation eine streng logische Gedankenführung charakteristisch ist, die schließlich zu anspruchsvollen mathematischen Modellen hinführt, ist die moderne Geschäftsprozessoptimierung pragmatischer angelegt. Die Betrachtung ist in der Regel sehr praxisnah, aber auch weniger präzise. Nicht immer können die Aussagen, die aus den unterschiedlichsten Quellen und Erfahrungen abgeleitet werden, einer strengen wissenschaftlichen Überprüfung standhalten. Auf der anderen Seite werden aber durchaus interessante Denkanstöße geliefert.

Die klassische Ablauforganisation ist mit den Begriffen **Arbeitsanalyse und Arbeitssynthese** verbunden (vgl. Kosiol, Ablauforganisation).

- Bei der **Arbeitsanalyse** handelt es sich im Grunde um eine Verfeinerung oder Vertiefung der Aufgabenanalyse. Man begnügt sich nicht mehr mit der Ermittlung der kleinsten Teilaufgaben, sondern es wird versucht, die einzelnen Arbeitsschritte zu ermitteln, die für die Erfüllung einer solchen kleinsten Teilaufgabe erforderlich sind, sowie darüber hinaus zeitliche und räumliche Besonderheiten festzustellen, wie z.B. die Dauer des einzelnen Arbeitsschritts und die eventuelle Ortsgebundenheit einer Tätigkeit (vgl. Schuster/Siemens, S. 182).

– Liegen all diese Daten vor, dann kann mit der **Arbeitssynthese** begonnen werden, die auch **ablauforientierte Synthese** genannt wird (vgl. Frese, Sp. 215). Sie ist zwar mit der Aufgabensynthese grundsätzlich vergleichbar, geht aber über diese hinaus, indem ausgehend von den analytisch gewonnenen Arbeitsteilen nicht nur einzelne Stellen, sondern komplette Arbeitsgänge gebildet werden. Dabei versteht man unter einem Arbeitsgang »eine geschlossene Abfolge von Verrichtungen an einem Objekt« (Frese, Sp. 216). **Die ablauforientierte Synthese muss im Hinblick auf drei Dimensionen erfolgen,** und zwar müssen die analytisch gewonnenen Arbeitsschritte in personaler, zeitlicher und räumlicher Hinsicht geordnet werden.

(1) Bei dem **personalen Aspekt der Arbeitssynthese** (vgl. Schuster/Siemens. S. 182) geht es darum, die für den Gesamtvorgang erforderlichen Arbeitsschritte auf gedachte Personen, d.h. auf Stellen, zu verteilen. Man bezeichnet ein solches Vorgehen als **Arbeitsteilung,** wobei zwischen zwei Varianten unterschieden wird. Übernehmen die (gedachten) Personen unterschiedliche Arbeitsschritte, handelt es sich um eine **Artteilung.**

Diese liegt beispielsweise dann vor, wenn eine Stelle für die Entgegennahme eines Antrags zuständig ist, ein entgegengenommener Antrag dann von einer anderen Stelle bearbeitet und schließlich die Bearbeitung von einer dritten Stelle überprüft wird.

Von einer **Mengenteilung** spricht man dann, wenn die einzelnen Personen die gleichen Verrichtungen übernehmen.

Dies ist häufig bei Schaltertätigkeiten, also beispielsweise im Einwohnermeldeamt, der Fall. Hier sind die einzelnen Stelleninhaber mit den gleichen Arbeitsschritten befasst, allerdings für unterschiedliche Personenkreise zuständig, die häufig nach dem Anfangsbuchstaben des Familiennamens abgegrenzt werden.

(2) In Verbindung mit dem **zeitlichen Aspekt der Arbeitssynthese** (vgl. Schuster/Siemens, S. 184) geht es unter anderem darum, die Reihenfolge festzulegen, in der die einzelnen Stellen tätig werden müssen, die Zeiten zu ermitteln, die für jeden Arbeitsschritt erforderlich sind, und, falls man sich im Betrachtungszeitraum mit mehreren Objekten (z. B. Akten) beschäftigen muss, die Reihenfolge ihrer Bearbeitung vorzugeben, um den Geschäftsprozess bzw. die Geschäftsprozesse zu optimieren, d.h. im Hinblick auf die Zielsetzung bestmöglich zu gestalten.

(3) Der **räumliche Aspekt der Arbeitssynthese** (vgl. Schuster/Siemens, S. 186) betrifft die örtliche Zuordnung der Stelle, also die Festlegung des Arbeitsplatzes. Die Klärung der Frage, wo der einzelne Arbeitsschritt erfolgen soll, ist erforderlich, um beispielsweise möglichst kurze Durchlaufzeiten oder geringe Transportkosten zu erreichen.

Welche Bedeutung der räumliche Aspekt der Arbeitssynthese in der Kommunalverwaltung hat wird deutlich, wenn man beispielsweise an die Anordnung der Arbeitsplätze in einem Großraumbüro oder in einer Organisationseinheit mit zahlreichen Bürgerkontakten denkt.

Häufig geht es nicht darum, völlig neue Arbeitsabläufe zu installieren, sondern sind bestehende Geschäftsprozesse zu erfassen und gegebenenfalls zu verbessern. In diesen Fällen kann man spezielle Darstellungstechniken einsetzen, wie beispielsweise die **Arbeitsablaufdarstellung** und das **Blockdiagramm.**

Bei der **Arbeitsablaufdarstellung** (vgl. Schuster/Siemens, S. 32) handelt es sich um einen **Vordruck** mit **11 Spalten** (vgl. **Abbildung 19),** die folgende Informationen aufnehmen:

- In der **Spalte 1** notiert man **die laufenden Nummern der erfassten Arbeitsschritte (N).** Sie werden auch als **Tätigkeitsstufen** bezeichnet und dem Ablauf entsprechend nacheinander aufgeführt.
- Es werden fünf grundsätzliche Arten von **Tätigkeitsstufen** unterschieden und erfasst, und zwar
  - in **Spalte 2** die **Bearbeitung (B),** die dadurch gekennzeichnet ist, dass der Arbeitsprozess sich in Richtung auf die Zielsetzung weiterentwickelt,
  - in **Spalte 3** die **Weiterleitung (W),** welche die Übergabe des Bearbeitungsobjekts, beispielsweise der Akte, an eine andere Stelle beinhaltet,
  - in **Spalte 4** die **Prüfung (P),** bei der es um die Kontrolle einer vorherigen Bearbeitung geht,
  - in **Spalte 5** der **Aufenthalt (Au),** durch den eine Unterbrechung des Arbeitsablaufs zum Ausdruck gebracht wird, und
  - in **Spalte 6** die **Ablage (Ab),** die den zumindest vorläufigen Abschluss des Geschäftsprozesses zum Ausdruck bringt.
- Falls eine Raumüberbrückung, d.h. ein Transport, stattfindet, wird der **Weg in Meter (m)** in **Spalte 7** festgehalten.
- Die **Zeit in Minuten (Mi),** die der einzelne Arbeitsschritt in Anspruch nimmt, notiert man in **Spalte 8.**
- Steht ein spezieller Vordruck zur Verfügung, wird die betreffende **Vordrucknummer (V)** in **Spalte 9** eingetragen.
- In **Spalte 10** erfolgt eine kurze **Beschreibung der einzelnen Tätigkeitsstufe** und

– in **Spalte 11** wird eingetragen, welche **Stelle** (**S1, S2** usw.) die betreffende Verrichtung vornimmt.

1	2	3	4	5	6	7	8	9	10	11			
N	**B**	**W**	**P**	**Au**	**Ab**	**m**	**Mi**	**V**	**Beschreibung der einzelnen Tätigkeitsstufe**	**S1**	**S2**	**S3**	

mit

N *für laufende Nummer*
B *für Bearbeitung*
W *für Weiterleitung*
P *für Prüfung*
Au *für Aufenthalt*
Ab *für Ablage*
m *für Weg in Meter*
Mi *für Zeit in Minuten*
V *für Vordrucknummer*
S1 *für Stelle 1*
S2 *für Stelle 2*
S3 *für Stelle 3*

Abbildung 19: Grundaufbau einer Arbeitsablaufdarstellung

Nachfolgend wird ein fiktiver Vorgang dargestellt, um die Anwendungsmöglichkeiten der Arbeitsablaufdarstellung anzudeuten. Dabei wird unterstellt, dass folgende Arbeitsschritte und Zeiten ermittelt wurden:

Sachbearbeiter 1 (S1) nimmt vom Bürger den Antrag entgegen und ergänzt im Gespräch mit dem Bürger die fehlenden Daten (Dauer 15 Minuten). Anschließend bringt er die Akte selbst zur zuständigen Organisationseinheit (Entfernung 100 m; Dauer 6 Minuten). Dort bearbeitet der zuständige Sachbearbeiter 2 (S2) die Akte (Dauer 10 Minuten) und leitet sie anschließend an die Sachgebietsleitung (S3) weiter (Dauer 1 Minute), die für die Prüfung der Bearbeitung zuständig ist. Dort wird mit der Prüfung erst nach 30 Minuten begonnen. Der Prüfungsvorgang selbst dauert 5 Minuten. Die Sachgebietsleitung teilt dem Bürger die Entscheidung mit und nimmt den Vorgang anschließend zu den Akten (Dauer 3 Minuten).

Die einzelnen Informationen haben wir in die nachfolgende Arbeitsablaufdarstellung eingetragen (vgl. ***Abbildung 20****).*

1	**2**	**3**	**4**	**5**	**6**	**7**	**8**	**9**	**10**	**11**			
N	**B**	**W**	**P**	**Au**	**Ab**	**m**	**Mi**	**V**	**Beschreibung der einzelnen Tätigkeitsstufe**	**S1**	**S2**	**S3**	
1	X						15		Antrag wird entgegengenommen und ergänzt	X			
2		X				100	6		Akte wird zur zuständigen Stelle gebracht	X			
3	X						10		Vorgang wird bearbeitet		X		
4		X					1		Akte wird an Prüfer übergeben		X		
5				X			30		Akte »steht zur Bearbeitung an«			X	
6			X						Bearbeitung wird überprüft			X	
7					X		3		Bürger erhält Mitteilung und Akte wird abgelegt			X	

Abkürzungen wie in Abbildung 19

Abbildung 20: Einfaches Beispiel für die Anwendung der Arbeitsablaufdarstellung

Es liegt auf der Hand, dass die Arbeitsablaufdarstellung sehr hilfreich sein kann, um »unproduktive« Arbeiten zu erkennen. Sie ist gut geeignet, um Bearbeitungszeiten, Durchlaufzeiten, Anzahl und Dauer der Arbeitsunterbrechungen sowie die Häufigkeit des Bearbeiterwechsels zu verdeutlichen. Sinnvoll ist es, möglichst viele Vorgänge des gleichen Typs mit Hilfe dieser Darstellungstechnik aufzubereiten, um die »Ist-Stände« vergleichen und letztlich Ansatzpunkte für eine Optimierung des Geschäftsprozesses erkennen zu können. In diesem Zusammenhang ist auch an das **Benchmarking** zu denken, d.h. an einen »Vergleich mit dem Klassenbesten«, indem man die ermittelten Arbeitsabläufe mit dem Geschäftsprozess einer Gemeinde vergleicht, die diese »vorbildlich« ausführt. Hat man die optimale Vorgehensweise, d.h. den »Soll-Stand« ermittelt, lässt sich auch dieser mit Hilfe der Arbeitsablaufdarstellung verdeutlichen.

Arbeitsabläufe lassen sich ebenfalls gut mit Hilfe eines Blockdiagramms abbilden, das gegenüber der Arbeitsablaufdarstellung besonders dann vorzuziehen ist, wenn alternative Abläufe in Betracht kommen und Rückkoppelungseffekte zu verzeichnen sind. Beim **Blockdiagramm** (vgl. Schuster/Siemens, S. 35) werden bestimmte standardisierte Flächen, so genannte Blöcke, verwendet, um die einzelnen Schritte eines Arbeitsvorganges zu verdeutlichen. Nachfolgend werden vier Flächenarten unterschieden:

Die Ellipse symbolisiert den Beginn und das Ende des Vorgangs.

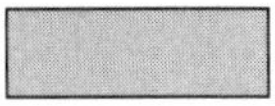

Das Rechteck steht für Tätigkeiten aller Art.

Das abgerundete Quadrat mit Schatten wird gewählt, wenn Verzweigungen des Arbeitsablaufs zu berücksichtigen sind. Diese entstehen dadurch, dass man eine Frage klären muss, auf die man nur mit »ja« oder »nein« antworten kann.

Der kleine Kreis kennzeichnet Übergangsstellen bzw. Schnittstellen, die dadurch entstehen, dass eine Seite nicht ausreicht, um den Ablauf vollständig zu erfassen.

Zusätzlich sind noch Verbindungslinien zwischen den Blöcken zu berücksichtigen, wobei durch Pfeilspitzen die Reihenfolge der Arbeitsschritte deutlich wird.

Um die Anwendungsmöglichkeiten des Blockdiagramms zu veranschaulichen, wählen wir wieder den bereits beschriebenen fiktiven Ablauf, der allerdings um einige zusätzliche Angaben ergänzt wird, die wir im Text unterstrichen haben.

Demnach gilt nunmehr die folgende Beschreibung:

> *Sachbearbeiter 1 (S1) nimmt vom Bürger den Antrag entgegen und ergänzt im Gespräch mit dem Bürger die fehlenden Daten (Dauer 15 Minuten). Anschließend bringt er die Akte selbst zur zuständigen Organisationseinheit (Entfernung 100 m; Dauer 6 Minuten). Dort bearbeitet der zuständige Sachbearbeiter 2 (S2) die Akte (Dauer 10 Minuten). Falls die Daten lückenhaft sind, reicht er den Vorgang an den Sachbearbeiter 1 mit der Bitte zurück, die fehlenden Informationen einzuholen. Ist dies nicht erforderlich, leitet er die Akte anschließend an die Sachgebietsleitung (S3) weiter (Dauer 1 Minute), die für die Prüfung der Bearbeitung zuständig ist. Dort wird mit der Prüfung erst nach 30 Minuten begonnen. Der Prüfungsvorgang selbst dauert 5 Minuten. Ist die Bearbeitung fehlerhaft, wird die Akte an S2 zurückgegeben, damit die notwendigen Korrekturen vorgenommen werden können. Ist die Bearbeitung in Ordnung, teilt die Sachgebietsleitung dem Bürger die Entscheidung mit und nimmt den Vorgang anschließend zu den Akten (Dauer 3 Minuten).*

Abbildung 21 beinhaltet das entsprechende Blockdiagramm.

Das Beispiel macht deutlich, dass das Blockdiagramm gegenüber der Arbeitsablaufdarstellung nicht nur Vorteile, sondern auch Nachteile hat:

- So ist es schwierig, im Blockdiagramm die einzelnen Zeiten zu berücksichtigen.

- Auch der Wechsel der Bearbeiter lässt sich nur durch zusätzliche Ausführungen verdeutlichen.

Insofern ist von Fall zu Fall zu entscheiden, welcher Technik der Vorzug zu geben ist. Wie das Arbeitsablaufdiagramm, so kann auch das Blockdiagramm sowohl bei der Erfassung vorhandener Abläufe behilflich sein, als auch dazu eingesetzt werden, den optimalen Geschäftsprozess darzustellen.

Gerade in der jüngeren Vergangenheit hat eine intensive Beschäftigung mit den kommunalen Geschäftsprozessen stattgefunden und dabei erstaunliche Ergebnisse erbracht.

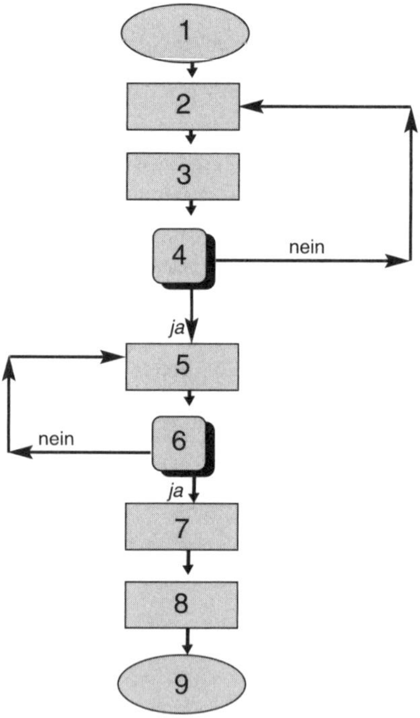

mit:

Anfang (1); Antragsentgegennahme und Antragsergänzung durch S1 (2); Transport der Akte durch S1 (3); S2 prüft »Sind Angaben vollständig?« (4); Bearbeitung und Weiterleitung durch S2 (5); S3 prüft »Ist die Bearbeitung in Ordnung?« (6), Mitteilung durch S3 an den Bürger (7), Vorgang wird abgelegt (8) und Ende (9)

Abbildung 21: Beispiel für die Anwendung des Blockdiagramms

So konnte beispielsweise durch eine **»ganzheitliche Sachbearbeitung** der Baugenehmigungen« in der Stadtverwaltung Kerpen (d.h. durch die Zuordnung möglichst vieler Teilaufgaben, die mit einem Antrag verbunden sind, sowie die zu ihrer Erfüllung erforderlichen Kompetenz auf möglichst nur eine Stelle) die durchschnittlichen Durchlaufzeiten bei Bauaufträgen von 111 auf 10 Tage reduziert werden (vgl. Wind/Schweiger, S. 160–161). Weiterhin können durch **Nutzung der EDV** zahlreiche Bearbeitungswechsel vermieden oder zumindest in vielen Fällen die Zeiten, die für die Weiterleitung eines Vorgangs benötigt werden, erheblich verkürzt werden, so dass sich hierdurch teilweise völlig neue Ansatzpunkte für die Verbesserung der Geschäftsprozesse ergeben.

6.5 Kontrolle und Revision

6.5.1 Begriffsabgrenzungen und -erläuterungen

Im Hinblick auf die Zielerreichung ist es nicht damit getan, dass die Betriebsleitung plant und organisiert, sondern sie muss auch stets überprüfen, ob die betreffenden Handlungen tatsächlich ergriffen und der angestrebte Zustand eingetreten ist. Damit wird die letzte der drei Führungsfunktionen angesprochen, die **Überwachung.** Der Begriff »Überwachung« wird als Oberbegriff verwendet, dem man die in der Betriebswirtschaftslehre, aber auch in der Praxis bekannteren Begriffe »Kontrolle« und »Prüfung« unterordnet, wobei man den Begriff »Prüfung« auch durch den Begriff »Revision« ersetzen kann.

Kontrolle und Prüfung sind somit die beiden Bestandteile der Überwachung.

Zwischen ihnen bestehen unter anderem folgende Unterschiede:

- *Die Prüfung (Revision)*
– wird unregelmäßig vorgenommen,
– befasst sich mit abgeschlossenen Vorgängen,
– erstreckt sich auf einen betrieblichen Bereich als Ganzes und wird von speziellen Personen (Prüfern) durchgeführt, die in dem zu überwachenden Bereich selbst nicht tätig sind (Überwachung durch Außenstehende).

- *Die Kontrolle*
– erfolgt regelmäßig,
– befasst sich unter anderem auch mit laufenden Vorgängen,
– erstreckt sich auch auf einzelne Abläufe, Maßnahmen usw. und
– wird von Personen vorgenommen, die dem betreffenden betrieblichen Bereich
– zugeordnet sind (Überwachung durch Beteiligte) (vgl. Kuhn, S. 57).

In der älteren betriebswirtschaftlichen Literatur wird **Kontrolle** relativ eng **als Durchführung von Soll-Ist-Vergleichen** definiert. Es handelt sich bei ihr dann um die Gegenüberstellung von geplanten Größen, dem Soll, und den eingetretenen Größen, dem Ist.

In der modernen Betriebswirtschaftslehre wird in der Regel eine weitere Begriffsfassung für sinnvoll erachtet und

Kontrolle »als die Durchführung eines Vergleichs von Plan- und Realisationsgrößen unter Einschluss der Analyse der Abweichungsursachen« (vgl. Kuhn S. 55)

definiert.

Diese Begriffsfassung wird auch von uns übernommen. Eine noch weitere Definition, die auch Vorschläge für eventuelle Korrekturmaßnahmen sowie die Entscheidung über die Korrekturmaßnahmen umfasst, halten wir nicht für zweckmäßig. Ein solch extensiver Kontrollbegriff wäre mit dem Controlling-Begriff deckungsgleich (vgl. Kuhn. S. 55). **Uns erscheint es beim gegenwärtigen Stand der Betriebswirtschaftslehre angebracht, zwischen *Kontrolle* und *Controlling* zu unterscheiden.**

Wie wir bereits erwähnt haben, handelt es sich unserer Auffassung nach beim Controlling – anders als bei der Kontrolle – nicht um eine Managementfunktion, sondern um eine führungsunterstützende Funktion. Beide Funktionen stehen allerdings in einer engen Beziehung. Insofern hat Controlling im Gegensatz zu häufig geäußerten gegenteiligen Ansichten sehr viel mit Kontrolle zu tun. Bei der Betrachtung der Stabsfunktionen werden wir dies verdeutlichen.

In Verbindung mit der Erläuterung des Management-Kreises haben wir bereits darauf hingewiesen, dass die Führungsfunktionen »Planung, Organisation und Kontrolle« von uns zwar aus analytischen Gründen nacheinander besprochen werden, sie sich allerdings in der betrieblichen Praxis sowohl in inhaltlicher als auch in zeitlicher Hinsicht überlagern. So finden Kontrollvorgänge sowohl in Verbindung mit der Planung als auch in Verbindung mit der Organisation statt. Man muss beispielsweise schon während der Planung überprüfen, ob die Annahmen immer noch zutreffen, und auch bei der organisatorischen Gestaltung darauf achten, ob sich möglicherweise bestimmte Voraussetzungen, von denen man ursprünglich ausgegangen ist, verändert haben. Es werden somit auch Planung und Organisation kontrolliert, wie umgekehrt die Kontrolle geplant und organisiert werden muss.

Je nachdem, ob ein Verhalten, ein Verfahren oder ein Ergebnis Gegenstand des Soll-Ist-Vergleichs ist, wird zwischen **drei Arten der Kontrolle** unterschieden (vgl. Kuhn, S. 57):

- Die **verhaltensorientierte Kontrolle** ist auf den einzelnen Mitarbeiter bzw. die einzelne Mitarbeiterin ausgerichtet. Es werden unter anderem die Motivation, Loyalität und Kooperationsfähigkeit überprüft. Hierdurch soll die Einhaltung von Normen sichergestellt werden.

- Im Rahmen der **verfahrensorientierten Kontrolle** wird die Einhaltung formaler Regeln überprüft. Sie beschäftigt sich also mit der Frage, ob und inwieweit vorgegebene Handlungsrichtlinien, Rezepturen, Qualitätsstandards usw. beachtet werden. Insofern setzt die verfahrensorientierte Kontrolle das Vorhandensein eines durch Vorschriften festgelegten Verfahrens voraus; denn nur dann kann ermittelt werden, ob hiervon abgewichen wird bzw. wurde. Auch die verfahrensorientierte Kontrolle ist häufig auf die einzelnen Mitarbeiter bzw. Mitarbeiterinnen ausgerichtet. Es gibt in der betrieblichen Praxis zahlreiche Ansatzpunkte für verfahrensorientierte Kontrolle.

  Diese Form der Überwachung liegt beispielsweise dann vor, wenn Personen, die in bestimmten Arbeitsbereichen tätig sind, dahingehend überprüft werden, ob sie Unfallverhütungsvorschriften einhalten.

- Mittels der **ergebnisorientierten Kontrolle** wird im Gegensatz zur verhaltens- und verfahrensorientierten Kontrolle nicht überprüft, wie eine Person vorgegangen ist, sondern welches Resultat sie erreicht hat. Im Rahmen der ergebnisorientierten Kontrolle wird in anderen Worten das Ausmaß der Zielerreichung festgestellt, wobei im privatwirtschaftlichen Bereich eine starke Formalzielorientierung erkennbar ist, indem beispielsweise der Gewinn, die Absatzmenge oder die Kosten den Ausgangspunkt für bestimmte Soll-Ist-Vergleiche bzw. für Abweichungsanalysen bilden.

Betrachtet man die Verteilung der einzelnen Kontrollarten auf den verschiedenen Ebenen einer Organisation, so lässt sich die These aufstellen, dass die Bedeutung der ergebnisorientierten Kontrolle umso größer ist, je höher die einzelne Stelle in der Hierarchie eines Betriebes angesiedelt ist. Der Grund liegt darin, dass die Komplexität der Aufgabe zunimmt, so dass sich die kontrollierende Stelle immer weniger mit der Überprüfung einzelner Verhaltensweisen befassen kann und sich immer mehr mit der Überprüfung des Zielerreichungsgrades zufrieden geben muss. Umgekehrt ist die Bedeutung der verfahrensorientierten Kontrolle offensichtlich umso größer, je niedriger eine Stelle in der betrieblichen Hierarchie angesiedelt ist, da die Komplexität der Aufgabe abnimmt und man einzelne Verhaltensweisen erkennen und überprüfen kann. Allerdings können sich die einzelnen Kontrollarten nicht völlig ersetzen. So kann es sich beispielsweise keine privatwirtschaftliche Unternehmung leisten, eine Führungskraft allein anhand des erzielten Ergebnisses, das sicherlich in diesem Fall der wichtigste Kontrollmaßstab ist, zu bewerten, sondern man kommt nicht umhin zu überprüfen, ob das Verhalten der betreffenden Person den allgemein anerkannten Normen entspricht und ob die Regeln, die für das Unternehmen gelten, eingehalten werden, weil dem Unternehmen ansonsten beispielsweise durch den Verlust an Ansehen in der Öffentlichkeit oder durch staatliche Sanktionen erhebliche Nachteile drohen.

6.5.2 Kontrolle und Revision im Bereich der Kommunalverwaltung

Kontrolle und Revision sind im Bereich des kommunalen Verwaltungsbetriebs nicht völlig klar voneinander getrennt, teilweise überlagern sich die beiden Teile der Überwachung. Vereinfachend kann man aber folgende Zuordnung vornehmen, wobei wir uns speziell auf die Gemeindeordnung des Landes Nordrhein-Westfalen beziehen und in Klammern auf die entsprechenden Paragraphen verweisen.

Im Hinblick auf die **Kontrolle** des kommunalen Verwaltungshandelns gilt:

a) Aufgrund des öffentlichen Dienstrechts gehört sie zum **Inhalt einer jeden Stelle,** und zwar in Form der **Selbstkontrolle.**
b) **Bei Führungsstellen** sind darüber hinaus weitere **Kontrollaufgaben** zu berücksichtigen, **die sich auf die nachgeordneten Stellen** erstrecken.
c) Der **Verwaltungsspitze,** also in der Regel **dem Bürgermeister bzw. der Bürgermeisterin,** kommt dabei eine besonders weitreichende Kontrollkompetenz zu. Sie ist letztlich für die Kontrolle aller anderen Stellen der Kommunalverwaltung zuständig, indem sie den Geschäftsgang der gesamten Verwaltung zu beaufsichtigen hat (vgl. § 62 [1] GO NRW).
d) Noch umfassender ist die **Kontrollkompetenz des Rates,** der den Ablauf der Verwaltungsangelegenheiten überwacht (vgl. § 55 [3] GO NRW). Hierzu gehört auch die Kontrolle bestimmter Tätigkeiten des Bürgermeisters (vgl. § 62 [2] GO NRW).

Die **Prüfung (Revision)** ist in den Gemeinden durch das Prüfungsrecht geregelt (vgl. Brinkmeier, Band 3). Demnach ist zwischen der örtlichen und überörtlichen Rechnungsprüfung zu unterscheiden. Bezüglich des Begriffs Prüfung ist darauf zu achten, dass er, wie auch der Management-Begriff, in zweierlei Hinsicht Anwendung findet: Einerseits wird mit Prüfung die betreffende Funktion bezeichnet, andererseits verwendet man den Begriff aber auch für die Träger dieser Aufgabe, also beispielsweise für die betreffende Organisationseinheit. Erst im Zusammenhang wird deutlich, welche Begriffsfassung jeweils gemeint ist.

Für die **örtliche Rechnungsprüfung** der Kommunalverwaltung gilt Folgendes:

a) Für sie ist zunächst einmal der **Rat** zuständig, wobei allerdings zur Wahrnehmung der Prüfungsaufgaben ein spezieller Ratsausschuss, der Rechnungsprüfungsausschuss, zu bilden ist (§ 57 [2] GO NRW).

b) Der **Rechnungsprüfungsausschuss** prüft, falls noch kameralistisch gebucht wird, die Jahresrechnung der Gemeinde. Im NKF prüft er Jahresabschluss und den Gesamtabschluss der Gemeinde (§ 59 [3] GO NRW).

c) Bei der Wahrnehmung dieser Aufgaben bedient sich der Rechnungsprüfungsausschuss der **örtlichen Rechnungsprüfung** (vgl. § 59 GO NRW). Hierbei handelt es sich um eine Organisationseinheit, die in anderen Bundesländern als **Rechnungsprüfungsamt** bezeichnet wird (vgl. beispielsweise NGO § 117). Auch in Nordrhein-Westfalen ist die Bezeichnung »Rechnungsprüfungsamt« durchaus noch üblich. Kreisfreie Städte sowie große und mittlere kreisangehörige Städte bzw. große selbstständige Städte und Gemeinden müssen eine solche Organisationseinheit einrichten, und die übrigen Gemeinden können sie bei Bedarf bilden (vgl. § 102 GO NRW; 117 NGO). Für kreisangehörige Gemeinden kann bzw. muss die **örtliche Rechnungsprüfung des Kreises** die Aufgaben der örtlichen Rechnungsprüfung der Gemeinde wahrnehmen (vgl. § 102 [2] GO NRW bzw. § 120 [2] NGO). In Nordrhein-Westfalen können die betreffenden Prüfungsaufgaben auch auf **Dritte** übertragen werden (vgl. § 59 GO NRW und § 103 [5] GO NRW).

d) Die **örtliche Rechnungsprüfung** hat in Nordrhein-Westfalen unter anderem **folgende Aufgaben** zu erfüllen (vgl. §103 GO NRW):
   - die Prüfung des Jahresabschlusses der Gemeinde,
   - die Prüfung der Jahresabschlüsse eines Teils der Sondervermögen,
   - die Prüfung des Gesamtabschlusses,
   - die laufende Prüfung der Vorgänge in der Finanzbuchhaltung,
   - die laufende Überwachung der Zahlungsabwicklung,
   - die Prüfung der eingesetzten EDV-Programme für die Finanzbuchhaltung und
   - die Prüfung von Vergabe.
   - Der Rat kann der örtlichen Rechnungsprüfung weitere Aufgaben übertragen, beispielsweise die Prüfung der Verwaltung auf Zweckmäßigkeit und Wirtschaftlichkeit.

   Nach § 119 [1] NGO obliegen dem **Rechnungsprüfungsamt** in Niedersachsen unter anderem folgende **Aufgaben:**
   - die Prüfung des Jahresabschlusses,
   - die laufende Prüfung der Kassenvorgänge,
   - die dauernde Überwachung der Kasse der Gemeinde und ihrer Eigenbetriebe und
   - die Prüfung von Vergaben vor Auftragserteilung.

Wie bereits erwähnt, gibt es neben dieser örtlichen Prüfung, die man auch als interne Revision bezeichnen könnte, für die Kommunalverwaltungen noch die **überörtliche (externe) Prüfung.** In Nordrhein-Westfalen ist die überörtliche Prüfung als Teil der allgemeinen Aufsicht des Landes über die Gemeinden **Aufgabe der Gemeindeprüfungsanstalt** (vgl. § 105 GO NRW). Die überörtliche Prüfung erstreckt sich unter anderem darauf, ob
- bei der Haushaltswirtschaft der Gemeinde die Gesetze eingehalten worden sind,
- die Buchführung und Zahlungsabwicklung ordnungsgemäß durchgeführt worden sind,
- die Gemeinde sachgerecht und wirtschaftlich verwaltet wird.

In Niedersachsen ist die überörtliche Prüfung durch ein Spezialgesetz geregelt (vgl. NGO § 121).

Alles in allem wird deutlich, dass für die Überwachung des kommunalen Verwaltungsbetriebs zahlreiche rechtliche Besonderheiten gelten, wobei die Betrachtung der Vorschriften die Vermutung nahelegt, dass der Prüfung, also der Überwachung durch Außenstehende, eine größere Bedeutung beigemessen wird als der Kontrolle, also der Überwachung durch Beteiligte, und dass deshalb in den Kommunalverwaltungen die Kontrollen möglicherweise unzureichend bzw. unzulänglich ausfallen.

Die dem Entwurf »Neuer Steuerungsmodelle« für die Kommunalverwaltung vorausgehende Kritik, dass es sich bei der traditionellen Steuerung um ein »System organisierter Unverantwortlichkeit« (vgl. Banner, S. 6) handele, deutet auf diese möglichen Kontrolldefizite ebenfalls hin. So wird behauptet, dass ein Amtsleiter in der Regel an Ressourcenumschichtungen und damit an möglichen Einsparungen in bestimmten Arbeitsbereichen nicht interessiert sei. Stattdessen würden bei neuen Aufgabenstellungen einfach zusätzlich Mittel angefordert, ohne zuvor zu überprüfen, ob nicht ein unnötiger Ressourcenverbrauch abgebaut und die eingesparten Mittel für die Erfüllung anderer Aufgaben eingesetzt werden könnten. Insofern sei dann Verschwendung an der Tagesordnung, ohne dass ein Kontrollmechanismus dies sichtbar mache. Bisher fehlt allerdings eine empirische Überprüfung dieser These.

Dass die Kontrolle in kommunalen Verwaltungsbetrieben möglicherweise größere Probleme aufwirft als in einem privatwirtschaftlichen Unternehmen, lässt sich unter anderem aufgrund der unterschiedlichen Zielsetzungen und der daraus resultierenden Messungsprobleme vermuten.

Im Bereich der Privatwirtschaft ist der Gewinn die entscheidende Größe, mit der kontrolliert wird bzw. von der auch die Beurteilungskriterien für solche Personen abgeleitet werden, die nicht unmittelbar anhand des Gewinnbeitrags bewertet werden können. Im Bereich der Kommunalverwaltung fehlt es auch nach Einführung des NKF an einer solchen eindimensionalen Zielsetzung und Bewertungsgrundlage. Die oberste Zielsetzung des modernen kommunalen Verwaltungsbetriebs beinhaltet, wie wir bereits dargelegt haben, die wirtschaftliche, das Reinvermögen erhaltende, die Zahlungsfähigkeit sichernde, rechtmäßige, bürgernahe, nachhaltige, intergenerativ gerechte und die Belange der Beschäftigten beachtende Erfüllung bestimmter öffentlicher Aufgaben. Diese Zielsetzung ist mehrdimensional und wird noch zusätzlich dadurch belastet, dass einzelne Zielbestandteile nicht klar zu charakterisieren sind. Die gilt beispielsweise für das Ziel »Bürgernähe«. Dadurch werden Soll-Ist-Vergleiche erschwert, können Abweichungen oft nur schlecht ermittelt werden und ist darüber hinaus die Aussagekraft festgestellter Abweichungen möglicherweise gering.

Letzteres gilt besonders dann, wenn die Abweichungen bezüglich der einzelnen Kriterien auch noch gegenläufig ausfallen, also beispielsweise ein Ausmaß an Bürgernähe erreicht wird, das über der angestrebten Zielsetzung liegt, und auf der anderen Seite die geplanten Kosten deutlich überschritten werden.

Im Rahmen des »Neuen Steuerungsmodells« bemüht man sich offensichtlich, diesen Problemen zu begegnen. Einerseits wird angestrebt, durch Zielvereinbarungen eine möglichst klare Basis für die Kontrolle zu schaffen (vgl. in diesem Zusammenhang auch §12 GemHVO NRW »Ziele, Kennzahlen zur Zielerreichung«). Andererseits versucht man die Motivation zur Selbstkontrolle dadurch zu verstärken, dass die betreffenden Personen an den positiven Auswirkungen der Kontrolle beteiligt werden. Letzteres geschieht beispielsweise dadurch, dass man die Spiel- bzw. Gestaltungsräume der Beschäftigten ausweitet und ihnen gestattet, nicht verbrauchte Mittel für andere Zwekke, was haushaltsrechtlich als »**Deckungsfähigkeit**« bezeichnet wird, oder in zukünftigen Perioden einzusetzen, wofür man haushaltsrechtlich die Bezeichnung »**Übertragbarkeit**« verwendet. Letztlich läuft eine solche **flexible Haushaltswirtschaft** auf die **Bildung von Budgets** hinaus (vgl. § 21 GemHVO NRW). Eine weitere Möglichkeit besteht darin, die wirtschaftliche Aufgabenerfüllung mittels Leistungszulagen oder Leistungsprämien zu honorieren.

7 Die Stabsfunktionen

7.1 Überblick über die Stabsfunktionen

In Verbindung mit der Erläuterung des betrieblichen Geschehens haben wir bereits kurz auf die **führungsunterstützenden Funktionen, die Stabsfunktionen,** hingewiesen, die im Bereich der Privatwirtschaft auch als Hilfsfunktionen der Unternehmensleitung bezeichnet werden (vgl. Busse v. Colbe/Laßmann, S. 19). Diese Funktionen müssen in einem Betrieb erfüllt werden, damit die Managementfunktionen wahrgenommen werden können, d.h. damit ein Betrieb überhaupt gesteuert werden kann. In erster Linie geht es darum, die Betriebsleitung rechtzeitig mit dem Wissen zu versorgen, das sie benötigt, um die betrieblichen Abläufe, also besonders die Beschaffung, die Produktion, den Absatz und die Finanzierung, so zu gestalten, dass die Ziele erreicht werden.

Dieses zweckbezogene, entscheidungsrelevante Wissen wird als Information bezeichnet.

Traditionell wird in den Betrieben ein Großteil der Informationsversorgung vom **Rechnungswesen** wahrgenommen, das man auch heute noch als das Herzstück der Stabsfunktionen bezeichnen kann. Es bildet mehr oder weniger die Grundlage für die Entwicklung der anderen Stabsfunktion.

Das Rechnungswesen hat die Aufgabe, der Betriebsleitung **Informationen primär in Form von Zahlen** zur Verfügung zu stellen.

Selbstverständlich könnte man das Management über das, was mit und in einem Betrieb passiert, auch anders unterrichten, beispielsweise in Form verbaler Ausführungen. Wenn man jedoch bedenkt, wie viele Tätigkeiten das betriebliche Geschehen in einem bestimmten Zeitraum bestimmen, wird deutlich, wie umfangreich solche verbalen Beschreibungen selbst bei kleinen Betrieben wären. Angesichts der Vielschichtigkeit und Komplexität der für einen Betrieb typischen Abläufe sind Vereinfachungen erforderlich, so dass die Betriebsleitung nicht in einer Fülle von Informationen versinkt, sondern einen Überblick über das betriebliche Geschehen erhält. Durch die zahlenmäßige Abbildung wird eine solche notwendige Vereinfachung vorgenommen und das Management damit in die Lage versetzt, den Betrieb im Hinblick auf die Zielsetzung gestalten zu können. Indem das Rechnungswesen diese Voraussetzungen für die Steuerung der Betriebsabläufe schafft, wird sein führungsunterstützender Charakter deutlich.

Nicht jede zahlenmäßige Erfassung wird jedoch dem Rechnungswesen zugeordnet. Es geht bei den für das Rechnungswesen relevanten Daten letztlich um Wertgrößen (vgl.

Chmielewicz, Betriebliches Rechnungswesen 1, S. 13), also um Zahlen, die in einer Währung, z. B. in EURO, zum Ausdruck gebracht werden.

Das Rechnungswesen können wir somit als wertmäßige Abbildung des betrieblichen Geschehens definieren *(vgl. Schuster/Steffen, S. 6).*

Mit Recht weist Chmielewicz darauf hin, dass die wertmäßige Abbildung des betrieblichen Geschehens nur Mittel zum Zweck und die Wertlenkung der Güter der eigentliche Zweck des Rechnungswesens ist. Folglich kann das Rechnungswesen – etwas genauer – auch »als Instrument zur quantitativen wertmäßigen Abbildung von Wirtschaftsgütern zum Zwecke der Wertlenkung von Güterbeständen und -bewegungen definiert werden« (vgl. Chmielewicz, Betriebliches Rechnungswesen 1, S. 13).

Neben dem Rechnungswesen liefert auch die **Statistik** Informationen, die für die Leitung eines Betriebes von Bedeutung sind. Insofern handelt es sich auch bei der Statistik um eine führungsunterstützende Funktion, d.h. um eine Stabsfunktion.

Man kann nun darüber streiten, ob man die Statistik als eigenständige Stabsfunktion betrachten oder, wie dies in zahlreichen anerkannten Lehrbüchern zur Betriebswirtschaftslehre geschieht (vgl. beispielsweise Engelhardt/Raffée), dem Rechnungswesen zuordnen will. Bei der von uns gewählten Definition des Rechnungswesens handelt es sich bei der Statistik um ein eigenständiges Fach, bei dem es nicht nur um die Erfassung und Aufbereitung von Wertgrößen, sondern auch um Mengengrößen geht. So erfasst beispielsweise die Lagerhaltungsstatistik die Mengen, die zugegangen, verbraucht worden und noch vorhanden sind. Die Statistik ist dann dem Rechnungswesen vorgelagert. Andererseits kann die Statistik auch dazu beitragen, die Zahlen des Rechnungswesens im Hinblick auf eine gesonderte Aussagekraft aufzubereiten. Man denke in diesem Zusammenhang beispielsweise an die Umsatzstatistik. Schließlich werden von der Statistik auch Daten verarbeitet, die nicht dem eigenen betrieblichen Rechnungswesen entstammen. So beispielsweise bei eventuellen Betriebsvergleichen. Das Gleiche gilt, wenn volkswirtschaftliche Daten in die Entscheidung einbezogen werden müssen. Alles in allem vermag also die Statistik auch Informationen zu liefern, die nicht oder nicht ohne weiteres vom Rechnungswesen zur Verfügung gestellt werden bzw. auch nicht in das Rechnungswesen einfließen.

Auch in der computergestützten **Informationswirtschaft** wird zunehmend eine eigenständige Stabsfunktion gesehen, wobei der führungsunterstützende Beitrag in erster Linie nicht darin besteht, völlig neue Informationsinhalte zu vermitteln, sondern

- die Daten für das Rechnungswesen und die Statistik möglichst umfassend, schnell und fehlerfrei zu beschaffen,
- die Daten des Rechnungswesens und der Statistik ebenfalls schnell und fehlerfrei zu verarbeiten sowie

- diese Informationen – besonders aufbereitet – an die Betriebsleitung heranzutragen, damit das Management die notwendigen Entscheidungen so treffen kann, dass die Ziele erreicht werden (vgl. Erichson/Hammann, S. 195).

Schließlich ist noch eine Stabsfunktion zu erwähnen, die sich erst in der jüngeren Vergangenheit entwickelt hat. Es handelt sich dabei um das **Controlling.** Dessen führungsunterstützender Beitrag, worauf wir bereits hingewiesen haben, unter anderem darin besteht, Planung und Kontrolle stärker miteinander zu verbinden, so dass man bei Datenänderungen die Planung umgehend korrigieren kann. Weiterhin wird mit dem Controlling versucht, das Rechnungswesen wieder stärker an die Führungsebene anzubinden, damit die betrieblichen Entscheidungsträger möglichst rasch und umfassend über die steuerungsrelevanten Daten verfügen. Insofern koordiniert das Controlling besonders die Funktionen Planung, Kontrolle und Rechnungswesen, wobei dann auch die EDV eine entscheidende Rolle spielt.

Nachfolgend werden wir das Rechnungswesen und das Controlling noch etwas eingehender betrachten.

7.2 Das Rechnungswesen

7.2.1 Die Gliederung des Rechnungswesens

Es lassen sich grundsätzlich **drei Zweige des Rechnungswesens** unterscheiden (vgl. Schuster/Steffen, S. 6), und zwar

a) die Buchhaltung im engeren Sinn (die pagatorische Rechnung),

b) die Kosten- und Leistungsrechnung (kalkulatorische Rechnung) und

c) die einzelfallbezogenen Rechnungen.

Diese Grundeinteilung gilt für sämtliche Betriebe, und insofern kann man sowohl das kaufmännische Rechnungswesen, d.h. das Rechnungswesen der Unternehmen, als auch das öffentliche Rechnungswesen mit dieser Systematik erfassen. In der Literatur finden sich zahlreiche andere Einteilungsversuche. Besonders bekannt die Zweiteilung in **externes Rechnungswesen** und **internes Rechnungswesen** (vgl. beispielsweise Wöhe, S. 810). Dabei umfasst das externe Rechnungswesen, in etwa den Teil des Rechnungswesens, den wir als pagatorische Rechnung bezeichnen, und das interne Rechnungswesen in etwa die kalkulatorische Rechnung und die einzelfallbezogenen Rechnungen.

7.2.2 Die Zielsetzung und Grundstruktur der pagatorischen Rechnung

Die **Buchhaltung im engeren Sinne** ist darauf ausgerichtet, all die Transaktionen abzubilden, die der Betrieb mit Außenstehenden, d.h. mit anderen Betrieben, tätigt. Da im modernen Wirtschaftsleben solche Transaktionen in der Regel mit Geld abgewickelt werden, spricht man in diesem Zusammenhang auch von der **pagatorischen Rechnung** (vgl. Schweitzer/Küpper/Hettich, S. 86), wobei dieser Begriff vom lateinischen Verb pagare (zahlen) abgeleitet wird.

> ***Bei der Buchhaltung im engeren Sinn handelt es sich folglich um einen Bereich des Rechnungswesens, der von Zahlungsvorgängen ausgeht und den man demzufolge auch als pagatorische Rechnung bezeichnen kann.***

Das muss allerdings nicht bedeuten, dass nur die Zahlungsvorgänge gebucht werden, sondern es können eventuell auch andere Größen buchhalterisch erfasst werden, wenn sie mit Zahlungen direkt oder indirekt in Verbindung stehen.

Im Bereich der Unternehmen hat sich ein anderes System der Buchhaltung durchgesetzt als im Bereich der öffentlichen Verwaltung: Während für die Unternehmen die **doppelte kaufmännische Buchführung,** die auch in einzelnen Schriften kurz **doppelte Buchhaltung** oder **Doppik** genannt wird (vgl. beispielsweise Engelhardt/Raffée, S. 17), vorgeschrieben ist, wurde in den öffentlichen Verwaltungsbetrieben bisher in der Regel die **Verwaltungskameralistik** angewendet (vgl. Schuster/Steffen, S. 7), die gegenwärtig zunehmend vom NKF bzw. NKR abgelöst wird. Es handelt sich dabei um eine spezielle für öffentliche Verwaltungsbetriebe entwickelte Variante der doppelten Buchführung, die wir kurz als **NKF-Doppik** oder **Doppik im NKF** bezeichnen, um klar herauszustellen, dass es sich dabei nicht um die traditionelle kaufmännische Buchführung handelt.

> ***Dass sich mit der doppelten kaufmännischen Buchführung bzw. mit der verwaltungskameralistischen Buchführung in den Unternehmen ein anderes Buchhaltungssystem durchgesetzt hat als im Bereich der öffentlichen Verwaltung, hat seinen Grund in den, wie wir bereits gezeigt haben, unterschiedlichen Zielsetzungen der beiden Betriebstypen. Im Rahmen der aktuellen Veränderung des kommunalen Haushaltsrechts hat zwar der kommunale Verwaltungsbetrieb eine neue Zielsetzung bekommen, aber auch diese unterscheidet sich von der einer privatwirtschaftlichen Unternehmung. Infolgedessen konnte man die kaufmännische doppelte Buchführung im Bereich der öffentlichen Verwaltung nicht einfach übernehmen, sondern musste man ein spezielles Buchhaltungssystem, die NKF-Doppik, entwickeln.***

Unabhängig vom konkreten Inhalt der drei Buchhaltungssysteme ist die Grundstruktur gleich:

- Zunächst werden **für einen bestimmten zukünftigen Zeitraum, z.B. für ein Jahr,** die Zahlungen bzw. die mit ihnen in Verbindung stehenden Größen **geplant** – *so wird beispielsweise für einen traditionellen kommunalen Verwaltungsbetrieb der traditionelle Haushaltsplan bzw. für den modernen kommunalen Verwaltungsbetrieb der doppische Haushaltsplan aufgestellt und werden für eine privatwirtschaftliche Unternehmung eine Erfolgs- und eine Finanzplanung vorgenommen.*
- Anschließend werden alle tatsächlichen Transaktionen (Geschäfte), die in dem betreffenden Zeitraum anfallen, **laufend gebucht,** also z.B. alle Verkäufe, alle Käufe, alle Kreditaufnahmen und alle Tilgungen.
- **Am Ende des betreffenden Geschäftsjahres** werden dann die Zahlen **systematisch zusammengefasst** und gegebenenfalls mit den geplanten Daten konfrontiert. Bei einem Unternehmen spricht man in diesem Zusammenhang vom Jahresabschluss, der aus einer Bilanz und Gewinn- und Verlustrechnung besteht. Bei der traditionellen Kommunalverwaltung handelt es sich um die Jahresrechnung und beim modernen kommunalen Verwaltungsbetrieb wählt man, wie im privatwirtschaftlichen Bereich, die Bezeichnung »Jahresabschluss«. Dieser weist allerdings gegenüber dem Jahresabschluss der privatwirtschaftlichen Unternehmung einige Besonderheiten auf. So ist beispielsweise neben der Bilanz und der Ergebnisrechnung, die mit der kaufmännischen Gewinn- und Verlustrechnung vergleichbar ist, eine Finanzrechnung zu erstellen. Weiterhin erfolgt, anders als im kaufmännischen Bereich, eine Konfrontation mit der Planung und schließlich sind, ebenfalls abweichend vom kaufmännischen Jahresabschluss für die einzelnen Produktbereiche, Teilrechnungen aufzustellen (vgl. § 37 GemHVO NRW).

7.2.3 Unterschiede zwischen der doppelten kaufmännischen Buchführung und der Verwaltungskameralistik

Trotz der soeben erläuterten Gemeinsamkeit unterscheiden sich die doppelte kaufmännische Buchführung und die Verwaltungskameralistik erheblich (vgl. Schuster, Doppelte Buchführung, S. 8), und zwar sowohl bezüglich der Technik als auch bezüglich der Datenaufbereitung sowie der damit verbundenen Aussagekraft:

Was die **Buchungstechnik** anbelangt, so wird zwar sowohl bei der Kameralistik als auch bei der kaufmännischen Buchführung ein Geschäftsvorfall mehrfach, d.h. auf mehreren Konten, erfasst, bei der kaufmännischen Buchführung werden jedoch in der Regel zwei inhaltlich unterschiedliche Konten berührt und darüber hinaus auf zwei verschiedenen Seiten. Es wird einmal im Soll, also auf der linken Seite des einen Kontos, und einmal im Haben, d.h. auf der rechten Seite des anderen Kontos, gebucht. Deshalb bezeichnet man die kaufmännische Buchführung auch, wie oben bereits gesagt, als doppelte Buchhaltung.

Wichtiger als die verschiedenen Buchungstechniken sind allerdings die **Unterschiede, welche die Datenaufbereitung und damit den Inhalt betreffen** und die daraus resultieren, dass man mit beiden Rechenwerken unterschiedliche Ziele verfolgt.

Bei einem privatwirtschaftlichen Unternehmen geht es, worauf wir bereits hingewiesen haben, letztlich **darum, Gewinne zu erzielen.** Es soll das Reinvermögen – vereinfacht ausgedrückt –, die Differenz zwischen Vermögen und Schulden, größer werden. Nur dann können den Eigentümern die angestrebten Gewinneinkommen zufließen. Es reicht allerdings nicht aus, dass Gewinne entstehen, sondern ein privatwirtschaftliches Unternehmen muss zusätzlich permanent zahlungsfähig sein. Bei Illiquidität ist es in seiner Existenz bedroht. **Insofern ist neben dem Gewinnziel auch das Liquiditätsziel zu beachten.**

Die doppelte kaufmännische Buchführung trägt dieser »doppelten« Zielsetzung Rechnung. Sie erfasst neben Einzahlungen und Auszahlungen auch Aufwand und Ertrag sowie Vermögen und Schulden. Es sind somit drei Zweige der doppelten Buchführung im engeren Sinn, die auch als Finanz- oder Geschäftsbuchhaltung bezeichnet wird, zu unterscheiden, und zwar werden

- Einzahlungen und Auszahlungen,
- Vermögen und Schulden und
- Aufwand und Ertrag

gebucht.

Am Jahresende werden allerdings nur zwei Rechnungen erstellt, die Bilanz, bei der es sich, vereinfacht ausgedrückt, um eine Vermögens-Schulden-Rechnung handelt, und die (pagatorische) Erfolgsrechnung, die gemeinhin als Gewinn-und-Verlust-Rechnung (G.-u.-V.-Rechnung) bekannt ist. Einzahlungen und Auszahlungen werden nicht in einer detaillierten Finanzrechnung erfasst, sondern auf den Konten »Bank« und »Kasse«, bei denen es sich um zwei Vorkonten zur Bilanz handelt. Letztlich werden in der Doppik der pagatorische Erfolg (Gewinn bzw. Verlust) und der Liquiditätssaldo am Jahresende ausgewiesen.

Im Gegensatz zur Doppik erfasst die **Verwaltungskameralistik** nur **Ausgaben** und **Einnahmen.** Auf die Ableitung von Aufwand und Ertrag wird verzichtet. Vermögen und Schulden werden, wenn überhaupt, losgelöst vom Zahlungsvorgang ermittelt. Andererseits erfolgt eine **Trennung von Soll- und Ist-Zahlungen,** die das kaufmännische Rechnungswesen nicht kennt. Es werden nicht nur die tatsächlich geleisteten Geldbewegungen, sondern auch die lediglich verwaltungsintern angeordneten Zahlungsvorgänge gebucht. Damit kann die Kameralistik einerseits nur finanzwirtschaftliche oder liquiditätsorientierte Informationen liefern. Aussagen über den (pagatorischen) Erfolg, d. h. über Gewinn und Verlust, sind nicht möglich. Andererseits ermöglicht die Trennung von Soll- und Ist-Zahlungen allerdings eine detaillierte Kontrolle der Zahlungsströme. Die kameralistische Buchführung dient damit besonders den für eine Kommunalverwaltung bedeutsamen Zielen Haushaltsausgleich und Rechtmäßigkeit des Verwaltungshandelns.

Auf den ersten Blick scheint die doppelte Buchführung der Kameralistik sowohl technisch als auch inhaltlich überlegen zu sein. Eine Bewertung kann jedoch letztlich immer nur im Hinblick auf die jeweilige Zielsetzung des betreffenden Betriebs erfolgen.

7.2.4 Die NKF-Doppik (das Drei-Komponenten-System)

Bereits **Klaus Chmielewicz** hat in seiner 1973 erschienenen Schrift »Betriebliches Rechnungswesen 1« überzeugend dargestellt (vgl. S. 21), wie man die traditionelle kaufmännische Buchführung zu einem **Drei-Komponenten-Rechnungssystem** ausbauen kann, in dem die Erfassung der Einzahlungen und Auszahlungen in einem eigenen Zweig der Buchhaltung erfolgt. **Klaus Lüder** hat in seiner Schrift »Konzeptionelle Grundlagen des Neuen Kommunalen Rechnungswesens« eine Weiterentwicklung dieses Ansatzes vorgenommen, der auch als »Speyerer Verfahren« Bekanntheit erlangt hat. Nachfolgend vermitteln wir einen kurzen Überblick über diese neue Buchführungsvariante (*vgl. Abbildung 22*).

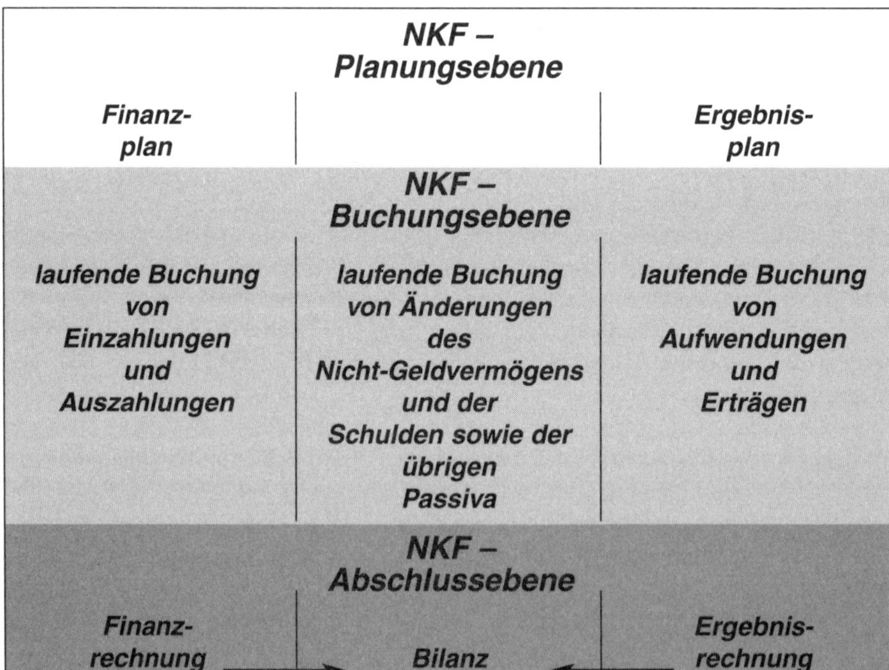

Abbildung 22: Überblick über das Neue Kommunale Finanzmanagement (NKF)
(vgl. Schuster, Doppelte Buchführung für Städte, Kreise und Gemeinden, S. 222)

Wie die ***Abbildung 22*** zeigt, ist es sinnvoll, zwischen der Planungsebene, Buchungsebene und der Abschlussebene zu unterscheiden.

Im Einzelnen besteht folgender Zusammenhang: Zunächst werden Einzahlungen und Auszahlungen geplant und im Finanzplan zusammengestellt. Weiterhin plant man mit Aufwand und Ertrag, wobei man im NKF allerdings stattdessen von Aufwendungen und Erträgen spricht, die im Ergebnisplan zusammengestellt werden. Auf der Basis der Plandaten werden dann diese Größen laufend gebucht. Hinzu kommt die Buchung der Veränderung des Nicht-Geldvermögens und der Schulden, wobei mit dem Begriff Nicht-Geldvermögen das Vermögen gemeint ist, bei dem es sich nicht um Geld handelt. Am Jahresende werden die Konten zur Finanzrechnung hin abgeschlossen, auf denen Einzahlungen und Auszahlungen gebucht worden sind. Die Konten, auf denen Aufwendungen und Erträge gebucht worden sind, werden zur Ergebnisrechnung hin abgeschlossen. Die Bilanz nimmt zunächst die Endbestände des Nicht-Geldvermögens und der Schulden sowie der anderen Passiva auf. Anschließend wird noch der in der Finanzrechnung ermittelte Zahlungsmittelendbestand in die Bilanz eingestellt und wird aus der Ergebnisrechnung das Jahresergebnis in die Bilanz übernommen.

Es wird deutlich, dass dieses neue Rechnungswesen der Gemeinden auf die neue Zielsetzung der Gemeinden zugeschnitten ist. Es kann das Jahresergebnis ermittelt werden, was im Hinblick auf den »neuen« Haushaltsausgleich notwendig ist, und mit Hilfe der Finanzrechnung kann ein Beitrag zur Liquiditätssicherung geleistet werden. Anders als im kaufmännischen Rechnungswesen beinhaltet der Jahresabschluss im NKF einen Vergleich mit den Planungsdaten, so dass auch die Einhaltung des Haushaltsplanes überprüft werden kann. Durch die zu erstellenden Teilrechnungen können weiterhin die Beiträge, die die einzelnen Produktbereiche im Hinblick auf Jahresergebnis erbracht haben, ermittelt und dargestellt werden.

Unabhängig von unterschiedlichen Vor- und Nachteilen der drei Buchhaltungssysteme ist zu beachten, dass **die traditionelle kaufmännische Buchführung, die Verwaltungskameralistik und die Doppik im NKF eine gemeinsame Schwäche** haben. Über die Wirtschaftlichkeit eines Betriebs vermögen sie nicht oder zumindest nicht hinreichend zu informieren.

7.2.5 Die Zielsetzung der Kosten- und Leistungsrechnung

Traditionelles Instrument zur Wirtschaftlichkeitskontrolle und Wirtschaftlichkeitssteuerung ist in der Privatwirtschaft die Kosten- und Leistungsrechnung, wobei hier allerdings häufig von der Kosten- und Erlösrechnung gesprochen wird.

Sie soll unter anderem Auskunft darüber geben, ob der sachzielbezogene bewertete Güterverzehr, d.h. die Kosten, in einem sinnvollen Verhältnis zur sachzielbezogenen bewerteten Güterentstehung, d.h. zur Leistung, steht. **Zu diesem Zweck wird eine andere Sichtweise als bei der Buchhaltung eingenommen. Man betrachtet jetzt nicht die Außenbeziehungen, sondern man versucht, in den Betrieb hineinzuschauen.** Es wird unter anderem angestrebt, den Ressourcenverbrauch vollständig zu erfassen und hinreichend zu bewerten sowie Zufälligkeiten auszuschalten.

So gehört beispielsweise der durch ein Jahrhunderthochwasser hervorgerufene Güterverbrauch nicht in die Kostenrechnung. Auf der anderen Seite werden Zinskosten für das eingesetzte Eigenkapital angesetzt, obwohl es keine Zinszahlungen gegeben hat.

Die Beispiele zeigen, dass die Kosten- und Leistungsrechnung etwas ganz anderes ist als die Buchhaltung. In dem bekannten Standardwerk von Werner Engelhardt und Hans Raffée »Grundzüge der doppelten Buchhaltung« (vgl. S. 13) wird daher gleich am Anfang auch ausdrücklich darauf hingewiesen, dass »... bei beiden Zweigen des Rechnungswesens teilweise völlig verschiedenes Zahlenmaterial verarbeitet wird«.

Da in der Kosten- und Leistungsrechnung die Größen oft rein rechnerisch ermittelt werden und man sich auch teilweise vom Zahlungsvorgang lösen muss, spricht man in diesem Zusammenhang auch von der **kalkulatorischen Rechnung** (vgl. Chmielewicz, Betriebliches Rechnungswesen 2, S. 29) und setzt damit diesen Zweig des Rechnungswesens auch sprachlich klar von der pagatorischen Rechnung, d.h. der Buchhaltung, ab.

Nun bestehen selbstverständlich in vielen Fällen enge Beziehungen zwischen Ausgaben bzw. Auszahlungen und den Kosten sowie Einnahmen bzw. Einzahlungen und der Leistung. Folglich liegt der Versuch nahe, die Buchhaltung mit der Kosten- und Leistungsrechnung zu verbinden. Das gilt für die kaufmännische wie die kameralistische Buchhaltung gleichermaßen.

- **Im Bereich des kaufmännischen Rechnungswesens** gibt es das so genannte »Einkreissystem«, bei dem das methodische Instrumentarium der Doppik auch bei der Kosten- und Leistungsermittlung beibehalten wird. Etwas irreführend spricht man in diesem Zusammenhang auch von der **»Betriebsbuchhaltung«** (vgl. Chmielewicz, Betriebliches Rechnungswesen 2, S. 27). Wegen der oben genannten Erfassungs- und Bewertungsunterschiede hat man hiervon jedoch überwiegend Abstand genommen, so dass heute in der Regel eine von der Finanzbuchhaltung (Doppik) weitgehend losgelöste Kosten- und Leistungsrechnung praktiziert wird (vgl. Hummel/Männel, S. 202).
- **Im Bereich der Kameralistik** liegt mit der so genannten **Erweiterten Kameralistik** (vgl. Schuster/Steffen, S. 99) ein einfaches System vor, das es erlaubt, den in Verbindung mit Ausgaben stehenden Teil der Kosten zu ermitteln, wobei allerdings drei Arten von Nebenrechnungen erforderlich sind, und zwar die Lagerrechnung, die Anlagenrechnung und die sonstige Abgrenzungsrechnung, um beispielsweise die Materialkos-

ten, die kalkulatorischen Abschreibungen, die kalkulatorischen Zinsen und andere Kosten, die von Ausgaben abweichen, zu ermitteln.
- **Im NKF** spielt die Kosten- und Leistungsrechnung ebenfalls eine große Rolle. Ihre Ausgestaltung wird jedoch weitgehend der einzelnen Gemeinde überlassen (vgl. beispielsweise § 18 GemHVO NRW). Es ist zu erwarten, dass sich hier die gleiche Vorgehensweise wie im Bereich der privatwirtschaftlichen Unternehmen durchsetzen wird.

7.2.6 Überblick über die Systeme der Kosten- und Leistungsrechnung

Die grundsätzlichen Gestaltungsformen der Kosten- und Leistungsrechnung, d.h. **die Systeme der Kosten- und Leistungsrechnung** (vgl. Schuster, Kommunale Kosten- und Leistungsrechnung, S. 80), **lassen sich** besonders **in dreierlei Hinsicht unterscheiden**, und zwar **im Hinblick auf die Zeit, den Umfang der Datenverarbeitung und das Bezugsobjekt.**

- Im Hinblick auf die **Zeit** ergibt sich die Einteilung in **Istkostenrechnungen**, bei denen die im vergangenen Geschäftsjahr entstandenen Kosten betrachtet werden, und der **Plankostenrechnung**, die die Kosten eines zukünftigen Zeitraums beinhalten.

- Nach dem **Umfang der Datenverarbeitung** wird zwischen den **reinen Kostenrechnungen,** also den Rechnungen, die ausschließlich Kosten berücksichtigen, und **den Erfolgsrechnungen** unterschieden, wobei letztere die Leistung bzw. die Erlöse in die Betrachtung einbeziehen.

  - **Die reinen Kostenrechnungen** werden ihrerseits in **Vollkostenrechnungen,** bei denen sämtliche Kosten eines Geschäftsjahres auf die Bezugsobjekte verrechnet werden, und **Teilkostenrechnungen** eingeteilt. Letztere sind dadurch gekennzeichnet, dass zumindest zunächst nur ein Teil der Kosten auf die Bezugsobjekte verteilt wird und man die verbleibenden Teile als Kostenblöcke in die Betrachtung einbezieht. Man verzichtet auf die Verteilung dieser Kosten, weil man das Verursachungsprinzip nicht anwenden kann.

  - **Bei den Erfolgsrechnungen** differenziert man zwischen den **Nettoerfolgsrechnungen,** im Rahmen derer man der in einem Zeitraum entstandenen Leistung bzw. den Erlösen eines Geschäftsjahres die gesamten Kosten gegenüberstellt, und den **Bruttoerfolgsrechnungen,** welche die Ermittlung so genannter Deckungsbeiträge zum Gegenstand haben. Dabei versteht man unter einem **Deckungsbeitrag** die Differenz zwischen den Erlösen, die eine Bezugsgröße erbringt, und den Kosten, die dieser verursachungsgerecht zugeordnet werden können. Ein eventuell verbleibender positiver Betrag trägt dann dazu bei, die restlichen nicht verrechneten Kosten zumindest teilweise abzudecken.

- Als **Bezugsgrößen** für die Zuordnung der Kosten kommen beispielsweise der Betrieb insgesamt, einzelne betriebliche Bereiche, Produktmengen oder das einzelne Produkt, d.h. das einzelne erstellte Gut, in Betracht.

Das jeweilige System der Kosten- und Leistungsrechnung entsteht dadurch, dass man sich im Hinblick auf sämtliche der oben genannten Kriterien, also bezüglich der Zeit, des Umfangs der Datenverarbeitung und der Bezugsgröße, festlegt.

In der Regel geht aus der Bezeichnung eines solchen Rechnungssystems allerdings nicht gänzlich hervor, wie sich diejenigen, von denen der Vorschlag stammt, im Einzelnen entschieden haben. Man muss sich dann den Entwurf genauer ansehen, um die gewählte Gestaltungsform zu erkennen.

So bezeichnet man beispielsweise eine Kostenrechnung, die von sämtlichen Kosten einer Periode ausgeht und bei der diese Kosten auf die einzelnen Produkte verteilt werden, als **Stückkalkulation.** Damit wird lediglich deutlich, dass es sich um eine Vollkostenrechnung handelt, die als Bezugsobjekt das einzelne Produkt hat. Nicht erkennbar ist, ob die Kosten eines vergangenen oder eines zukünftigen Zeitraums betrachtet werden. Man muss dann durch die Verwendung der Begriffe **»Vor- bzw. Nachkalkulation«** ergänzend angeben, um welche konkrete Variante der Kostenrechnung es sich handelt.

Insgesamt wird deutlich, dass es nicht **die** Kosten- und Leistungsrechnung gibt, sondern dass **zahlreiche Varianten der Kosten- und Leistungsrechnung** zu unterscheiden sind, wobei die Entwicklung der Gestaltungsformen, wie die relativ neue **Prozesskostenrechnung** (vgl. beispielsweise Schuster, Kommunale Kosten- und Leistungsrechnung, S. 260) zeigt, noch längst nicht abgeschlossen ist.

7.2.7 Der gegenwärtige und zukünftige Einsatz der Kosten- und Leistungsrechnung im Bereich der Kommunalverwaltung

Im Bereich der Kommunalverwaltung hat die Kostenrechnung als Hilfsmittel der Preisfindung eine lange Tradition, das gilt besonders für die Entgelte, die nach dem Kommunalabgabengesetz erhoben werden, und speziell für die Bestimmung der Benutzungsgebühren.

Es handelt sich hierbei um eine Vollkostenrechnung, die auf das einzelne Produkt bezogen ist, wobei in der Regel kein Sachgut, sondern eine Dienstleistung im Mittelpunkt der Betrachtung steht. Diese Variante der Kostenrechnung wird üblicherweise als **Gebührenkalkulation bezeichnet.** Wird sie zukunftsorientiert, also als Vorkalkulation, durchgeführt, spricht man auch von der **Gebührenbedarfsberechnung.** Erfolgt eine vergangenheitsorientierte Berechnung, d.h. eine Nachkalkulation, handelt es sich um die **Gebührenkontrolle.**

Unabhängig davon, ob es sich um eine Vor- oder Nachschaurechnung handelt, ist diese **»traditionelle kommunale Vollkostenrechnung«** (vgl. nachfolgend Schuster, Kommunale Kosten- und Leistungsrechnung, S. 85) durch den folgenden **dreiteiligen Ablauf** gekennzeichnet:

- **In einem ersten Schritt** werden alle Kosten des betreffenden Teilbetriebs ermittelt, wobei man die Kosten nach bestimmten Gesichtspunkten, in der Regel nach der Art der verbrauchten Güter, gliedert. Man unterscheidet also beispielsweise zwischen Personalkosten, Materialkosten, Energiekosten usw. Diesen Teil der Vollkostenrechnung wird als **Kostenartenrechnung** bezeichnet.

- **In einem zweiten Schritt** versucht man, die ermittelten Kostenarten auf einzelne Bereiche dieses Teilbetriebs zu verteilen, die man speziell für die Kostenrechnung gebildet hat. Solche Organisationseinheiten werden Kostenstellen genannt. Dementsprechend heißt dieser Teil der Kostenrechnung **Kostenstellenrechnung.** Dabei wird in zwei Schritten vorgegangen, zunächst werden die Kostenarten auf alle gebildeten Kostenstellen verteilt und anschließend werden die Kosten einzelner Kostenstellen an andere Kostenstellen weitergegeben, so dass letztlich alle Kosten den Organisationseinheiten zugeordnet werden, die ihre Produkte an Außenstehende, also beispielsweise an die Bürger, an andere Organisationen oder eventuell an andere kommunale Teilbetriebe, abgeben.

- **In einem dritten Schritt** wird für jede dieser Organisationseinheiten, die man als Endkostenstellen bezeichnet, die **Kostenträgerrechnung** durchgeführt. Diese ist dadurch gekennzeichnet, dass, bezogen auf das Geschäftsjahr, alle Kosten der betreffenden Endkostenstelle auf die von dieser Endkostenstelle erstellten Güter verteilt werden, um letztlich die Stückkosten und damit den kostendeckenden Preis zu ermitteln.

In Verbindung mit dem Neuen Steuerungsmodell wird versucht, die traditionelle kommunale Vollkostenrechnung auf alle budgetverantwortlichen Bereiche der Kommunalverwaltung lückenlos zu übertragen, wobei in der Regel mit der Bestimmung der Produkte, also mit der Kostenträgerrechnung, d.h. mit der letzten Stufe der Vollkostenrechnung, begonnen wird.

Dies hat folgenden Grund:

Bisher hat man sich in der Verwaltungspraxis nur wenig mit der Frage beschäftigt, welche Sachgüter und Dienstleistungen an den Bürger oder andere Organisationen abgegeben werden. Die Bestimmung der Kostenträger wird nun nachgeholt. **Man versucht, die**

Produkte der einzelnen Bereiche zu definieren, zu beschreiben und in entsprechenden Katalogen zusammenzustellen. Inzwischen gibt es zahlreiche Kommunen, die für einzelne Organisationseinheiten umfangreiche und detaillierte Verzeichnisse erstellt haben, welche oft mehrere hundert Produkte enthalten. Die Erstellung der Produktkataloge durch entsprechende Arbeitsgruppen hat dabei nicht selten Jahre in Anspruch genommen, wobei viele Gemeinden trotz weitgehend gleicher Aufgabenstellung kaum zusammengearbeitet haben, so dass in erheblichem Umfang **unnötige Doppel- bzw. Mehrfacharbeiten** »geleistet« wurden. Sieht man hiervon einmal ab, so entsteht auf den ersten Blick der Eindruck, die Vorgehensweise in den Verwaltungen sei durchaus logisch:

- Im Hinblick auf die angestrebte outputorientierte Steuerung erscheint es notwendig, die Kosten der einzelnen **Produkte** zu ermitteln, um überprüfen zu können, ob diese Güter **wirtschaftlich erstellt werden.**

- Wenn man weiß, was ein Produkt kostet, kann man diese Information auch für die innerbetriebliche Preisbildung und somit für die **inneren Verrechnungen** nutzen. Dadurch erhofft man sich eine **Stärkung des Kostenbewusstseins,** weil jedem Bereich deutlich wird, was er »bezahlen« muss, wenn er die Dienstleistungen einer anderen Organisationseinheit in Anspruch nimmt.

- Die Kenntnis der Produktkosten ist weiterhin hilfreich für die **Budgetierung.** Wenn bekannt ist, was ein Produkt kostet, und weiterhin Informationen über die erforderliche Stückzahl vorliegen, können auch die gesamten Kosten eines Bereichs geplant werden und vermag man auf dieser Basis ein entsprechendes Budget zu vereinbaren. Ähnliche Überlegungen gelten für die Budgetkontrolle.

Alles in allem wird deutlich, dass die traditionelle kommunale Vollkostenrechnung, die bisher als Hilfsmittel der Preisfindung und speziell als Instrument der Gebührenkalkulation eingesetzt wurde, nunmehr im Rahmen der Neuen Steuerungsmodelle »flächendeckend« der produktorientierten Wirtschaftlichkeitskontrolle bzw. -steuerung dienen soll.

Ob dies eine sinnvolle Vorgehensweise ist, werden wir in Verbindung mit der Erläuterung des kommunalen Controllings überprüfen.

7.2.8 Die einzelfallbezogenen Rechnungen

Obwohl die Buchhaltung im engeren Sinn und die Kosten- und Leistungsrechnung unterschiedliche und bedeutsame Daten bereitstellen und sie sich insofern ergänzen, reichen diese Informationen sowohl für die Steuerung einer privatwirtschaftlichen Unternehmung als auch für die Betriebsführung im kommunalen Bereich nicht immer aus.

Bei wichtigen Entscheidungen, die mehrere Jahre betreffen, sind einerseits Informationen erforderlich, welche die beiden soeben behandelten Zweige des Rechnungswesens nicht bereitstellen können, da es sich hierbei in der Regel um Einperiodenrechnungen, d.h. Jahresrechnungen, handelt. Andererseits betreffen die Daten der Buchhaltung und der Kosten- und Leistungsrechnung meist den gesamten Betrieb, so dass die für eine solche Entscheidung von großer Tragweite relevanten Daten aus den betreffenden Rechenwerken erst herausgezogen werden müssen.

Damit wird deutlich, dass es in wichtigen Einzelfällen – und das sind meist Investitions- und Finanzierungsentscheidungen – erforderlich ist, spezielle Rechnungen durchzuführen, die als **einzelfallbezogene Rechnungen** (vgl. Schuster/Steffen, S. 9), als **Wirtschaftlichkeitsrechnungen** (vgl. beispielsweise Homann, Kommunales Rechnungswesen) oder als **Investitions- und Finanzierungsrechnungen** (vgl. beispielsweise Klümper/Möllers/Zimmermann, S. 323) bezeichnet werden, wobei man üblicherweise zwischen den statischen und den dynamischen Verfahren unterscheidet (vgl. beispielsweise Rau, Planung, S. 205).

- Zu den **statischen Wirtschaftlichkeitsrechnungen** zählen die Kostenvergleichs-, die Gewinnvergleichs-, die Rentabilitäts- und die Amortisationsrechnung. Wie die Begriffe schon andeuten, erfolgt die Bewertung der Alternativen bei den einzelnen Verfahren anhand unterschiedlicher Kriterien:

  – Bei der **Kostenvergleichsrechnung** wird nur der Werteverzehr betrachtet, den die verschiedenen Handlungsmöglichkeiten zur Folge haben.
  – Bei der **Gewinnvergleichsrechnung** werden neben den Kosten auch die Erlöse, welche die Alternativen mit sich bringen, in die Betrachtung aufgenommen.
  – Bei der **Rentabilitätsrechnung** stellt man ebenfalls auf den Gewinn ab. Allerdings wird der Gewinn nicht absolut, sondern zusammen mit dem eingesetzten Kapital betrachtet. Insofern wird die Gewinnbetrachtung relativiert.
  – Bei der **Amortisationsrechnung** wird verglichen, wie viel Zeit vergeht, bis bei den einzelnen Alternativen das eingesetzte Kapital wieder zur Verfügung steht, d.h. »zurückgeflossen« ist. Gewählt wird nach dieser Rechnung die Handlungsmöglichkeit mit der kürzesten »Rückflusszeit« (Amortisationszeit).

Unabhängig von den spezifischen Vor- und Nachteilen, die mit den einzelnen Varianten verbunden sind, **weisen sämtliche statische Verfahren eine gemeinsame Schwachstelle auf: Die Zeitpräferenz wird nicht betrachtet.**

Dabei versteht man unter Zeitpräferenz die Wertschätzung, die eine Person ein und demselben Wirtschaftsgut zu unterschiedlichen Zeitpunkten entgegenbringt.

Was der Begriff »Zeitpräferenz« beinhaltet, verdeutlicht die folgenden Entscheidungssituationen:

Unterstellt, man habe die Wahl, 100 EURO heute oder nach Ablauf eines Jahres oder nach Ablauf von 50 Jahren zu bekommen, dann liegt auf der Hand, dass man die erste Möglichkeit wählt. Offensichtlich sind aufgrund der persönlichen Wertschätzung 100 EURO, die man heute erhält, mehr wert als 100 EURO, die man erst später erhält. Würde die erste Alternative – aus welchem Grund auch immer – ausscheiden und hätte man somit lediglich die Wahl, bereits nach Ablauf eines Jahres oder erst nach Ablauf von 50 Jahren die 100 EURO zu bekommen, dann würde man die Zahlung nach einem Jahr der Zahlung nach 50 Jahren vorziehen.

Welche Bedeutung die Zeitpräferenz hat, wird auch daran deutlich, dass im Wirtschaftsleben Zinsen eine Rolle spielen.

Betrachten wir wieder die oben beschriebene Entscheidungssituation, so ist durchaus denkbar, dass die betreffende Person auf die heutige Auszahlung des Geldes verzichtet und stattdessen eine Zahlung in einem zukünftigen Zeitpunkt akzeptiert. Allerdings wird sie dann einen Betrag verlangen, der größer ist als 100 EURO. Den zusätzlichen Betrag kann man als Preis für den Verzicht auf eine sofortige Bezahlung betrachten. Es handelt sich um ein Entgelt für die Bereitstellung von Geld oder in anderen Worten um Zinsen. Man wird umso höhere Zinsen verlangen, je länger man auf die Auszahlung des Betrages warten muss.

- **Bei den dynamischen Wirtschaftlichkeitsrechnungen wird die Zeitpräferenz beachtet.** Das bedeutet, dass in der Zukunft anfallende Beträge abgezinst (vermindert) werden, um ihren aktuellen (heutigen) Wert zu erkennen und beim Vergleich berücksichtigen zu können.

So würden beispielsweise, wenn ein Zinssatz von 10 % die Zeitpräferenz zum Ausdruck bringt, 100 EURO, die man nach einem Jahr erhält, einem aktuellen Betrag in Höhe von rund 91 EURO entsprechen. Die 100 EURO, die man nach 50 Jahren erhält, wären auf die Gegenwart bezogen sogar nur rund 1 EURO wert. Bei einem Zinssatz von 3% wäre das Ergebnis weniger krass. Die 100 EURO nach einem Jahr würden dann einem gegenwärtigen Betrag von rund 97 EURO entsprechen und die 100 EURO, die man nach 50 Jahren erhält, wären dann, auf heute bezogen, rund 23 EURO wert.

Das Beispiel zeigt, wie wichtig einerseits die Beachtung der Zeitpräferenz bei solchen einzelfallbezogenen Berechnungen ist, und verdeutlicht andererseits, wie stark sich unterschiedliche Zinssätze auf das Ergebnis auswirken. Wenn bei den verschiedenen Alternativen die Zahlungen in unterschiedlicher Höhe und zu unterschiedlichen Zeitpunkten anfallen, muss zusätzlich noch geklärt werden, was mit eventuell zwischenzeitlich frei werdenden Beträgen geschieht oder zu welchen Zinsen möglicherweise zwischenzeitlich benötigte Mittel aufgenommen werden können. Wenn man all dies berücksichtigen will, sind komplizierte Berechnungen erforderlich. Um diese zu vermeiden, arbeitet man daher in der Regel mit Vereinfachungen. Man setzt bestimmte Annahmen, unter denen man die Berechnungen vornimmt. Zu den bekanntesten dynamischen Verfahren, denen solche Vereinfachungen zugrunde liegen (wobei allerdings teilweise von unterschiedlichen Annahmen ausgegangen wird), zählen die **Kapitalwertmethode,** die **Interne Zinsfuß-Methode** und die **Annuitätenmethode.** Sollen neben den rein betriebswirtschaftlichen Auswirkungen auch volkswirtschaftliche Effekte Berücksichtigung finden, kommen **Nutzen-Kosten-Untersuchungen** zum Einsatz.

7.3 Das Controlling

7.3.1 Definition und Erläuterung des Controllings

Nach Auffassung von Lingnau, der sich mit der **»Geschichte des Controllings«** beschäftigt hat, lässt sich bezüglich der Entstehung bzw. Entwicklung dieser betrieblichen Funktion Folgendes feststellen:

- Die Wurzeln des Controllings lassen sich bis in die Zeit des Pyramidenbaus zurückverfolgen (vgl. Lingnau, S. 274).
- Deutliche Spuren sind allerdings offensichtlich erst in der Römerzeit erkennbar und der Begriff selbst lässt sich allem Anschein nach auf Formulierungen aus dem Mittelalter zurückführen (vgl. Lingnau, S. 274).
- Etwa ab 1880 werden in den USA die ersten Controllerstellen geschaffen, deren Zahl in den Folgejahren ständig zunimmt. 1931 kommt es in den Vereinigten Staaten zur Gründung einer Organisation, die für die Interessen der Controller zuständig ist und die sich unter anderem darum bemüht, die Aufgabenbereiche der Controller zu beschreiben sowie entsprechende Aufgabenkataloge aufzustellen (vgl. Lingnau, S. 275–276).
- Etwa Mitte der fünfziger Jahre werden auch in Deutschland die ersten Controllerstellen eingerichtet, und zwar zunächst in den Niederlassungen amerikanischer Unternehmen. Nach anfänglichen Akzeptanzproblemen nimmt die Bedeutung des Controllings und, damit verbunden, die Anzahl der Stellen, die für diese Funktion zuständig sind, permanent zu. Allerdings besteht keine Einigkeit darüber, was im Einzelnen dieser Funktion zuzuordnen ist. Es werden verschiedene Versuche unternommen, den Begriff »Controlling« abzugrenzen. Bis in die Gegenwart hinein ist es nicht gelungen, die Heterogenität der Controllingauffassungen einzudämmen (vgl. Lingnau, S. 280).

Es fehlt nach wie vor an einer allgemein anerkannten Definition des Begriffs »Controlling«. Stattdessen ist im Gegenteil sogar eine Begriffsverwirrung festzustellen.

Nach Auffassung von Schneider liegt eine Ursache hierfür in jener Ebene, »auf der Begriffe geklärt werden oder ungeklärt bleiben: im wissenschaftlich-methodischen Können der Schriftsteller über Controlling« (vgl. Schneider, Betriebswirtschaftslehre, Band 2, S. 460).

Im Rahmen einer Einführungsschrift zur Betriebswirtschaftslehre der Kommunalverwaltung können wir die notwendige Klärung des Controllingbegriffs nicht nachholen. Es bleibt uns somit nichts anderes übrig, als aus dem Kreis der angebotenen Begriffsfassungen diejenige auszuwählen, die uns noch am ehesten geeignet erscheint.

Demnach ist Controlling » – funktional gesehen – ein Subsystem der Führung, das Planung und Kontrolle sowie Informationsversorgung systembildend und systemkoppelnd koordiniert und so die Adaption und Koordination des Gesamtsystems unterstützt« (Horváth, Controlling, S. 144).

Wir übernehmen diese Definition aus folgenden Gründen:

- Erstens stimmt unsere Einordnung des **Controllings als Stabsfunktion** mit dieser Begriffsfassung überein. Dies macht auch der folgende Satz deutlich, den Horváth seiner Definition hinzufügt: »Controlling stellt damit eine Unterstützung der Führung dar …« (Horváth, Controlling, S. 144).
- Zweitens ist auch die von uns bisher verwendete vorläufige Begriffsfassung, nach der wir **Controlling als eine führungsunterstützende Funktion charakterisieren, mit deren Hilfe versucht wird, Planung und Kontrolle stärker miteinander zu verknüpfen und das Rechnungswesen enger mit den Führungsfunktionen zu verbinden**, nicht allzu weit von der Definition, die Horváth vorschlägt, entfernt. Beide Begriffsfassungen deuten darauf hin, dass »die wesentlichen Probleme der Controllingarbeit … an den Systemschnittstellen« (Horváth, Controlling, S. 144) liegen.

Wie die Schnittstellenproblematik gelöst werden kann, ist damit allerdings noch nicht gesagt. Denkbar wäre, dass dem Controlling lediglich die Aufgabe zufällt, Verbindungen zwischen den betroffenen Funktionen herzustellen. Das Betätigungsfeld für das Controlling wäre dann relativ eng abgesteckt (vgl. *Abbildung 23*, oben). Allerdings könnte es auch, um eine wirkliche Integration der vom Controlling berührten Funktionen zu erreichen, sinnvoll sein, dass das Controlling die anderen Funktionen bis zu einem gewissen Grade überlagert (vgl. *Abbildung 23*, unten).

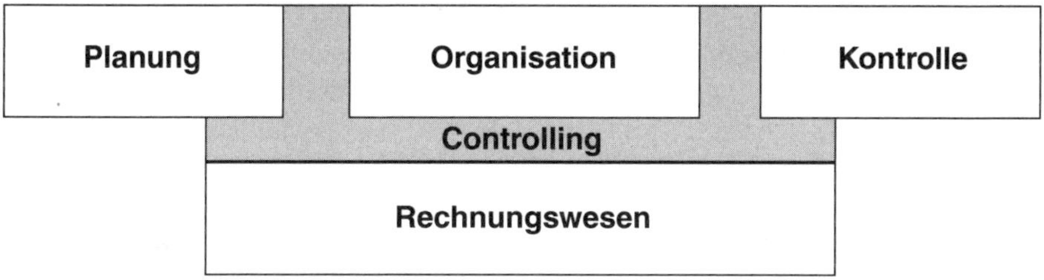

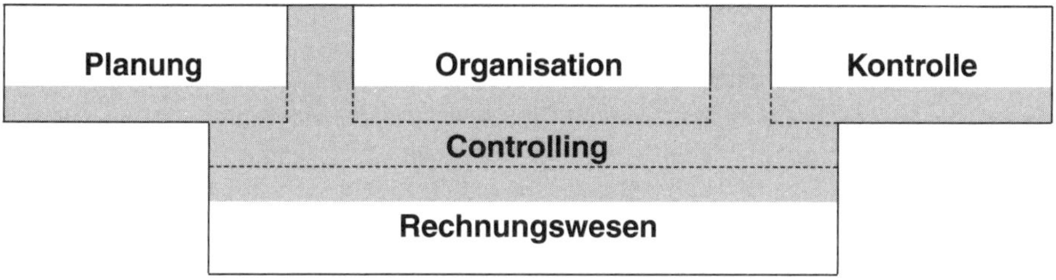

Abbildung 23: Enge und weite Interpretation des Controllings

Dann gehören zum Controlling unter anderem Teile der Planung, Teile der Kontrolle und Teile des Rechnungswesens. Wenn man sich das Volumen und den Inhalt der Schriften, die das Controlling behandeln, ansieht, dann scheint sich die zuletzt genannte Sichtweise durchzusetzen; denn in den führenden Lehrbüchern zum Thema »Controlling« werden zu einem erheblichen Teil – wenn nicht sogar überwiegend – Themen behandelt, die sich fast deckungsgleich in Lehrbüchern zur Planung, zur Unternehmensführung oder zum Rechnungswesen finden.

Unabhängig davon, wie das Betätigungsfeld abgesteckt wird, gibt es **verschiedene Möglichkeiten, das Controlling zu gliedern.**

So wird beispielsweise zwischen **strategischem und operativem Controlling** unterschieden. Obwohl die Abgrenzungsversuche ähnlich wie die Definitionsvorschläge, die den Begriff »Controlling« zum Gegenstand haben, nicht einheitlich ausfallen und auch, was die Klarheit anbelangt, nicht gerade zu überzeugen vermögen, kann man die beiden Controllingbereiche in etwa folgendermaßen charakterisieren (vgl. Horváth & Partner, S. 169, sowie Preißler, S. 19–22):

- Das **operative Controlling** beschäftigt sich nicht primär mit dem Betrieb insgesamt, sondern überwiegend mit den einzelnen betrieblichen Bereichen und Prozessen. Es ist relativ **kurzfristig ausgerichtet** und deckt somit überschaubare Zeiträume ab, befasst sich also beispielsweise mit den nächsten vier Wochen, den nächsten drei

Monaten oder dem zukünftigen Jahr. Da die Betrachtungszeiträume nicht weit von der Gegenwart entfernt sind, kann sich das operative Controlling auf relativ konkrete Informationen stützen. In der Regel kann mit **Größen des Rechnungswesens,** also beispielsweise Kosten und Erlösen, gearbeitet werden. Typisch für das operative Controlling ist die **Überprüfung der kurzfristigen Planungen,** also beispielsweise eines Jahresbudgets, die Durchführung von **Soll-Ist-Vergleichen** bzw. **Budgetkontrollen** sowie die Analyse eventueller Plan- bzw. Budgetabweichungen, die Entwicklung von Maßnahme-Vorschlägen und die **rechtzeitige und regelmäßige Erstellung entsprechender Berichte** für die zuständigen Entscheidungsträger. **Orientierungspunkte** für das operative Controlling sind kurz- und mittelfristig gültige und damit relativ konkrete Ziele (wie beispielsweise **Wirtschaftlichkeit, Gewinn und Rentabilität).**

- Das **strategische Controlling** beschäftigt sich mit dem Betrieb insgesamt und insbesondere mit der betrieblichen Umwelt. Es ist **langfristig orientiert,** ragt also in die »ferne« Zukunft hinein, ist **zeitlich nicht begrenzt**, da ein konkreter Zeitraum nicht abgesteckt werden kann. Da die Betrachtungspunkte sehr weit in der Zukunft liegen, **kann** nur mit relativ vagen Informationen, also **nicht mit Kategorien gearbeitet werden, die dem Rechnungswesen entstammen.** Das strategische Controlling stellt daher nicht auf die Betrachtung des Gewinns bzw. der Kosten und Erlöse ab, sondern versucht die **Chancen,** die sich einem Betrieb auf bestimmten Märkten bieten, und **Risiken**, die ihm drohen, zu erkennen. Strategisches Controlling beschäftigt sich – in anderen Worten – mit den **Erfolgspotenzialen** eines Betriebes. **Typisch für das strategische Controlling ist also die langfristige umweltbezogene Betrachtung des gesamten Betriebs mit dem Ziel, seine Existenz zu sichern.** Insofern gehört zum strategischen Controlling auch die Überprüfung der langfristigen Zielsetzung und der strategischen Planung, damit letztlich vom Management keine falschen Orientierungspunkte angepeilt werden.

7.3.2 Besonderheiten des kommunalen Controllings

Das kommunale Controlling hat grundsätzlich die gleichen Aufgaben zu erfüllen wie das Controlling einer privatwirtschaftlichen Unternehmung. Auch im kommunalen Verwaltungsbetrieb kommt es besonders darauf an, Planung und Kontrolle stärker miteinander zu verknüpfen sowie die Entscheidungsträger besser mit Informationen zu versorgen.

> ***Wie das privatwirtschaftliche Controlling, so ist auch das kommunale Controlling primär für die Koordinierung der Managementfunktionen sowie die Informationsversorgung der Entscheidungsträger zuständig, damit die Zielerreichung gewährleistet wird.***

Auch die Unterscheidung von strategischem und operativem Controlling erscheint uns im kommunalen Verwaltungsbetrieb durchaus zweckmäßig (vgl. auch Homann, Verwaltungscontrolling, S. 15). Allerdings ist Folgendes zu beachten:

Das **strategische Controlling** beschäftigt sich, worauf wir bereits hingewiesen haben, schwerpunktmäßig mit der strategischen Zielsetzung und der strategischen Planung. Insofern ist sein Einsatz im Grunde nur lohnend, wenn die Führungsgremien einer Kommunalverwaltung die langfristigen Ziele einer Gemeinde sowie die grundsätzliche Vorgehensweise, um diese Ziele zu erreichen, zumindest grob festgelegt haben. Erst dann kann eine **Kontrolle der strategischen Planung** (vgl. Horváth, S. 341) stattfinden, bei der es sich um das wichtigste Betätigungsfeld des strategischen Controllings handelt und im Rahmen derer beispielsweise permanent überprüft wird, ob die Annahmen, die der strategischen Planung zugrunde liegen, überhaupt noch zutreffen, ob sich die Umwelt oder die Wünsche der Bürgerinnen und Bürger derart verändert haben, dass über eine Anpassung der strategischen Ziele oder die grundsätzliche Entwicklungsstrategie nachgedacht werden muss.

In Verbindung mit den »Neuen Steuerungsmodellen« strebt man die »Trennung von Politik und Verwaltung« an und legt man der Politik, d.h. auf der kommunalen Ebene dem Rat, nahe, sich auf die Formulierung der langfristigen Ziele und auf die Planung der dazu erforderlichen grundsätzlichen Vorgehensweise zu konzentrieren und der Verwaltung die weitgehend selbstständige Erfüllung der strategischen Pläne zu überlassen. Wird dieses Modell umgesetzt, **nimmt die Bedeutung des strategischen Controllings zu:** Zum einen müssen die vom Rat vorgegebenen Orientierungspunkte permanent auf ihre Gültigkeit überprüft werden und zum anderen muss ständig untersucht werden, ob die von der Verwaltung ergriffenen Aktivitäten noch mit der strategischen Planung in Einklang stehen.

> *Aufgabe des strategischen Controllings wäre es beispielsweise, den Rat zu informieren, wenn sich eine außergewöhnliche Bevölkerungszunahme abzeichnet, damit die entsprechende Anpassung der kommunalen Infrastruktur rechtzeitig erfolgen kann. Gleichermaßen wichtig wäre eine Information des Rates, wenn sich eine Verwaltung beispielsweise bei der Beschaffung wie ein privatwirtschaftliches Unternehmen verhält und dabei gegen die Vergabevorschriften verstößt, weil sie diese im Hinblick auf eine wirtschaftliche Aufgabenerfüllung als störend empfindet.*

Das **operative Controlling** einer Kommunalverwaltung unterscheidet sich von dem einer privatwirtschaftlichen Unternehmung besonders in folgender Hinsicht:

(1) Wie im Bereich der Privatwirtschaft trägt es zwar auch in der Kommunalverwaltung zur kurz- bzw. mittelfristigen Steuerung des Betriebes bei, indem es den Entscheidungsträgern **Informationen in »verdichteter« Form** zur Verfügung stellt.

Dabei handelt es sich in der Regel um **Kennzahlen,** d.h. Zahlen, die durch Zusammenfassung und teilweise auch durch Gegenüberstellung anderer Zahlen entstehen und die »in komprimierter Form über betriebswirtschaftliche Sachverhalte informieren« (vgl. Horváth, S. 554).

Bei einem privatwirtschaftlichen Unternehmen werden häufig Zahlen des externen Rechnungswesens, d.h. der Buchhaltung, »verdichtet«, und spielen **Kennzahlen, in denen der Gewinn einfließt,** eine besondere Rolle.

Genau diese können im kommunalen Bereich, soweit die kameralistische Buchhaltung praktiziert wird, jedoch nicht gebildet werden, da kein Gewinnausweis erfolgt. Dort, wo die kaufmännische Buchhaltung oder die NKF-Doppik im kommunalen Verwaltungsbetrieb praktiziert wird, können solche Kennzahlen zwar gebildet werden, haben sie jedoch in der Regel nur eine begrenzte Aussagekraft. Dies liegt, worauf schon hingewiesen wurde, daran, dass die Einnahmen entweder mittels Abnahmezwang und unter Nutzung einer Monopolstellung kostendeckend erzielt werden oder aber aus politischen Gründen eine nicht kostendeckende Preisstellung erfolgt, so dass Gewinne bzw. Verluste vorprogrammiert sind.

(2) Wie im Bereich der Privatwirtschaft bildet die **Kosten- und Leistungsrechnung** auch im kommunalen Verwaltungsbetrieb einen wichtigen Ausgangspunkt für das operative Controlling, wobei es in diesem Zusammenhang besonders um die **Wirtschaftlichkeitsbetrachtung** geht.

Im Gegensatz zur Privatwirtschaft wird im kommunalen Verwaltungsbetrieb zu diesem Zweck die Vollkostenrechnung herangezogen und gerade in Verbindung mit den »Neuen Steuerungsmodellen« auch dort eingeführt, wo bisher keine Kosten- und Leistungsrechnung vorzufinden war.

Dabei wird übersehen, dass die traditionelle kommunale Vollkostenrechnung ein Hilfsmittel zur Preisfindung ist und für die Gebührenkalkulation auch herangezogen werden muss, aber anhand der so ermittelten Stückkosten keineswegs beurteilt werden kann, ob ein Produkt auch wirtschaftlich, d.h. ohne Verschwendung von Produktionsfaktoren, erstellt wurde.

Die geringe Aussagekraft einer solchen produktorientierten Vollkostenrechnung ist darauf zurückzuführen, dass der weitaus überwiegende Teil der Produktkosten nicht verursachungsgerecht, sondern nur mit Hilfe von Verrechnungsschlüsseln auf das einzelne Stück zugeordnet werden kann.

So ergeben sich beispielsweise die Stückkosten im Bäderbereich, d.h. die Kosten für einen Besuch des Bades, dadurch, dass man diesem Produkt anteilige Abschreibungen des Bades, anteilige Zinskosten, anteilige Wasserkosten und anteilige Kosten des Aufsichtspersonals zuordnet, obwohl durch einen konkreten Besuch der Einrichtung, also durch das einzelne Produkt, keine zusätzlichen Kosten entstehen; denn durch den zusätzlichen Bäderbesuch entstehen keine zusätzlichen Abschreibungen, Zinskosten, Wasserkosten, Personalkosten usw.

Allerdings bietet auch die traditionelle kommunale Vollkostenrechnung Ansatzpunkte für das operative Controlling, so können beispielsweise **kostenartenbezogene und kostenstellenbezogene Zeit-, Betriebs- und Soll-Ist-Vergleiche** interessante Hinweise geben (vgl. Schuster, Kommunale Kosten- und Leistungsrechnung, S. 91 u.175).

Betrachten wir beispielsweise einen kommunalen Bäderbetrieb, dann könnte man im Einzelnen folgenden Fragen nachgehen:

- ***Kostenartenbezogener Zeitvergleich:*** *Wie haben sich die Personalkosten des Bäderbetriebs im Vergleich zu denen des Vorjahres entwickelt?*
- ***Kostenartenbezogener Betriebsvergleich:*** *Wie hoch sind die Personalkosten des betreffenden Bäderbetriebs im Vergleich zu denen eines vergleichbaren Bäderbetriebs?*
- ***Kostenartenbezogener Soll-Ist-Vergleich:*** *Wie hoch sind die tatsächlichen Personalkosten des Bäderbetriebs im Vergleich zu den für die betreffende Periode geplanten Personalkosten?*
- ***Kostenstellenbezogener Zeitvergleich:*** *Wie hoch sind die Kosten der Kostenstelle »Sauna« im Vergleich zu denen des Vorjahres?*
- ***Kostenstellenbezogener Betriebsvergleich:*** *Wie hoch sind die Kosten der Kostenstelle »Sauna« in dem betreffenden Bäderbetrieb im Vergleich zu den Kosten der Kostenstelle »Sauna« eines vergleichbaren Bäderbetriebs?*
- ***Kostenstellenbezogener Soll-Ist-Vergleich:*** *Wie hoch sind die tatsächlichen Kosten der Kostenstelle »Sauna« im Vergleich zu denen, die wir für diese Kostenstelle geplant haben?*

Zu beachten ist, dass reine Kostenvergleiche nie einen Beweis für wirtschaftliches bzw. unwirtschaftliches Handeln liefern, sondern lediglich Anhaltspunkte für weitere Nachforschung!

(3) **Im Gegensatz zur Privatwirtschaft kann man im Bereich der Kommunalverwaltung die Deckungsbeitragsrechnung für das operative Controlling nur sehr begrenzt nutzen.**

Wie wir bereits dargestellt haben, handelt es sich bei dem Deckungsbeitrag um die Differenz zwischen dem Erlös, den eine Bezugsgröße hervorruft, und den Kosten, die ihr ohne Einsatz eines Schlüssels zugeordnet werden können. Ist die Bezugsgröße ein Produkt, dann gibt der Deckungsbeitrag an, wie viel nach Abzug der Einzelkosten des Produkts bzw. der variablen Stückkosten vom Preis übrig bleibt, um einen Beitrag zur Abdeckung der restlichen, nicht auf die Produkte verrechneten Kosten zu leisten.

Damit steht und fällt die Aussagekraft der Deckungsbeitragsrechnung mit der Aussagekraft der Erlöse bzw. Preise.

Wird beispielsweise auf die Zahlung eines Preises aus sozialpolitischen Gründen verzichtet, dann entstehen automatisch negative Deckungsbeiträge, die bezüglich der Frage, ob Güter vergeudet werden, keine Informationen zu liefern vermögen. Ähnliches gilt, wenn die Produktpreise aus politischen Gründen niedrig gehalten werden. Auch dann, wenn die Preise aufgrund rechtlicher Regelungen mehr oder weniger vorgegeben sind, drückt die Höhe des Deckungsbeitrags nicht aus, wie wirtschaftlich gearbeitet wurde.

Damit können weite Bereiche der kommunalen Aufgabenerfüllung nicht mit Hilfe der Deckungsbeitragsrechnung kontrolliert bzw. gesteuert werden.

(4) **Die bisherigen Hinweise deuten darauf hin, dass die großen Probleme des operativen Controllings im kommunalen Verwaltungsbetrieb besonders daraus resultieren, dass für die Kommunalverwaltung eine andere Zielsetzung gilt und diese schwieriger zu verfolgen ist als die der privatwirtschaftlichen Unternehmung.**

Im privatwirtschaftlichen Bereich gilt die Formalzieldominanz und ist ein bestimmter Gewinn, d.h. eine Reinvermögenserhöhung, das oberste Unternehmensziel. Insofern hat das operative Controlling einen eindeutigen Ausgangspunkt.

Wie wir bereits gezeigt haben, ist die Zielsetzung des kommunalen Verwaltungsbereichs demgegenüber mehrdimensional: Neben dem Sachziel »Aufgabenerfüllung« und den Formalzielen »neuer Haushaltsausgleich« und »Wirtschaftlichkeit« stehen Ziele wie »Rechtmäßigkeit«, »Bürgernähe« usw. Das bedeutet, dass man die Zielerreichung nicht eindimensional überprüfen kann. Das operative Controlling muss eine Fülle von Kennzahlen der unterschiedlichsten Art einsetzen, um eine Aussage in Richtung auf die Zielerreichung machen zu können.

Bezogen auf den Bäderbereich müssen also neben den oben genannten kostenorientierten Kennzahlen auch leistungsorientierte Kennzahlen eingesetzt werden, wie beispielsweise die Besucherzahl, die Unfallhäufigkeit, die Öffnungszeiten, die Wasserqualität usw. Hinzu kommen Kennzahlen, die für die Finanzwirtschaft von Bedeutung sind, wie beispielsweise der Zuschussbedarf, aber auch Daten, die sich eventuell nur durch eine Befragung bestimmter Personenkreise ermitteln lassen und die beispielsweise den Zufriedenheitsgrad der Besucher spiegeln, sind controllingrelevant.

8 Die Grundfunktionen

8.1 Die Beschaffung

8.1.1 Begriff und grundsätzliche Aufgaben der Beschaffung

In Verbindung mit der Erläuterung des betrieblichen Geschehens haben wir bereits einen Überblick über die betrieblichen Grundfunktionen vermittelt. Nunmehr können wir die Betrachtung etwas vertiefen, wobei wir mit der Beschaffung beginnen.

Wir haben den Begriff »**Beschaffung**« bereits vorläufig definiert, und zwar als Bereitstellung von Gütern, die eingesetzt werden müssen, um die Zielsetzung zu erreichen. Es handelt sich dabei um eine sehr weite Begriffsfassung; denn zu den Gütern, die eingesetzt werden müssen, um die Zielsetzung zu erreichen, und die als **Einsatzgüter**, **Produktionsfaktoren** oder **Input** bezeichnet werden, zählen

- Sachgüter,
- Dienstleistungen,
- Arbeitskräfte,
- Informationen,
- Kapital,
- Rechte und
- Handelswaren.

Sowohl in der Literatur als auch in der betrieblichen Praxis werden die Personalbeschaffung, die Kapitalbeschaffung bzw. die Beschaffung finanzieller Mittel und die Beschaffung bestimmter Rechte in der Regel gesondert behandelt. So ist beispielsweise für die Bereitstellung von Personal die Personalabteilung, für die Bereitstellung finanzieller Mittel die Finanzabteilung und für den Erwerb bestimmter Rechte die Rechtsabteilung zuständig.

Folglich wird der **Beschaffungsbegriff** überwiegend **in einer engen Fassung** verwendet:

> ***Demnach versteht man unter Beschaffung die Bereitstellung von Sachgütern und Dienstleistungen, wobei zur Bereitstellung sowohl die Tätigkeiten zählen, die darauf gerichtet sind, die Verfügungsgewalt über diese Güter zu erlangen, als auch solche, welche die innerbetriebliche Behandlung dieser Produktionsfaktoren betreffen*** *(vgl. Hammann/Lohrberg, S. 6).*

• **Die Verfügungsgewalt über Sachmittel und Dienstleistungen** kann man auf unterschiedlichen Wegen erlangen, z.B. durch

- Abbau,
- Selbsterzeugung,
- Kauf,
- Tausch,
- Miete,
- Leasing,
- Pacht,
- Schenkung,
- Werkvertrag und
- Dienstvertrag (vgl. Hammann/Lohrberg, S. 7).

Insofern können die beschaffungspolitischen Aktionen recht vielfältig ausfallen. Gleichwohl kommen in der Regel bei allen Beschaffungsvorgängen folgende Tätigkeiten vor, die allerdings unterschiedlich stark ausgeprägt sein können:

- die Bedarfsermittlung,
- die Lieferantensuche,
- die Lieferantenauswahl,
- der Vertragsabschluss und
- die Überprüfung der Vertragserfüllung (vgl. Hammann/Lohrberg, S. 7).

• Die **innerbetriebliche Behandlung der Produktionsfaktoren** erstreckt sich auf

- die Annahme und Kontrolle der Lieferung bzw. Leistung,
- die Lagerhaltung und die damit verbundene Lagerbuchführung,
- die Abfall- und Leergutverwaltung sowie
- den innerbetrieblichen Transport (vgl. Hammann/Lohrberg, S. 7),

wobei für bestimmte Einsatzgüter einzelne dieser Aufgaben entfallen können. So gelten beispielsweise für Dienstleistungen einige Besonderheiten. Wegen ihrer speziellen Gütereigenschaft, d.h. wegen ihres unstofflichen Charakters, spielt hier unter anderem die innerbetriebliche Lagerhaltung keine Rolle.

Der obige Katalog beinhaltet nur eine grobe Auflistung der Beschaffungsaktivitäten, die in zahlreiche Tätigkeiten unterteilt werden können, so dass letztlich bei einem Beschaffungsvorgang viele Aufgabenstellungen gelöst werden müssen.

Die Betriebswirtschaftslehre hat Methoden entwickelt, die bei der Klärung einzelner Fragestellungen eingesetzt werden können. In diesem Zusammenhang ist beispielsweise an die ABC-Analyse, die Wertanalyse, das Lieferantenbewertungsverfahren, die

Kostenvergleichsrechnung sowie die Modelle zur Berechnung der optimalen Bestellmenge zu denken. Auf einige dieser Instrumente wird nachfolgend kurz eingegangen.

8.1.2 Ausgewählte beschaffungspolitische Instrumente

– Die ABC-Analyse –

Die **ABC-Analyse** (vgl. beispielsweise Planer) dient der systematischen Betrachtung des Beschaffungssortiments und ist den Beschaffungsprozessen vorgelagert. Ihr Einsatz soll dazu beitragen, die wichtigen bzw. bedeutsamen Produktionsfaktoren zu erkennen, damit man die beschaffungspolitischen Aktivitäten besonders oder zunächst auf diese konzentrieren kann. Angesichts der großen Zahl unterschiedlicher Produktionsfaktoren ist es dem Beschaffungspersonal nicht möglich, sich mit allen Einsatzgütern gleichermaßen zu beschäftigen. Es liegt auf der Hand, dass es wirtschaftlicher sein kann, sich um einige Einsatzgüter stärker zu kümmern als um andere.

So wird man beispielsweise in der Regel für die Beschaffung einer teuren Maschine relativ mehr Zeit einsetzen als für die Beschaffung von Bleistiften.

Mit Hilfe der ABC-Analyse versucht man, die zahlreichen Einsatzgüter zu einigen wenigen Gruppen (Klassen) zusammenzufassen, um eine Übersicht über das Beschaffungssortiment zu bekommen. Der Begriff ABC-Analyse resultiert daraus, dass man zunächst eine Einteilung in **drei Gruppen**, und zwar in die Gruppe der A-Güter, der B-Güter und der C-Güter, für sinnvoll und hinreichend erachtet hat. (Hiervon kann, wenn man dies für zweckmäßig hält, abgewichen werden. Dann sollte man allerdings nicht von ABC-Analyse sprechen, sondern entsprechend der Gruppenzahl von ABCD-Analyse usw.).

Beobachtungen in ausgewählten Betrieben haben gezeigt, dass, bezogen auf einen bestimmten Zeitraum, beispielsweise ein Jahr,

- die Ausgaben für einige wenige Einsatzgüter (**die A-Güter**) einen extrem hohen **Anteil** an den gesamten Beschaffungsausgaben haben, und zwar **etwa 75%**,
- eine mittelgroße Zahl von Einsatzgütern (**die B-Güter)** Ausgaben hervorruft, die an den gesamten Beschaffungsausgaben einen **Anteil von rund 20%** haben, und
- die große Masse der Einsatzgüter (**die C-Güter**) zusammen Ausgaben verursacht, die lediglich **etwa 5%** der Gesamtausgaben ausmachen.

Damit sind **zwei Klassengrenzen** interessant, und zwar die Grenze zwischen den A-Gütern und den B-Gütern, die bei **75%** liegt, und die Klassengrenze zwischen den

A- sowie B-Gütern auf der einen Seite und den C-Gütern auf der anderen Seite, die bei **95%** liegt. Diese Prozentsätze dienen als Orientierungsmaßstab und können, wenn dies für die Transparenz förderlich ist, variiert werden. Es kommt lediglich darauf an, die Produktionsfaktoren so zu sortieren, dass deutlich wird, bei welchen es sich um die besonders bedeutsamen Einsatzgüter, die A-Güter, handelt, damit man diesen eine besondere Aufmerksamkeit schenken kann.

Beispiel

Betrachtet wird ein Betrieb, der die ABC-Analyse bei der Beschaffung von Büromaterial anwendet. Es wird aus Gründen der Vereinfachung unterstellt, dass lediglich 10 Einsatzgüterarten (Materialpositionen) eine Rolle spielen.

In der nachfolgenden Tabelle finden sich

- *die jeweiligen Jahresmengen,*
- *die Preise pro Mengeneinheit (Packung) sowie*
- *die durch Multiplikation von Menge und Preis bestimmten Jahreseinkaufswerte der einzelnen Einsatzgüterarten, also die jährlichen Ausgaben pro Materialposition:*

Nummer der Material-position	Bezeichnung der Material-position	Einkaufs-menge pro Jahr	Preis pro Einheit in Euro	Einkaufswert pro Jahr in Euro
1	Büroklammern	10	5	50
2	Schreibpapier	1000	10	10.000
3	Kugelschreiber	2000	2	4.000
4	Bleistifte	100	0,30	30
5	Klebestreifen	200	0,50	100
6	Karteikarten	10	6	60
7	Heftklammern	20	2	40
8	Aktenordner	200	3,50	700
9	Lineale	5	4	20
10	Druckerpatronen	100	50	5.000

In einem ersten Schritt werden die aufgeführten Materialpositionen entsprechend ihrer wertmäßigen Bedeutung sortiert, und zwar wird mit der wichtigsten Position begonnen, daran schließt sich die zweitwichtigste Position an usw.

Nummer der Materialposition	Bezeichnung der Materialposition	Einkaufsmenge pro Jahr	Preis pro Einheit in Euro	Einkaufswert pro Jahr in Euro
2	Schreibpapier	1.000	10	10.000
10	Druckerpatronen	100	50	5.000
3	Kugelschreiber	2.000	2	4.000
8	Aktenordner	200	3,50	700
5	Klebestreifen	200	0,50	100
6	Karteikarten	10	6	60
1	Büroklammern	10	5	50
7	Heftklammern	20	2	40
4	Bleistifte	100	0,30	30
9	Lineale	5	4	20

Anschließend wird der Anteil der einzelnen Materialposition an der Gesamtzahl der Materialpositionen ermittelt.

*Da wir insgesamt 10 Material-Positionen haben, hat **jede Materialposition einen Anteil an der Gesamtzahl der Positionen in Höhe von 10 %**.*

Nunmehr wird für jede Materialposition errechnet, wie hoch der Anteil ihres Einkaufswertes am Gesamteinkaufswert des betreffenden Jahres ist.

Da der Gesamteinkaufswert eine Höhe von 20.000 Euro hat, hat folglich

- *die Materialposition 2 (Schreibpapier) einen Anteil von 50%,*
- *die Materialposition 10 (Druckerpatronen) einen Anteil von 25%,*
- *die Materialposition 3 (Kugelschreiber) einen Anteil von 20%,*
- *die Materialposition 8 (Aktenordner) einen Anteil von 3,5%,*
- *die Materialposition 5 (Klebestreifen) einen Anteil von 0,5%,*
- *die Materialposition 6 (Karteikarten) einen Anteil von 0,3%,*
- *die Materialposition 1 (Büroklammern) einen Anteil von 0,25%,*
- *die Materialposition 7 (Heftklammern) einen Anteil von 0,2%,*
- *die Materialposition 4 (Bleistifte) einen Anteil von 0,15% und*
- *die Materialposition 9 (Lineale) einen Anteil von 0,1%.*

Sowohl die Anteile, welche die einzelnen Materialpositionen an der Gesamtzahl der Materialpositionen haben, als auch die Anteile, welche die Einkaufswerte der einzelnen Materialpositionen am Gesamteinkaufswert haben, werden nun kumuliert, d.h. Schritt für Schritt zusammengefasst, wobei mit der wertmäßig bedeutendsten Materialposition begonnen wird und die nächsten Materialpositionen in der Reihenfolge ihrer Bedeutung berücksichtigt werden. In der nachfolgenden Tabelle haben wir die Ergebnisse dieser Kumulation zusammengestellt:

Nummer der Material-position	Bezeichnung der Materialposition	Anteil an der Zahl der Materialpositionen in %		Anteil am Gesamteinkaufswert in %	
		einzeln	kumuliert	einzeln	kumuliert
2	Schreibpapier	10	10	50.00	50.00
10	Druckerpatronen	10	20	25.00	75.00
3	Kugelschreiber	10	30	20.00	95.00
8	Aktenordner	10	40	3.50	98.50
5	Klebestreifen	10	50	0.50	99.00
6	Karteikarten	10	60	0.30	99.30
1	Büroklammern	10	70	0.25	99.55
7	Heftklammern	10	80	0.20	99.75
4	Bleistifte	10	90	0.15	99.90
9	Lineale	10	100	0.10	100.00

Die Tabelle zeigt, dass auf 20% aller Materialpositionen 75% des Gesamteinkaufswertes entfallen bzw. dass für 20% aller Materialpositionen 75% der gesamten Ausgaben getätigt werden. Es handelt sich dabei um die ***A-Güter*** *(Schreibpapier und Druckerpatronen).*

Weiterhin wird deutlich, dass auf 30% aller Materialpositionen 95% des Gesamteinkaufswertes entfallen bzw. dass für 30% aller Materialpositionen 95% der gesamten Ausgaben getätigt werden. Es handelt sich dabei um die A-Güter (Schreibpapier und Druckerpatronen) und das B-Gut (Kugelschreiber). Auf die restlichen Materialpositionen, d.h. auf 70% aller Materialpositionen, die C-Güter, entfällt lediglich ein Anteil am Gesamteinkaufswert in Höhe von 5%.

Den für die Beschaffung zuständigen Personen ist also zu empfehlen, sich zunächst schwerpunktmäßig mit dem Einkauf von lediglich zwei Positionen, dem Schreibpapier bzw. den Druckerpatronen, d.h. mit den A-Gütern, zu befassen. Wenn die Beschaffungsausgaben hier beispielsweise um rund 6,7% gesenkt werden könnten, würden Einsparungen in Höhe von rund 1.000 Euro erzielt und damit Einsparungen, die man bei den C-Gütern nur erzielen würde, wenn man auf die Beschaffung dieser Güter völlig verzichten würde.

– Lieferantenbewertungsverfahren –

Bei dem üblichen Lieferantenbewertungsverfahren handelt es sich um nichts anderes als um eine **Nutzwertanalyse** (vgl. Schuster/Siemens, S. 51–55), also um eine klassische Entscheidungstechnik, bei der die Auswahl der Alternativen (Handlungsmöglichkeiten, die sich gegenseitig ausschließen) anhand mehrerer Kriterien erfolgt. Um die im Hinblick auf jedes Kriterium erzielten Teilergebnisse zu einem Gesamtergebnis zusammenfassen zu können, müssen die Auswahlkriterien entsprechend ihrer Bedeutung gewichtet werden. Weiterhin benötigt man für die Bewertung eine Noten- und Punkteskala.

Beispiel

*Es wird unterstellt, eine für die Beschaffung von Schreibpapier zuständige Person habe lediglich die **Wahl zwischen zwei Lieferanten.***

*Für die Auswahl seien nur **drei Kriterien** relevant, die **Qualität** des Papiers, der **Preis** und die **Liefersicherheit,** wobei man die **Qualität** für **doppelt so wichtig** hält **wie den Preis** und die **Liefersicherheit für doppelt so wichtig** gehalten **wird wie die Qualität.***

*Bei der Beurteilung soll die folgende **Noten- bzw. Punkteskala** herangezogen werden.*

Note	**Punkte**
sehr gut	*5*
gut	*4*
befriedigend	*3*
hinreichend	*2*
unzureichend	*0*

Nachforschungen haben ergeben, dass Lieferant I das Papier zu einem extrem niedrigen Preis anbietet, seine Papierqualität gut ist, aber die Liefersicherheit zu wünschen übrig lässt und nur als hinreichend eingestuft werden kann. Lieferant II verkauft das Papier relativ teuer. Man kann den Preis nur noch gerade akzeptieren. Die Papierqualität und die Liefersicherheit sind allerdings tadellos (sehr gut).

Die Informationen lassen sich tabellarisch zusammenstellen. Dabei wird folgendermaßen vorgegangen: In der ersten Spalte werden die Kriterien aufgeführt und in der zweiten Spalte werden die Gewichtungen festgehalten. Dann werden im Hinblick auf jedes Kriterium und für jeden Lieferanten die Punkte ermittelt. So erhält beispielsweise Lieferant I für den sehr günstigen Preis 5 Punkte. Anschließend werden die Punkte mit dem Gewichtungsfaktor multipliziert, um die so genannten gewichteten Punkte zu erhalten. Für Lieferant I ergeben sich somit beim Preis 5 gewichtete Punkte. Die von einem Lieferanten erzielten gewichteten Punkte werden dann zum Gesamtpunktwert, dem so genannten Nutzwert, zusammengefasst.

In unserem Beispiel wird deutlich, dass Lieferant II einen höheren Gesamtpunktwert erzielt und somit, wenn man die durchgeführte Bewertung akzeptiert, der Auftrag an ihn zu vergeben ist.

		Lieferant I		Lieferant II	
Kriterien	*Gewichtung*	*Punkte*	*gewichtete Punkte*	*Punkte*	*gewichtete Punkte*
Preis	*1*	*5*	*5*	*2*	*2*
Qualität	*2*	*4*	*8*	*5*	*10*
Liefersicherheit	*4*	*2*	*8*	*5*	*20*
Erzielte Gesamtpunktzahl:			***21***		***32***

Das Beispiel deutet die Probleme an, die mit dieser Form der Lieferantenbewertung verbunden sind und die man mit folgenden Fragen zum Ausdruck bringen kann:

- *Wurden tatsächlich alle Lieferanten, von denen man das Gut beziehen kann, ermittelt?*
- *Wurden alle relevanten Kriterien berücksichtigt?*
- *Wurden die Kriterien entsprechend ihrer Bedeutung berücksichtigt?*
- *Trifft die Bewertung im Einzelnen zu?*
- *Werden die Bewertungsunterschiede mit der Punkteskala angemessen erfasst oder wäre eine andere Punkteskala zweckmäßiger?*

Alles in allem wird deutlich, dass das Ergebnis einer solchen Lieferantenbewertung keineswegs objektiv ist, sondern von zahlreichen subjektiven Einflüssen geprägt wird.

Diese Mängel kann man nie ganz ausschalten, aber in ihren negativen Auswirkungen begrenzen, indem man beispielsweise verschiedene Personen an der Bewertung beteiligt oder die Anzahl der Auswahlkriterien erhöht.

– Das Grundmodell zur Bestimmung der optimalen Bestellmenge –

Die Frage nach der **optimalen Bestellmenge** (kurz: **B*opt***) stellt sich stets dann, wenn der **Jahresbedarf** (kurz: **J**), d.h. die in einem Jahr von einer bestimmten Materialposition insgesamt benötigte Menge, bekannt ist. Es muss dann festgelegt werden, welche Mengen im Verlauf des Jahres wann bestellt werden müssen, um den Jahresbedarf zu decken.

Denkbar wäre beispielsweise, dass man den gesamten Jahresbedarf gleich zu Beginn des Jahres komplett bestellt. In diesem Fall entspricht die (einzige) Bestellmenge genau dem Jahresbedarf. Denkbar wäre aber auch, dass man zwei gleich große Bestellungen tätigt, die insgesamt den Jahresbedarf ergeben. Die einzelne Bestellmenge ist dann nur halb so groß wie der Jahresbedarf. Das Problem besteht nun darin, die optimale Größe der Bestellmenge zu bestimmen und somit die Bestellmenge zu wählen, bei der für den

Betrieb insgesamt die niedrigsten Kosten entstehen und bei der dann auch die Kosten der einzelnen Mengeneinheit am geringsten sind.

Dabei sind unter anderem folgende Kosten zu beachten:

- Jede Bestellung ruft Kosten hervor, beispielsweise Personalkosten, weil die Bestellung dem Lieferanten mitgeteilt werden muss oder weil man die Ware bei Ankunft überprüfen muss. Diese Kosten, die unabhängig von der Größe der Bestellung mit jeder Bestellung anfallen, nennt man **bestellfixe Kosten.** Je häufiger man bestellt, umso häufiger fallen die bestellfixen Kosten an und umso höher sind somit die in dem betreffenden Jahr entstehenden Kosten. Je weniger man den Jahresbedarf stückelt, d.h. je weniger Bestellungen man veranlasst, umso geringer sind die Kosten, die der Betrieb tragen muss.
- Auf der anderen Seite gibt es Kosten, die sich genau gegenläufig entwickeln. So nehmen beispielsweise mit der Größe der Bestellung die **Kosten der Lagerhaltung** zu. Würde man beispielsweise den ganzen Jahresbedarf mit einer Bestellung abdecken, dann müsste man diese große Menge auf Lager nehmen und ein relativ großes Lager bereitstellen, das hohe Kosten hervorruft. Würde man hingegen den Jahresbedarf decken, indem man jeden Tag bestellt, dann wäre nur eine geringe Lagerhaltung und damit ein kleines Lager nötig, das folglich auch weniger Kosten verursacht. Das Gleiche gilt für die **Kosten des Kapitaleinsatzes.** Muss der Materialvorrat beispielsweise durch Aufnahme von Krediten finanziert werden, dann wären bei kleinen Bestellungen die Zinskosten niedriger als bei einer großen Bestellung, da stets nur weniger Material auf Lager liegt.

Die Überlegungen kann man in einen mathematischen Ansatz einfließen lassen. Es liegt auf der Hand, dass die Aufstellung einer entsprechenden Gleichung umso komplizierter wird, je mehr Einflussgrößen berücksichtigt werden sollen.

Im Rahmen einer Einführungsschrift können wir nur das **Grundmodell zur Bestimmung der optimalen Bestellmenge** (vgl. Wöhe, S. 403) behandeln, **bei dem aus Gründen der Vereinfachung von folgenden Annahmen ausgegangen wird:**

(1) Der **Jahresbedarf (J)** für die betreffende Materialposition ist bekannt.
(2) Das Material wird gleichmäßig verbraucht; folglich wird auch in gleichen zeitlichen Abständen die gleiche Menge (**B**) bestellt.
(3) Die Beschaffungsgeschwindigkeit ist unendlich. Der Beschaffungsvorgang nimmt also keine Zeit in Anspruch.
(4) Alle Kosten sind bekannt und variieren im Betrachtungszeitraum nicht.
(5) Es spielen nur die folgenden Kostenkategorien eine Rolle, und zwar
   - der für eine Mengeneinheit der betreffenden Materialposition zu zahlende **Preis** (kurz: **P**),

- die **fixen Kosten pro Bestellung** (kurz: **fKB**), die, wie oben erwähnt, auch als **bestellfixe Kosten** bezeichnet werden,
- die **Kosten der Lagerhaltung,** die sich aus den Kosten des Lagers (z.B. Mietkosten) und Kosten der Kapitalbindung zusammensetzen.

Bezüglich der Kosten der Lagerhaltung gilt Folgendes:

- Es wird unterstellt, dass das Lager stets an die zu lagernde Menge angepasst werden kann. Also variieren die Kosten des Lagers (z.B. die Mietkosten) ebenfalls mit der Menge, wobei von einem proportionalen Verlauf ausgegangen wird. Wenn man zwei Einheiten lagert, rufen diese also im Vergleich zur Lagerung einer Einheit doppelt so hohe Kosten hervor. Werden 10 Einheiten gelagert, dann betragen die Lagerkosten das Zehnfache der Lagerkosten einer Einheit. **Die Lagerkosten pro Stück werden damit als konstant unterstellt.** Man kann sie daher mit einem Prozentsatz, der auf den Preis bezogen wird, zum Ausdruck bringen. Diesen Prozentsatz nennt man **Lagerkostensatz** (kurz: **l**). Beträgt beispielsweise der Preis 1,00 Euro und muss man mit 0,10 Euro Lagerkosten pro Stück rechnen, dann kann man die **Lagerkosten pro Mengeneinheit** auch mit der Formulierung 1,00 Euro · 10 % oder allgemein mit **P · l** zum Ausdruck bringen.
- Entsprechende Überlegungen gelten für die Kapitalkosten (Zinskosten). Auch hier wird unterstellt, dass für jede gelagerte Mengeneinheit die gleichen Finanzierungskosten entstehen. Die Finanzierungskosten pro Stück kann man dann zum Ausdruck bringen, indem man den Stückpreis mit einem Prozentsatz, den **Zinskostensatz** (kurz: **z**), multipliziert. Muss man beispielsweise mit 0,05 Euro Zinskosten pro eingelagertem Stück rechnen und beträgt der Preis 1,00 Euro, dann kann man die **Zinskosten pro Mengeneinheit** mit der Formulierung 1,00 Euro · 5 % oder allgemein mit **P · z** zum Ausdruck bringen.

Die gesamten Kosten der Lagerhaltung pro Stück betragen dementsprechend **P · l + P · z** oder, wenn man P ausklammert, **P (l + z).**

Ausgehend von diesen Annahmen können wir folgende Gleichung aufstellen, wobei wir zunächst eine verbale Formulierung wählen und diese dann in mathematische Zeichen umsetzen.

Demnach gilt für eine Materialposition:

Die gesamten Beschaffungskosten pro Jahr (kurz: **K**) setzen sich aus den jährlichen Beschaffungskosten im engeren Sinn und den jährlichen Lagerhaltungskosten zusammen.

K = jährliche Beschaffungskosten i. e. S. +
jährliche Lagerhaltungskosten

Die **jährlichen Beschaffungskosten** bestehen aus zwei Komponenten aus dem Jahresbeschaffungswert und den Kosten der Bestellvorgänge.

**K = Jahresbeschaffungswert +
Kosten der Bestellvorgänge +
jährliche Lagerhaltungskosten**

Der **Jahresbeschaffungswert** ergibt sich durch Multiplikation des Jahresbedarfs **(J)** mit dem für eine Einheit zu zahlenden Preis **(P).**

**K = J · P + Kosten der Bestellvorgänge +
jährliche Lagerhaltungskosten**

Die **Kosten der Bestellvorgänge** ergeben sich, indem man die Anzahl der jährlichen Bestellungen mit den bestellfixen Kosten **(fKB)** multipliziert.

**K = J · P + Anzahl der jährlichen Bestellungen · fKB +
jährliche Lagerhaltungskosten**

Die **Anzahl der jährlichen Bestellungen** ergibt sich, indem man den Jahresbedarf (**J**) durch die stets gleiche Bestellmenge **(B)** teilt.

**K = J · P + J : B · fKB +
jährliche Lagerhaltungskosten**

Die jährlichen Lagerhaltungskosten hängen davon ab, welche Menge durchschnittlich gelagert wird und welche Lagerhaltungskosten pro Stück zu berücksichtigen sind. Für die Lagerhaltungskosten pro Stück haben wir oben schon nachgewiesen, dass wir sie mit der Formulierung **P (l + z)** zum Ausdruck bringen können.

Die Menge, die durchschnittlich gelagert wird, d.h. die durchschnittliche Vorratsmenge, entspricht der **halben Bestellmenge (B:2).**

Dies macht folgendes Beispiel deutlich: Es wird unterstellt, dass stets 100 Stück bestellt werden. Folglich müssen nach Eingang der Lieferung zunächst 100 Stück gelagert werden. Die Güter verlassen dann kontinuierlich das Lager, bis kein Vorrat mehr vorhanden ist und eine neue Bestellung getätigt wird. Am Anfang eines Bestellzyklusses liegen also 100 Stück und zum Schluss liegt kein Stück auf Lager, im Durchschnitt werden somit 50 Stück gelagert.

Damit lautet die Gleichung

K = J · P + J : B · fKB + B : 2 · P (l + z)

Um die weitere Arbeit mit dieser Gleichung zu erleichtern, nehmen wir einige Umstellungen vor.

$$K = J \cdot P + J \cdot fKB : B + P\,(l + z) : 2 \cdot B$$

Die optimale Bestellmenge **B*opt*** lässt sich ermitteln, indem man K nach BM differenziert und die 1. Ableitung, d.h. dK/dB, gleich 0 setzt.

Man erhält dann die Gleichung

$$0 = -\,J \cdot fKB : B opt^2 + P\,(l + z) : 2$$

und nach Addition **– J · fKB : B*opt*²** auf beiden Seiten

$$J \cdot fKB : B opt^2 = P\,(l + z) : 2$$

und nach Multiplikation mit **2 B*opt*²** auf beiden Seiten

$$2 \cdot J \cdot fKB = P\,(l + z)\,B opt^2$$

und nach Division durch **P (l + z)** auf beiden Seiten sowie Umstellung der Gleichung

$$B opt^2 = \frac{2 \cdot J \cdot fKB}{P\,(l + z)}$$

und nachdem man die zweite Wurzel zieht

$$B opt = \sqrt{\frac{2 \cdot J \cdot fKB}{P\,(l + z)}}$$

Die letzte Formel kann man wieder verbal fassen.

Es gilt dann:

$$\text{Optimale Bestellmenge} = \sqrt{\frac{2 \cdot \text{Jahresbedarf} \cdot \text{bestellfixe Kosten}}{\text{Einstandspreis} \cdot (\text{Zinssatz} + \text{Lagerkostensatz})}}$$

Beispiel zur Anwendung der einfachen Bestellmengenformel

In einem Betrieb werden pro Jahr 10.000 Einheiten eines speziellen Materials benötigt. Der Preis für eine Mengeneinheit beträgt 50 Euro. Die fixen Kosten pro Bestellung betragen 20 Euro, der Lagerkostensatz hat eine Höhe von 11% und der Zinskostensatz liegt bei 9%. Wie hoch ist die optimale Bestellmenge?

Es gilt also

J = *10.000 Stück;* **fKB** = *20 Euro;* **P** = 50 Euro; **l** = 11% und **z** = 9%.

Wir setzen diese Größen in die Bestellmengenformel ein und erhalten:

$$\boldsymbol{Bopt = \sqrt{\frac{2 \cdot 10.000\ Stück \cdot 20\ Euro}{50\ Euro\ (11\% + 9\%)}}}$$

bzw.

$$\boldsymbol{Bopt = \sqrt{\frac{20.000\ Stück \cdot 20\ Euro}{50\ Euro\ (20\%)}}}$$

bzw.

$$\boldsymbol{Bopt = \sqrt{\frac{20.000\ Stück \cdot 20\ Euro}{10\ Euro}}}$$

bzw.

$$\boldsymbol{Bopt = \sqrt{40.000\ Stück}}$$

und letztlich

$$\boldsymbol{Bopt = 200\ Stück}$$

Die optimale Bestellmenge liegt also bei 200 Mengeneinheiten.

Da der Jahresbedarf eine Höhe von 10.000 Mengeneinheiten hat, müssen 50 Bestellungen pro Jahr vorgenommen werden.

– Kennzahlen der Lagerhaltung –

Ziel der Lagerhaltungspolitik ist es, den Lagerbestand so zu gestalten, dass einerseits für die Produktion jederzeit hinreichend Einsatzgüter bereitgestellt werden können (vgl. Korndörfer, S. 234) und andererseits keine unnötige Vorratshaltung betrieben wird. Es liegt auf der Hand, dass es nicht einfach ist, diese allgemeine Zielsetzung bezüglich der einzelnen Materialpositionen so zu konkretisieren, dass simultan Versorgungssicherheit und Wirtschaftlichkeit erreicht werden.

Vor diesem Hintergrund hat man Kennzahlen entwickelt, von denen eine Signalfunktion ausgeht. Sie machen die für die Lagerhaltungspolitik zuständigen Personen darauf aufmerksam, dass sie tätig werden müssen.

- Eine erste Größe ist der so genannte **Meldebestand (MB).**

> ***Bei dem Meldebestand, der auch Bestellbestand oder Bestellpunkt genannt wird, handelt es sich um den vorhandenen Lagerbestand, bei dem zur Sicherung der Produktion eine Nachbestellung erforderlich ist.***

Wann Meldebestand erreicht wird, hängt von zahlreichen Einflussgrößen ab, unter anderem von der Höhe der angestrebten Produktmenge, von Produktionsschwankungen und von dem Zeitraum, den der Beschaffungsvorgang benötigt, wobei dieser Beschaffungszeitraum mit dem Erkennen der Notwendigkeit einer Bestellung beginnt und mit dem Zeitpunkt des Materialeingangs endet. Insofern ist der Meldebestand häufig nicht leicht zu ermitteln. Vor seiner Ermittlung sind die Mengengröße (z.B. Stück, Kilogramm usw.) und die Zeiteinheit festzulegen, mit der man arbeiten will (z.B. eine Stunde, ein Tag, eine Woche usw.)

Aus Gründen der Vereinfachung werden meistens die folgenden **Annahmen** gesetzt:

- Es gibt keine Produktionsschwankungen, d.h. der Materialverbrauch findet gleichmäßig statt. Er ist also pro Tag, pro Woche, pro Monat usw. konstant.
- Der **Materialverbrauch pro Zeiteinheit (MV)** ist bekannt.
- Der **Beschaffungszeitraum (t),** d.h. **die Anzahl der für die Beschaffung erforderlichen Zeiteinheiten**, ist bekannt und konstant.

Dann gilt für den **Meldebestand (MB)**

$$\mathbf{MB = MV \cdot t}$$

Beispiel

In einem Betrieb werden 100 Stück einer bestimmten Materialposition pro Tag benötigt. Der Beschaffungsvorgang nimmt 5 Tage in Anspruch. Dann beträgt der Meldebestand

$$\boldsymbol{MB = MV \cdot t}$$
$$\boldsymbol{MB = 100\ \text{Stück/Tag} \cdot 5\ \text{Tage}}$$
$$\boldsymbol{MB = 500\ \text{Stück}}$$

Sobald nur noch 500 Stück auf Lager liegen, ist eine Bestellung einzuleiten.

Ist man sich bezüglich der Verbrauchsschätzungen nicht ganz sicher oder kann man eine Lieferverzögerung nicht ganz ausschließen, dann ist es sinnvoll, eine bestimmte Materialmenge unabhängig vom Verbrauch als Sicherheit vorzuhalten. Ein solcher Materialbestand, den man vorhält, um auf unerwartete Ereignisse reagieren zu können, wird **»eiserner Bestand« (eB)** genannt (vgl. Korndörfer, S. 234).

Unter Berücksichtigung des »eisernen Bestandes« (eB) ergibt sich für den Meldebestand (MB) folgende Berechnung:

$$\mathbf{MB = MV \cdot t + eB}$$

Beispiel

In einem Betrieb werden pro Tag 600 Blatt Schreibpapier verbraucht. Die Lieferzeit nach Ausgang der Bestellung nimmt 50 Tage in Anspruch. Bis zur Mitteilung an den Lieferanten benötigt man für die Vorbereitung der Bestellung 10 Tage. Der »eiserne Bestand« ist mit 10.000 Blatt vorgegeben.

$$\boldsymbol{MB = MV \cdot t + eB}$$
$$\boldsymbol{MB = 600\ \text{Blatt/Tag} \cdot 60\ \text{Tage} + 10.000\ \text{Blatt}}$$
$$\boldsymbol{MB = 46.000\ \text{Blatt}}$$

Sobald nur noch 46.000 Blatt auf Lager sind, ist eine Bestellung einzuleiten.

- Eine weitere für die Lagerhaltung bedeutsame Kennzahl ist der **Lagerumschlagskoeffizient (L),** der auch kurz als **Lagerumschlag, Umschlagsgeschwindigkeit** oder **Umschlagshäufigkeit** bezeichnet wird.

> ***Der Lagerumschlagskoeffizient (L) gibt an, wie häufig der Lagerbestand in einem bestimmten Zeitraum »umgeschlagen« wird, wie oft also in einem bestimmten Zeitraum ein Ersatz für das entnommene Material erfolgen muss.***

Er wird errechnet, indem man den **Lagerabgang in einer Betrachtungsperiode (LA)** durch den **durchschnittlichen Lagerbestand in der Betrachtungsperiode (DLB)** teilt.

Es gilt also

L = LA / DLB

Beispiel

Zu Beginn eines Jahres liegen 110.000 Mengeneinheiten einer Materialposition auf Lager. Der Endbestand am Jahresende hatte eine Höhe von 90.000 Mengeneinheiten. Im Laufe des Jahres wurden die entnommenen Bestände stets ersetzt. Insgesamt wurden 600.000 Mengeneinheiten auf Lager genommen.

Der gesamte Lagerabgang des Jahres ergibt sich, indem man den Anfangsbestand in Höhe von 110.000 Mengeneinheiten um den Zugang in Höhe von 600.000 Mengeneinheiten erhöht und hiervon den Endbestand in Höhe von 90.000 Mengeneinheiten abzieht. Der Lagerabgang (LA) beträgt somit 620.000 Mengeneinheiten. Der durchschnittliche Lagerbestand (DLB) ergibt sich unter Berücksichtigung der genannten Vereinfachung als arithmetisches Mittel des Anfangs- und Endbestandes, also in Höhe 100.000 Mengeneinheiten = (110.000 Mengeneinheiten + 90.000 Mengeneinheiten) : 2.

Damit gilt

L = LA / DLB
L = 620.000 : 100.000
L = 6,2

Der Lagerumschlag beträgt also 6,2. Der Lagerbestand wird also in einem Jahr rund 6 Mal ausgetauscht.

- Eine weitere Kennzahl ist die **Lagerdauer (LD),** die auch als **Lagerfrist** (vgl. Korndörfer, S. 236) bezeichnet wird.

Mit der Kennzahl »Lagerdauer« wird angegeben, wie lange das Material in einer Betrachtungsperiode, in der Regel ein Jahr, durchschnittlich auf Lager liegt.

Sie ergibt sich, indem man die Betrachtungsperiode (BP) durch den Lagerumschlag (L) teilt.

Es gilt also

LD = BP/ L

Beispiel

Wenn wir die beim letzten Beispiel verwendeten Daten wieder heranziehen, beträgt L 6,2. Bei dem Betrachtungszeitraum BP handelt es sich um ein Jahr, also um 365 Tage.

Damit gilt:

LD = BP/ L
LD = 365 Tage : 6,2
LD = 58,87 Tage

Die Lagerdauer beträgt also rund 59 Tage, d.h. das Material liegt durchschnittlich 59 Tage auf Lager.

Selbstverständlich könnte man die Betrachtungsperiode auch in anderen Zeiteinheiten vorgeben. Wählt man beispielsweise als Zeiteinheit einen Monat, dann gilt für die Berechnung der durchschnittlichen Lagerdauer:

LD = BP/ L
LD = 12 Monate : 6,2
LD = rd. 2 Monate

8.1.3 Besonderheiten des kommunalen Beschaffungswesens

Das **Beschaffungswesen der öffentlichen Verwaltung** wird auch **öffentliches Vergabewesen** genannt. Es weist gegenüber dem der Privatwirtschaft einige Besonderheiten auf. **So müssen die öffentlichen Verwaltungsbetriebe Vorschriften beachten, die für eine privatwirtschaftliche Unternehmung nicht gelten.**

Unter anderem ist bei Beschaffungsvorgängen, die mit Baumaßnahmen in Verbindung stehen, die **VOB** und bei anderen Beschaffungsvorgängen die **VOL** bzw. **VOF** von Bedeutung. Bei der VOB handelt es sich um die **Verdingungsordnung für Bauleistungen,** bei der VOL um die **Verdingungsordnung für Leistungen, ausgenommen Bauleistungen,** und bei der VOF um die **Verdingungsordnung für freiberufliche Leistungen.**

VOB, VOL und VOF sind unverbindliche Regelwerke. Wenn sie im Bereich der öffentlichen Verwaltung angewendet werden sollen, dann müssen also andere Vorschriften eine solche Verpflichtung enthalten.

Für den Bereich der Kommunalverwaltung ist zunächst einmal das Haushaltsrecht heranzuziehen. In Nordrhein-Westfalen ist beispielsweise § 25 GemHVO von Bedeutung, der folgenden Inhalt hat:

> ***»(1) Der Vergabe von Aufträgen muss eine öffentliche Ausschreibung vorausgehen, sofern nicht die Natur des Geschäfts oder besondere Umstände eine beschränkte Ausschreibung oder eine freihändige Vergabe rechtfertigen.***
> ***(2) Bei der Vergabe von Aufträgen in einer finanziellen Größenordnung unterhalb der durch die Europäische Union festgelegten Schwellenwerte sind die Vergabestimmungen anzuwenden, die das Innenministerium bekannt gibt.«***

Es wird deutlich, dass die haushaltsrechtliche Vorschrift nur als grundsätzliche Orientierungshilfe zu verstehen ist und im konkreten Einzelfall weiterer Klärungsbedarf besteht. Die Bestimmung der jeweils relevanten Vorschrift und der korrekten Vorgehensweise ist schwierig, weil Europa-, Bundes- und Landesrecht beachtet werden müssen. Für das jeweilige Beschaffungspersonal sind zusätzlich noch Regelungen (Dienstanweisungen bzw. Beschaffungsordnungen) der betreffenden Kommune von Bedeutung.

Bei der Klärung der Frage, welches Vergabeverfahren zu wählen ist, ist besonders darauf zu achten, ob man bestimmte Auftragswerte, die von der Europäischen Union angegeben werden, überschreitet. Es handelt sich dabei um die so genannten **EG- oder EU-Schwellenwerte**, die je nach Art der Leistung und Sektorenzugehörigkeit unterschiedlich hoch festgelegt werden können (vgl. beispielsweise Hopf, S. 33).

- **Werden solche Schwellenwerte nicht überschritten, dann gilt grundsätzlich Folgendes**:

  Das **Regelverfahren** ist die **»Öffentliche Ausschreibung«,** bei der nach streng vorgegebenem Ablauf eine unbeschränkte Zahl von Unternehmen zur Einreichung von Angeboten aufgefordert wird. Unter bestimmten Bedingungen können aber ausnahmsweise auch **zwei andere Vergabearten** gewählt werden, die »Beschränkte Ausschreibung« und die »Freihändige Vergabe«. Bei der **»Beschränkten Ausschreibung«** wird ebenfalls ein bestimmtes Verfahren vorgeschrieben, aber der Kreis der Anbieter begrenzt, und bei der **»Freihändigen Vergabe«** handelt es sich um ein formloses Verfahren, das dadurch kennzeichnet ist, dass nur zu wenigen Lieferanten Kontakt aufgenommen wird. In Verbindung mit beiden Verfahren kann, um die potenziellen Anbieter zu erfassen, zuvor eine öffentliche Aufforderung erfolgen, Teilnahmeanträge zu stellen. Es handelt sich dann um eine **Beschränkte Ausschreibung mit Öffentlichem Teilnahme-**

wettbewerb bzw. **Freihändige Vergabe mit Öffentlichem Teilnahmewettbewerb.**

- **Werden die Schwellenwerte überschritten, dann werden die Aufträge in folgende Verfahren vergeben, und zwar in**

  a) **Offene Verfahren,** das der Öffentlichen Ausschreibung entspricht,
  b) **Nichtoffene Verfahren,** das der Beschränkten Ausschreibung mit Öffentlichem Teilnahmewettbewerb entspricht,
  c) **Verhandlungsverfahren,** das an die Stelle der Freihändigen Vergabe tritt, wobei man dies entweder

    - mit vorheriger Öffentlicher Vergabebekanntmachung (Verhandlungsverfahren mit Teilnahmewettbewerb) oder

    - ohne vorherige Öffentliche Vergabebekanntmachung (Verhandlungsverfahren ohne Teilnahmewettbewerb) durchführen kann.

In den letzten Jahren hat der Umfang der Verdingungsordnungen erheblich zugenommen, weil Regelungen der Europäischen Gemeinschaft berücksichtigt werden mussten.

Dieser Regelungswust hat zur Folge, dass sich die Kommunalverwaltungen (wieder einmal) Gedanken machen müssen, wie sie das **Beschaffungswesen aufbauorganisatorisch einbinden** wollen.

- Einerseits ist mit dem »Neuen Steuerungskonzept«, wie wir auch oben schon gezeigt haben, ein Trend in Richtung auf eine stärkere Dezentralisierung verbunden. Die diesem Konzept entstammende Formulierung von der anzustrebenden »dezentralen Ressourcenverantwortung« bringt dies deutlich zum Ausdruck. Wird dieser Bestandteil des Reformentwurfs umgesetzt, kann der einzelne budgetverantwortliche Bereich weitgehend eigenständig bestimmen, welche Produktionsfaktoren er zur Zielerreichung einsetzen will. Damit liegt dann auch der Gedanke nahe, die beschaffungspolitische Zuständigkeit jedem einzelnen budgetverantwortlichen Bereich zuzugestehen, die **kommunale Beschaffung** also **dezentral** zu betreiben, wie dies im Übrigen auch in der Vergangenheit in vielen Gemeinden ohnehin schon der Fall war.

- Zum anderen können nur noch Spezialisten das Regelungsdickicht durchschauen, was, wenn man keine rechtswidrige Vergabepraxis will, eher für eine **Zentralisierung des kommunalen Beschaffungswesens** spricht. Verstöße gegen die Regelungen des öffentlichen Vergabewesens können von den Gemeinden keineswegs auf die leichte Schulter genommen werden. Es drohen ihnen erhebliche Nachteile, falls solche Rechtsverletzungen nachgewiesen werden. In diesem Zusammenhang ist auch zu beachten, dass die Vergabe öffentlicher Aufträge seit 1998 Inhalt des **Gesetzes gegen Wettbewerbsbeschränkungen** ist und nunmehr zusätzlich zu den bisherigen Kontrollmöglichkeiten Nachprüfungsverfahren durch Vergabekammern durchgeführt sowie Vergabeprüfstellen mit zusätzlichen Kontrollkompetenzen eingerichtet werden können. Die Wahrscheinlichkeit, dass Verstöße gegen die Regelungen des öffentlichen Beschaffungswesens entdeckt werden und den Gemeinden dann empfindliche Strafen drohen, ist hierdurch erheblich größer geworden.

Ein zunehmend wichtiger werdendes beschaffungspolitisches Thema in den Kommunen ist das **E-Procurement** bzw. Electronic Procurement. Es handelt sich dabei um ein Beschaffungswesen, das moderne Informations- und Kommunikationstechnologien einsetzt. Man kann in diesem Zusammenhang auch von der internetbasierten Beschaffung sprechen. Es liegt auf der Hand, dass durch den Einsatz moderner Technik eine nicht unerhebliche Reduzierung der Beschaffungskosten möglich ist. Wie stets bei modernen Techniken, wirft die Beschaffung der Technik selbst ein großes beschaffungspolitisches Problem auf, da die Kosten-Nutzen-Relation nicht leicht zu ermitteln ist und auch der Vergleich der verschiedenen Problemlösungen nicht leicht fällt. Hinzu kommt, dass eine Variante des E-Procurements gewählt werden muss, die mit den Vergabevorschriften in Einklang steht.

8.2 Die Produktion

8.2.1 Definition des Begriffs »Produktion« und Überblick über die Produktionsfaktoren

Die Bereitstellung der Produktionsfaktoren ist nicht Selbstzweck. Sie erfolgt im Hinblick auf die Produktion.

> ***Bei der Produktion handelt es sich um einen Vorgang, der dadurch kennzeichnet ist, dass bestimmte Güter eingesetzt und miteinander kombiniert werden, um andere Güter zu erzeugen.***

Die Güter, die eingesetzt werden, nennt man, worauf wir schon hingewiesen haben, **Produktionsfaktoren, Einsatzgüter** oder **Input** und die das Ergebnis des Produktionsprozesses darstellenden Güter werden **Produkte, Erzeugnisse** oder **Output** genannt. Bei dieser Einteilung werden die Güter nicht nach bestimmten Eigenschaften unterschieden, sondern erfolgt die Unterscheidung nach ihrer Stellung im Fertigungsprozess, also danach, ob sie für die Produktion benötigt werden oder ob sie das Resultat dieses Vorgangs sind. Es kann sich also bei einem Einsatzgut und bei einem Erzeugnis um das gleiche Gut handeln.

So ist beispielsweise für einen Betrieb, der Büromöbel erzeugt, der produzierte Schreibtisch zunächst einmal ein Produkt. Wird er anschließend in der eigenen Verwaltung eingesetzt, handelt es sich um einen Produktionsfaktor.

Es gibt zahlreiche Versuche, die Produktionsfaktoren zu systematisieren (vgl. beispielsweise Jehle/Müller/Michael, S. 1, und Busse von Colbe/Laßmann, S. 77), wobei die meisten sich auf die Gliederung von Gutenberg (Produktion, S. 3) beziehen.

Demnach wird zunächst zwischen den **Elementarfaktoren** und dem **dispositiven Faktor** unterschieden.

- Bei den **Elementarfaktoren** handelt es sich um die eigentlichen Bestandteile der Produktion. Sie werden direkt miteinander kombiniert, um Erzeugnisse zu schaffen. Sie lassen sich in drei große Gruppen einteilen, und zwar in

  - die **Betriebsmittel,** das sind »langlebige« Güter, also beispielsweise Grundstücke, Gebäude und Maschinen,
  - die **Werkstoffe,** das sind Güter, die Bestandteil des Produkts werden oder die in Verbindung mit der Produktion verbraucht werden, und
  - die **ausführende (direkt objektbezogene) menschliche Arbeit,** wobei es sich in erster Linie, aber nicht ausschließlich um körperliche Tätigkeiten des Menschen handelt.

- Es liegt auf der Hand, dass die zur Zielerreichung notwendige Kombination der Elementarfaktoren sich nicht von selbst einstellt, sondern dass dieser Prozess begleitet, d.h. gesteuert werden muss. Der Produktionsfaktor, von dem diese Steuerungsfunktion ausgeht, wird **dispositiver Faktor** genannt. Es handelt sich dabei um die **leitende menschliche Arbeit, die die Betriebsführung, die Planung, Organisation und Kontrolle umfasst.**

Anders als in der Volkswirtschaftslehre wird also bei dem Ansatz von Gutenberg nicht von dem »Produktionsfaktor Arbeit« gesprochen, sondern werden zwei Produktionsfaktoren unterschieden, die mit der menschlichen Arbeit zu tun haben und die letztlich aus den Tätigkeiten ein und derselben Person resultieren können.

So ist beispielsweise der allein arbeitende selbstständige Handwerksmeister nicht einfach als Elementarfaktor oder dispositiver Faktor einzuordnen, sondern der Teil seiner Tätigkeit, der die Betriebsführung betrifft, der also Planung, Organisation und Kontrolle umfasst, ist als dispositiver Faktor anzusehen und der andere Teil seiner Tätigkeit, beispielsweise die Durchführung einer Reparatur unter Einsatz des Werkzeugs, als Elementarfaktor.

Mit dem dispositiven Faktor haben wir uns in Verbindung mit den Managementfunktionen bereits beschäftigt, insofern können wir uns jetzt darauf beschränken, schwerpunktmäßig auf die drei Elementarfaktoren einzugehen, wobei sich allerdings bezüglich der menschlichen Arbeit nicht immer völlig trennscharf zwischen den ausführenden und leitenden Tätigkeiten unterscheiden lässt.

8.2.2 Die menschliche Arbeit als Produktionsfaktor

Bezüglich des ersten Elementarfaktors, d.h. bezüglich der menschlichen Arbeit, interessiert besonders, welches Ergebnis ein bestimmter Arbeitseinsatz mit sich bringt und wovon dieses Arbeitsergebnis abhängt.

Das von einer Person in einem bestimmten Zeitraum erbrachte Arbeitsergebnis wird Arbeitsleistung oder Leistung genannt.

Wählt man für Arbeitsleistung die Kurzformulierung »Leistung«, dann muss man darauf achten, dass man diesen Begriff nicht mit dem gleichlautenden Begriff aus dem betrieblichen Rechnungswesen verwechselt. Dieser hat, wie wir bereits erläutert haben, eine andere Bedeutung.

Das Arbeitsergebnis kann unterschiedliche Inhalte haben.

> *So könnte man beispielsweise die Leistung einer Reinigungskraft feststellen, indem man die in einem bestimmten Zeitraum gereinigte Fläche betrachtet. Die Arbeitsleistung käme dann beispielsweise in dem Quotienten* ***»gereinigte Fläche in Quadratmetern/eingesetzte Arbeitsstunden«*** *zum Ausdruck. Im Verwaltungsbereich könnte man beispielsweise die in einem bestimmten Zeitraum bearbeiteten Vorgänge zur Leistungsberechnung heranziehen. In diesem Fall würde die Arbeitsleistung durch den Quotienten* ***»Anzahl der bearbeiteten Vorgänge/eingesetzte Arbeitsstunden«*** *ausgedrückt.*

Die Beispiele deuten an, wie schwierig es ist, die Arbeitsleistung zu messen und wie problematisch eventuelle Leistungsvergleiche sind.

Welche Arbeitsleistung entsteht, hängt von zahlreichen Faktoren ab (vgl. Schuster/Siemens, S. 83), die **Bestimmungsgrößen der Leistung** oder **Determinanten der Leistung** genannt werden, wobei man unterscheiden muss, ob sie eher der Umwelt oder der Person selbst zuzuordnen sind.

Zu den eher **externen Einflussgrößen** zählen:

- die **Anforderungen,** welche die Stelle an den Stelleninhaber richtet *(Sowohl bei einer Unter- als auch bei einer Überforderung ist nicht mit einem optimalen Arbeitsergebnis zu rechnen.),*
- die **Sachmittelausstattung** *(Offensichtlich kann jemand, dem moderne Maschinen zur Verfügung stehen und der mit solchen Maschinen umgehen kann, eine erheblich höhere Arbeitsleistung erbringen als jemand, der lediglich veraltete Geräte einsetzen kann.),*
- das **Verhalten anderer Personen** *(So hängt die Qualität einer Sachbearbeitung erheblich davon ab, wie Kollegen und Kolleginnen, Vorgesetzte und Abnehmer der Dienstleistung bei eventuellen Fragen reagieren und welche Informationen sie bereitstellen.).*

Daneben sind **Bestimmungsfaktoren** bedeutsam, **die ganz oder überwiegend mit der Person, die die Arbeitsleistung erbringen soll, zusammenhängen.**

- Dabei geht es zunächst um die Frage, ob eine bestimmte Person überhaupt die geforderte Arbeitsleistung erbringen kann. Man spricht in diesem Zusammenhang von dem **Leistungsvermögen,** wobei man zwischen dem grundsätzlichen Leistungsvermögen, der generellen **Leistungsfähigkeit,** und dem momentanen Leistungsvermögen, der **Leistungsdisposition,** unterscheidet.
- Für die Leistung ist aber nicht nur bedeutsam, ob man das gewünschte Arbeitsergebnis erbringen kann, sondern ob man es auch erbringen will. Insofern ist der **Leistungswille** oder in anderen Worten die **Leistungsbereitschaft** als weitere Determinante aufzuführen. Diese hängt von bestimmten Anreizen ab, wobei für die Wirksamkeit der **Leistungsanreize** die **Motive,** d.h. **Beweggründe** oder **Bedürfnisse,** des einzelnen Menschen bedeutsam sind (vgl. Schuster/Siemens, S. 84).

8.2.3 Die Betriebsmittel und die Werkstoffe

Wie bereits erwähnt, zählen zur **zweiten Gruppe der Elementarfaktoren,** d.h. zu den **Betriebsmitteln,** zunächst einmal »langlebige« stoffliche (materielle) Güter, wie beispielsweise Grundstücke, Gebäude, Maschinen sowie Anlagen. Darüber hinaus werden auch langfristig nutzbare nicht stoffliche (immaterielle) Güter, wie beispielsweise Patente, Markenrechte, Urheberrechte, Konzessionen sowie Lizenzen, dieser Gruppe von Elementarfaktoren zugeordnet. Ähnlich wie bei den Determinanten der menschlichen Arbeitsleistung kann man auch bezüglich der Betriebsmittel Einflussgrößen unterscheiden, von denen es letztlich abhängt, wie sich der Einsatz des einzelnen Faktors auf das Produktionsergebnis auswirkt. Es handelt sich dabei um die **»Ergiebigkeitskomponenten von Betriebsmitteln«** (Jehle/Müller/Michael, S. 16).

So ist für die »Ergiebigkeit« eines Betriebsmittels sein **technischer Leistungsstand** (Zustand) von Bedeutung, der davon abhängt,

- inwieweit sich der **technische Fortschritt** bereits in ihm niedergeschlagen hat,
- wie stark das Betriebsmittel schon abgenutzt ist und
- ob das betreffende Gut überhaupt eingesetzt werden kann, d.h. ob es betriebsfähig und nicht defekt ist,
- wie groß seine Kapazität, d.h. die technisch mögliche Leistung, ist und
- welche fertigungstechnische Elastizität es aufweist, d.h. über welche Anpassungsfähigkeit an wechselnde Produktionsbedingungen es verfügt.

So hängt der Beitrag, den eine EDV-Anlage zur Aufgabenerfüllung leisten kann, beispielsweise davon ab,

- *wie modern die Geräte sind,*
- *wie lange die Geräte schon genutzt worden sind, weil man gegen Ende der Nutzungsdauer mit mehr Reparaturen rechnen muss,*
- *ob das Gerät gerade defekt ist,*
- *wie groß der Arbeitsspeicher ist,*
- *wie benutzerfreundlich die Programme sind und*
- *wie ausbau- bzw. anpassungsfähig sie ist, falls sich der Bedarf der Nutzer in inhaltlicher oder mengenmäßiger Hinsicht ändert.*

Ähnliche Überlegungen wie für die Betriebsmittel gelten für **die dritte Gruppe von Elementarfaktoren, die Werkstoffe** (vgl. Jehle/Müller/Michael, S. 25). Das sind – worauf wir bereits hingewiesen haben – die **Güter, die Bestandteil des Produkts werden oder die in Verbindung mit der Produktion kurzfristig verbraucht werden.** Für diese Gruppe von Produktionsfaktoren werden in der Literatur unterschiedliche Bezeichnungen gewählt. Sie werden beispielsweise auch als **Repetierfaktoren** (vgl. Jehle/Müller/Michael, S. 25) oder **Verbrauchsfaktoren** bezeichnet. Hinzu kommt, dass auch der Begriff »Werkstoffe« keineswegs einheitlich verwendet wird. Gleichwohl werden wir diesen Begriff, so wie wir ihn oben definiert haben, in dieser Schrift weiterhin zugrunde legen.

Nach der von uns gewählten Definition zählen zu den Werkstoffen

- die unfertigen Erzeugnisse,
- die Teile,
- die Rohstoffe,
- die Hilfsstoffe und
- die Betriebsstoffe.

- **Die unfertigen Erzeugnisse,** also die Zwischenprodukte, **die Teile,** d.h. Güter, die in das Produkt »einfließen«, ohne sich zu verändern, und die daher auch nach dem Fertigungsvorgang als solche erkennbar sind, sowie **die Rohstoffe,** also beispielsweise Eisen, Holz, Leder und Wolle usw., bilden die Hauptbestandteile eines Produkts. Sie unterscheiden sich durch den erreichten Grad der Bearbeitung. Ihre relative Bedeutung für den Fertigungsprozess kann von Betrieb zu Betrieb unterschiedlich sein.

  - *Die **Rohstoffe** wären beispielsweise dominant, wenn eine Person, die einen Schrank erstellen will, selbst einen Baum fällt, aus dem Holz die notwendigen Bestandteile (Bretter, Holznägel usw.) fertigt und diese dann so zusammensetzt, dass der Schrank entsteht.*
  - *Ein modernerer Fertigungsprozess könnte hingegen dadurch gekennzeichnet sein, dass die betreffende Person sich mit Brettern, Nägeln usw., also mit den Komponenten, beliefern lässt, die für die Erstellung des Schrankes benötigt werden, und diese dann lediglich so verarbeitet, dass das Möbelstück entsteht. Es würden dann (vorgefertigte) **Teile** montiert. Den Betrieb könnte man als Montagebetrieb bezeichnen.*
  - *Denkbar wäre allerdings auch, dass die betreffende Person andere Personen damit beauftragt, den Schrank weitgehend vorzufertigen, so dass beispielsweise nur noch die Türen montiert werden müssen. Dann würde der Produktionsfaktor **»unfertige Erzeugnisse«** eine besondere Bedeutung haben.*

- **Hilfsstoffe** gehen ebenfalls in das Produkt ein. Sie sind allerdings im Vergleich zu den soeben behandelten Produktionsfaktoren mengen- und wertmäßig nicht so bedeutsam.

  Die Farbe, die man für den Anstrich des Schrankes benötigt, wäre beispielsweise diesen Einsatzgütern zuzuordnen.

- **Betriebsstoffe** werden keine Bestandteile des Produkts. Sie sind allerdings erforderlich, damit der Fertigungsprozess durchgeführt werden kann.

  Die Schmiermittel und die Kraftstoffe, die für den Betrieb einer Motorsäge benötigt werden, zählen beispielsweise zu den Betriebsstoffen.

Welchen Beitrag die Werkstoffe zur Erfüllung der Zielsetzung leisten, hängt von den **Ergiebigkeitskomponenten der Werkstoffe** ab (vgl. Jehle/Müller/Michael, S. 24–25). In diesem Zusammenhang ist erst einmal bedeutsam, welcher Teil des Werkstoffs auch tatsächlich genutzt werden kann oder wie hoch in anderen Worten der Materialverlust ist. Weiterhin ist bedeutsam, inwieweit sich bei einem Werkstoff die einzelnen Einheiten entsprechen, ob also die Zusammensetzung und die Qualität des betreffenden Werkstoffs bei einzelnen Einsatzmengen gleich sind. Wichtig ist somit der Grad der Vereinheitlichung, d.h. die Standardisierung. Schließlich hängt die Ergiebigkeit des Werkstoffs noch von seiner Form und seinen physikalischen Eigenschaften ab.

Betrachtet man beispielsweise den Einsatz von Schreibpapier in einer Verwaltung, so wäre für die Klärung der Frage, welches Papier im Hinblick auf eine optimale Aufgabenerfüllung beschafft werden sollte, bedeutsam, wie hoch der Anteil der fehlerhaften Blätter ist, ob andere Lieferanten genau die gleiche Papierqualität liefern können und ob das Papier in Verbindung mit Bürogeräten verschiedener Hersteller verwendbar ist.

Neben den bisher erläuterten Produktionsfaktoren spielen zunehmend zwei Einsatzgüterarten eine Rolle, die erst in den neueren Systematisierungsversuchen mehr oder weniger deutlich Berücksichtigung gefunden haben (vgl. Corsten, S. 91) und die wir als **moderne Produktionsfaktoren** bezeichnen wollen: Es handelt sich dabei um zwei unstoffliche (immaterielle) Güter, und zwar um die **Dienstleistungen** und die **Informationen.**

- Zu den **Dienstleistungen** zählen *beispielsweise Beratungen, Reparaturen und Reinigungstätigkeiten.* Sie sind für die Entstehung zahlreicher Produkte unverzichtbar und insofern wichtige Produktionsfaktoren. Typisch für eine Dienstleistung ist, dass sie unmittelbar nach ihrer Entstehung schon nicht mehr vorhanden ist. Sie wird also sofort »verbraucht« und hat somit nur eine relativ kurze »Lebensdauer«. Wenn man die Wirkung, die eine Dienstleistung, beispielsweise eine Reinigungsdienstleistung, hervorgerufen hat, erneut erreichen will, muss man sie wiederholen. Man muss dann eine weitere Dienstleistung in Anspruch nehmen. Damit ähneln die Dienstleistungen den Roh-, Hilfs- und Betriebsstoffen. Sie können daher unserer Ansicht nach ohne weiteres der Gruppe der **Werkstoffe** zugeordnet werden. Man sollte dann allerdings die Gruppe umbenennen und beispielsweise von den Werkstoffen und Dienstleistungen sprechen, um auch sprachlich der Tatsache Rechnung zu tragen, dass die Dienstleistungen unstofflicher Art sind.

- Etwas schwieriger ist die Einordnung der **Informationen,** die wir bereits als zweckorientiertes Wissen definiert haben. Informationen überlagern teilweise die anderen Produktionsfaktoren bzw. sind in diesen enthalten. So setzt die Tätigkeit des dispositiven Faktors Informationen voraus. Auch der Elementarfaktor »menschliche Arbeit« kann seine Wirkung nicht ohne Informationen entfalten.

  Obwohl sie also teilweise mit anderen Produktionsfaktoren verbunden sind, muss man Informationen wegen ihrer herausragenden Bedeutung für zahlreiche Produktionsprozesse heute als Produktionsfaktoren eigener Art anerkennen. Der eigenständige Gütercharakter wird dadurch deutlich, dass man für viele Informationen einen Preis bezahlen muss und dass, um sie zu erlangen, in der Regel Beschaffungsvorgänge in Gang gesetzt werden müssen, die denen, die für die anderen Produktionsfaktoren gelten, ähneln.

  Der Verbrauch der Informationen findet anders als der Verbrauch der Dienstleistungen allerdings häufig nicht sofort statt. Informationen können über sehr lange Zeiträume ihre Wirkung entfalten. Sie haben damit teilweise den Charakter von Betriebsmitteln. Dies wird besonders dann deutlich, wenn langfristig wirksame Informationen durch Rechte (Patente, Lizenzen usw.) abgesichert werden, die wir auch vorgehend bereits den Betriebsmitteln zugeordnet haben. Ähnliches gilt beispielsweise für EDV-Programme. Auf der anderen Seite haben einige Informationen auch den Charakter von Verbrauchsgütern. Das gilt beispielsweise für einen Hinweis, der in einer ganz konkreten Situation hilfreich ist und den man später nicht mehr benötigt. Damit erscheint es uns zweckmäßig, Informationen – ähnlich wie den Produktionsfaktor »menschliche Arbeit« – nicht einer der klassischen Gruppen von Einsatzgütern zuzuordnen, sondern sie, je nachdem wie lange sie ihre Wirkung entfalten, **teilweise** der Gruppe **»Betriebsmittel«** und **teilweise** der Gruppe **»Werkstoffe und Dienstleistungen«** zuzurechnen.

Abbildung 24 vermittelt einen zusammenfassenden Überblick über die von uns gewählte, auf Gutenberg zurückgehende **Einteilung der Produktionsfaktoren** (die gegenwärtig auch zunehmend als **Ressourcen** bezeichnet werden).

8.2.4 Die Dienstleistungsproduktion und ihre Besonderheiten im Bereich der Kommunalverwaltung

Nach der Klärung der Frage, welche Produktionsfaktoren im Hinblick auf die Produkterstellung überhaupt in Betracht kommen, ist in einem zweiten Schritt festzulegen, in welchen Mengen diese Faktoren kombiniert werden sollen. Mit der gedanklichen Durchdringung dieses Problems beschäftigt sich die **Produktionstheorie,** bei der man ursprünglich allerdings nur die Sachgüterproduktion vor Augen hatte, die im Übrigen auch heute noch den Schwerpunkt der produktionstheoretischen Analyse bildet. Die **Besonderheiten der Dienstleistungserstellung, also der Produktion immaterieller Güter,** wurden erst in der jüngeren Vergangenheit berücksichtigt, wobei man bisher noch keinen hohen Entwicklungsstand erreicht hat und es daher fraglich ist, ob man überhaupt schon von einer Produktionstheorie für Dienstleistungen sprechen kann (vgl. Corsten, S. 168).

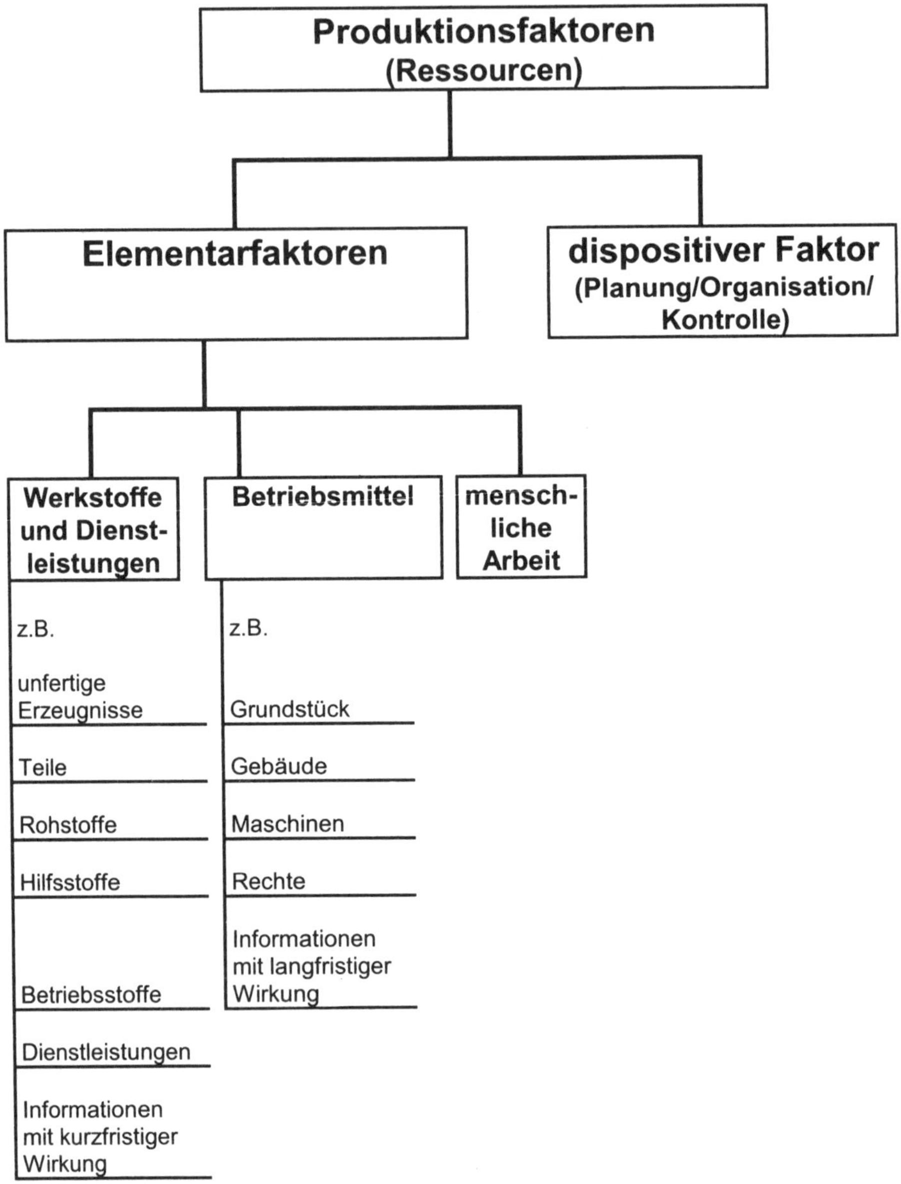

Abbildung 24: Überblick über die Produktionsfaktoren (Ressourcen)

Gleichwohl sind folgende **Unterschiede im Vergleich zur Sachgüterproduktion** bereits deutlich geworden:

(1) Bei der Erstellung von Dienstleistungen spielen die Werkstoffe im engeren Sinn, also unfertige Erzeugnisse, Teile, Roh-, Hilfs- und Betriebsstoffe, im Vergleich zu den anderen Elementarfaktoren eine untergeordnete Rolle (vgl. Corsten, S. 91). Wertmäßig völlig unbedeutend sind sie allerdings nicht. Man denke beispielsweise an den Einsatz von Reinigungsmitteln, Büromaterial oder Kraftstoff. Gleichwohl liegt es nahe, in Verbindung mit der Dienstleistungsproduktion, den anderen Produktionsfaktoren eine größere Aufmerksamkeit zu schenken, wie beispielsweise der menschlichen Arbeitskraft, den langfristig wirksamen Informationen, z.B. den EDV-Programmen, sowie den Anlagen, welche die Informationsversorgung ermöglichen.

(2) Die Dienstleistungserstellung bzw. das Zustandekommen der mit der Dienstleistung beabsichtigten Wirkung hängt stärker als bei Sachgütern vom Abnehmer des Produktes ab. Während bei Sachgütern in der Regel das fertige Gut an den Abnehmer übergeben wird und seine »Produktverantwortung« somit in der Regel erst nach der Produktion beginnt, hat der Dienstleistungsabnehmer in vielen Fällen Einfluss auf die Güterentstehung, ist er also selbst am Produktionsprozess beteiligt.

Dies lässt sich anhand einfacher Dienstleistungen verdeutlichen:

Wer einen Haarschnitt haben will, muss den Kopf selbst hinhalten, wer eine Zahnbehandlung will, der muss den Mund aufmachen, wer die Dienstleistung eines Schwimmbades in Anspruch nehmen will, der muss es aufsuchen, und wer etwas lernen will, der muss zuhören oder lesen.

Die Beispiele zeigen, dass der Abnehmer nicht nur darüber entscheidet, ob eine Dienstleistung überhaupt zustande kommt, sondern dass er, wenn die Dienstleistung entsteht, auch die Qualität, d.h. die Güte, des Produkts maßgeblich zu beeinflussen vermag.

Auch dies lässt sich anhand der obigen Beispiele leicht veranschaulichen:

Wer beim Schneiden der Haare mit dem Kopf wackelt, wer den Zahnarzt falsch informiert, wer als Nichtschwimmer ins tiefe Wasser springt oder wer bei einer Lernveranstaltung schläft, darf sich nicht wundern, wenn mit der Dienstleistung nicht das angestrebte Ergebnis erreicht wird.

Gornas trägt dieser Besonderheit der Dienstleistungsproduktion dadurch Rechnung, dass er zwischen **internen** und **externen Produktionsfaktoren** unterscheidet (vgl. Gornas, S. 52–53): Im Gegensatz zu den Produktionsfaktoren, die der Anbieter bereitstellt sowie deren Nutzung er auch in der Regel bezahlen muss und die Gornas als interne Produktionsfaktoren bezeichnet, werden die externen Produktionsfaktoren vom Abnehmer der Dienstleistung in den Produktionsprozess eingebracht und wird die Nutzung dieser Güter auch von ihm abgegolten. Neben Sachgütern und Dienstleistung, die der Abnehmer zur Verfügung stellt, wird auch der Abnehmer selbst, falls er Gegenstand der Dienstleistung ist, als externer Produktionsfaktor bezeichnet (vgl. Gornas/Beyer, S. 76).

Unabhängig davon, ob man diese Einteilung der Produktionsfaktoren, die sich bisher noch nicht durchgesetzt hat, für zweckmäßig hält oder nicht, **bleibt festzuhalten, dass die Produktion einer Dienstleistung in starkem Maße fremdbestimmt ist.**

So hängt beispielsweise die Güte einer Beratung in großem Umfang davon ab, wie klar und zutreffend derjenige, der die Beratung in Anspruch nimmt, die Ausgangssituation darstellt.

(3) Im Gegensatz zur Sachgüterproduktion können in der Regel weder Zwischen- noch Endergebnisse der Dienstleistungsproduktion gespeichert werden. Es gibt also – anders als bei den Sachgütern – keine halbfertigen und fertigen Erzeugnisse, die man auf Lager nehmen kann. Das Produkt »Dienstleistung« verflüchtigt sich mit seiner Erstellung. Insofern kann man Dienstleistungen auch nicht auf Vorrat produzieren und sich mit einem Absatzlager an Nachfrageschwankungen anpassen. Anpassungsmöglichkeiten bestehen nur auf einer der eigentlichen Produktion vorgelagerten Stufe der betrieblichen Tätigkeit, indem man die für die Dienstleistungserstellung benötigten Ressourcen vorhält.

(4) Die bisherigen Ausführungen deuten bereits an, dass – anders als bei Sachgütern – bei den Dienstleistungen keine klare Trennung von Produktion und Absatz möglich ist. Beide Grundfunktionen gehen ineinander über. Die Beteiligung des Dienstleistungsabnehmers an der Produktion führt simultan dazu, dass das Produkt von ihm abgenommen wird.

Wenn jemand beispielsweise eine Theaterveranstaltung besucht und sich somit an der Dienstleistung beteiligt, indem er den Darstellern ermöglicht, ihm ein Stück vorzuführen, dann nimmt er gleichzeitig das Produkt, das Schauspiel, ab, indem er sich das Stück ansieht.

Diese Verschmelzung von Produktion und Absatz hat neben den oben erwähnten Auswirkungen, die eher dem Bereich der Fertigungswirtschaft zuzuordnen sind, auch Konsequenzen für den Einsatz der absatzpolitischen Instrumente, auf den an späterer Stelle noch eingegangen wird.

Die soeben genannten grundsätzlichen Unterschiede, die zwischen der Sachgüter- und der Dienstleistungsproduktion bestehen, gelten, egal, ob es sich um einen privatwirtschaftlichen oder öffentlichen Betrieb handelt.

Damit treffen die Besonderheiten der Dienstleistungsproduktion auch auf die **Kommunalverwaltung** zu, die neben einigen wenigen Sachgütern in erster Linie Dienstleistungen der unterschiedlichsten Art zur Verfügung stellt und daher als **Dienstleistungsbetrieb** einzuordnen ist. Zusätzlich sind allerdings bei **Dienstleistungen der öffentlichen Verwaltung** noch **einige weitere Besonderheiten** zu beachten, die wir speziell aus dem Blickwinkel der Kommunalverwaltung kurz beleuchten wollen:

(1) Obwohl die **Werkstoffe** im kommunalen Verwaltungsbetrieb in der Regel, wenn man auf den Wert der Güter abstellt, eine geringere Bedeutung als die anderen Produktionsfaktoren haben, muss man einigen dieser Einsatzgüter eine besondere Beachtung schenken.

*Das gilt beispielsweise für Urkunden, Dienstsiegel usw. Hier sind bei einer Lagerhaltung, aber auch beim innerbetrieblichen Transport besondere, eventuell auch aufwendige **Sicherheitsvorkehrungen** vorzunehmen. Ähnliches gilt für die »Lagerung«, d.h. die Speicherung, spezieller Informationen, insbesondere, wenn es sich um persönliche Daten handelt.*

(2) Zu beachten ist weiterhin, dass in einigen Bereichen der Kommunalverwaltung die **Bereitschaft zur Dienstleistung** entscheidend ist und man eventuell große Kapazitäten vorhalten bzw. einen hohen Aufwand in Kauf nehmen muss, obwohl die Dienstleistung, was man allerdings erst rückschauend erkennt, nicht oder nicht in dem möglichen Umfang in Anspruch genommen wird.

Typische Beispiele für hohe Anteile von Bereitschaftsleistungen finden sich in den Bereichen Feuerwehr und Rettungsdienst. Hier lässt sich die erforderliche Produktmenge nur schlecht prognostizieren und man muss auch für außergewöhnliche, relativ unwahrscheinliche Fälle Kapazitäten vorhalten. Dadurch ist es sehr schwierig, die Wirtschaftlichkeit solcher Organisationseinheiten zu beurteilen.

(3) Bei zahlreichen Gütern handelt es sich nicht um Individualgüter, sondern um **öffentliche Güter.** Typisch für solche Güter ist, dass der Markt versagt, d.h. dass das Ausschlussprinzip mit Hilfe des Preises nicht oder nur eingeschränkt funktioniert. Wenn solche Güter gewünscht werden, sind staatliche Aktivitäten erforderlich. Man kann insbesondere drei Arten von Gütern unterscheiden, bei denen der Staat aufgrund des Marktversagens als Anbieter auftritt. Es handelt sich dabei um die Kollektivgüter, die meritorischen Güter und die Monopolgüter.

– Die **Kollektivgüter** zeichnen sich dadurch aus, dass zwar eine Nachfrage nach ihnen besteht, aber man das Ausschlussprinzip nicht oder nur unter

Inkaufnahme hoher Kosten praktizieren kann. Insofern vermag man mit ihnen keine Gewinne zu erzielen, da zahlreiche Personen sie nutzen würden, ohne einen Preis zu zahlen. Folglich werden sie auch von keinem privaten Unternehmen produziert und angeboten.

Im kommunalen Bereich ist die Straßenbeleuchtung als Beispiel für ein solches Kollektivgut zu nennen.

- Die **meritorischen Güter** zeichnen sich dadurch aus, dass es an einer Nachfrage bzw. an einer hinreichenden Nachfrage fehlt, da zumindest eine beachtliche Zahl von Individuen den Nutzen dieser Güter nicht erkennt. Der Staat produziert diese Güter oder sorgt für ihre Produktion und zwingt die Individuen zur Abnahme.

Im kommunalen Bereich kann man in diesem Zusammenhang die Abfallentsorgung nennen. Diese Dienstleistung müssen auch Personen in Anspruch nehmen, die den Nutzen dieses Gutes nicht erkennen. Sie werden durch Anschlusszwang in die Produktion der Dienstleistung einbezogen, müssen beispielsweise den Abfall vorsortieren und nach einem vorgegebenen Plan die unterschiedlichen Gefäße an den Straßenrand stellen.

- Bei den **Monopolgütern** ist eine entsprechende Nachfrage vorhanden, und das Ausschlussprinzip lässt sich auch zu vertretbaren Kosten praktizieren. Der Markt versagt gleichwohl, da hohe Investitionskosten dazu führen, dass diejenigen, die als erste investieren, eine marktbeherrschende Stellung erlangen. Für potenzielle Konkurrenten ist der Marktzugang nur unter Inkaufnahme nicht vertretbarer Kosten und Risiken möglich. Der Staat übernimmt die Produktion solcher Güter, um übergeordneten politischen Gesichtspunkten Rechnung zu tragen, also beispielsweise aus sozialpolitischen oder regionalpolitischen Gründen.

Im Bereich der Kommunalverwaltung ist in diesem Zusammenhang (noch) auf die Wasserversorgung zu verweisen.

Nicht immer kann die Grenze zwischen den verschiedenen Arten öffentlicher Güter klar gezogen werden, teilweise sind die Übergänge fließend. So gibt es gegenwärtig bei dem Monopolgut »Wasserversorgung« in der Regel (noch) einen Anschlusszwang, der an sich eher für meritorische Güter charakteristisch ist. Gleichwohl wird eine Besonderheit bezüglich der Produktion dieser Güter deutlich. Der Abnehmer kann – anders als im privatwirtschaftlichen Bereich – unter bestimmten Voraussetzungen dazu gezwungen werden, sich am Fertigungsvorgang zu beteiligen.

(4) Schließlich ist bezüglich der Produktion im Bereich der Kommunalverwaltung noch eine Besonderheit zu beachten, die erst mit der Einführung der »Neuen Steuerung« deutlich geworden ist. In vielen Fällen sind in der Kommunalverwaltung die Dienstleistungen, die man erstellt, d.h. die Produkte, die man an den Bürger abgibt, nicht oder nicht hinreichend bekannt. Es fehlt an klaren Produktdefinitionen. Dass die Steuerung der Produktion nicht gelingen kann, wenn man nicht genau weiß, welcher Output entstehen soll, liegt auf der Hand. Nachfolgend werden wir daher kurz auf das Thema »Produktdefinition« eingehen.

8.2.5 Die Produkte des kommunalen Verwaltungsbetriebs und das Problem ihrer Definition

In der jüngeren Vergangenheit haben zahlreiche Gemeinden Versuche unternommen, fehlende **Produktdefinitionen** sowie die damit verbundenen **Produktbeschreibungen** nachzuholen. Teilweise finden solche Bemühungen immer noch statt. Dabei orientiert man sich stark an den Vorschlägen der Kommunalen Gemeinschaftsstelle für Verwaltungsvereinfachung (KGSt), welche die **Arbeitsergebnisse der Kommunalverwaltung als Produkte** bezeichnet und unter einem »Produkt eine Leistung, die von einem amtsexternen Empfänger (innerhalb oder außerhalb der Kommune) nachgefragt wird« (KGSt, Nr. 12/1991, S. 20), versteht. Nach einer ähnlichen Definition, die ebenfalls von der KGSt stammt, versteht man unter **einem Produkt eine Leistung oder eine Gruppe von Leistungen, die von Stellen außerhalb des jeweiligen Fachbereichs (innerhalb und außerhalb der Verwaltung) benötigt wird** (vgl. auch Dekkert/Wind, S. 100).

Die Definitionsversuche vermögen zwar nicht zu überzeugen, da sie den Begriff »Leistung« verwenden, der selbst der Definition bedarf, deuten aber auf der anderen Seite die Probleme der Produktdefinition im Bereich der Kommunalverwaltung hinreichend an.

Homann (Verwaltungscontrolling, S. 113) versucht das Dilemma dadurch zu lösen, dass er den Begriff »Leistung« durch den Begriff »Dienstleistung« ersetzt und damit in Anlehnung an die KGSt zu folgender Definition gelangt: »Bei den Produkten öffentlicher Verwaltungen handelt es sich somit um Dienstleistungen oder Bündel von Dienstleistungen, die von den einzelnen Verwaltungseinheiten für Adressaten außerhalb der Verwaltung oder für andere Teile der eigenen Verwaltung erbracht werden.«

Bei aller Unterschiedlichkeit in den Definitionen besteht Einigkeit darin, dass **bei der Beschreibung eines Produkts mehrere Kriterien** herangezogen werden müssen, wobei besonders an folgende Definitionsbestandteile zu denken ist, und zwar an

- die Ziele, die mit dem Produkt, d.h. mit der Dienstleistung, erreicht werden sollen,
- die Zielgruppe, die man ansprechen will,
- die Auftragsgrundlage (Rechtsvorschrift, Beschluss usw.), die den Ausgangspunkt für den Produktionsprozess bildet,
- die Wirkung, die man bei den Abnehmern erreichen will,
- den Umfang und die Qualität der Dienstleistung,
- den Ressourceneinsatz,
- die Komponenten (Teilleistungen), aus denen sich das Produkt zusammensetzt,
- die Einordnung des Produktes in eine größere Kategorie (Produktgruppe bzw. Produktbereich) und
- die für die Erstellung des Produkts zuständigen Stellen.

Bezüglich der Produktdefinition im kommunalen Bereich ist noch zu erwähnen, dass eine Produktdefinition, die sich an den klassischen betriebswirtschaftlichen Begriff des Produkts anlehnt, wegen des hohen Individualisierungsgrades zu einer kaum noch übersehbaren Zahl an Produkten führen muss. Dies hat offensichtlich dazu geführt, dass man sich bei Erstellung der für die Kommunen gültigen **Produktkataloge** von der klassischen betrieblichen Begriffsfassung gelöst hat, ohne dies allerdings klar auszusprechen, und größere Organisationseinheiten bzw. die komplette Gütererstellung einer solchen Organisationseinheit als Produkt bezeichnet. Ein typisches Ergebnis dieser »neuen« Abgrenzung von Produkten ist der für die Gemeinden in Nordrhein-Westfalen entwickelte **»Produktrahmen«,** bei dem es sich um »nicht normiertes NKF-Recht« handelt. Als Produkt werden hier beispielsweise jeweils der Personalrat, die Druckerei, der Fuhrpark und der Bauhof bezeichnet (vgl. Dresbach, S. 279).

Die Ausführungen machen deutlich, dass sich **in der kommunalen Verwaltungspraxis offensichtlich *zwei* Produktbegriffe** durchgesetzt haben:

- **Einerseits** wird unter einem Produkt wie in der klassischen Betriebswirtschaftslehre das Ergebnis des Produktionsprozesses verstanden, also beispielsweise die Bearbeitung eines Bauantrages, die Bearbeitung einer Fahrzeugzulassung, die Pflege eines bestimmten Rasengrundstückes, das Bepflanzen eines Blumenkübels, die Ermöglichung eines Theaterbesuchs, das Ausleihen eines Buches, die Lieferung eines Kubikmeter Frischwasser usw. Dabei handelt es sich bei diesen Produkten in der Regel um unstoffliche Güter, d. h. Dienstleistungen. Diese Definition des Produktes ist für die Kostenrechnung unverzichtbar. **Der Begriff »Produkt« stimmt dann mit dem Begriff »Kostenträger« überein.** Für einen Kostenträger können wir die Kosten kalkulieren (Stückkalkulation) und darauf aufbauend den Preis, den wir den Abnehmern in Rechnung stellen. Dabei kann es sich um Außenstehende handeln, wie z.B. bei der Gebührenberechnung, oder um andere Verwaltungseinheiten, wie bei den internen oder inneren Verrechnungen.

- **Andererseits** wird eine größere Organisationseinheit bzw. all das, was diese größere Organisationseinheit in einem bestimmten Zeitraum an Gütern erstellt bzw. erstellt hat, als Produkt bezeichnet. Dann sind, wie vorgehend bereits erwähnt, beispielsweise der Bauhof, der Fuhrpark und das Rechenzentrum jeweils ein Produkt. Die Beschränkung auf so definierte Produkte ist erforderlich, um den Haushaltsplan wenigstens noch halbwegs übersichtlich zu gestalten. Die Berücksichtigung von Produkten im Sinne von größeren Organisationseinheiten führt bereits zu einer Vielzahl von Teilplänen. Würde man im Haushaltsplan Teilpläne für Produkte im betriebswirtschaftlichen Sinn aufstellen, ginge durch den großen Detaillierungsgrad jegliche Transparenz verloren.

Gegenwärtig bleibt uns nichts anderes übrig, als zu akzeptieren, dass sich im Bereich der Kommunalverwaltung zwei Produktbegriffe herausgebildet haben. Eine sinnvolle Befassung mit den kommunalen Produkten setzt allerdings voraus, dass man angibt, welche Begriffsfassung man meint.

8.3 Der Absatz

8.3.1 Die traditionelle Absatzlehre und das Marketing

Absatz haben wir bereits als Abgabe der erstellten Güter (Produkte) an andere Wirtschaftseinheiten definiert.

Im privatwirtschaftlichen Bereich erfolgt die Güterabgabe in der Regel gegen Entgelt. Insofern findet man in den betriebswirtschaftlichen Schriften, die sich nicht mit der öffentlichen Verwaltung befassen, meist eine engere Definition dieses Begriffs, indem als Absatz nur die Abgabe von Sachgütern und Dienstleistungen gegen Entgelt bezeichnet wird (vgl. Gutenberg, Grundlagen der Betriebswirtschaftslehre, Band 2, S. 1). Da im Bereich der öffentlichen Verwaltungsbetriebe häufig eine unentgeltliche Güterabgabe erfolgt – man denke beispielsweise an die Dienstleistungen im Bereich Sozialhilfe –, erscheint uns ein weiterer Absatzbegriff zweckmäßiger.

Auf den ersten Blick scheint die Grundfunktion Absatz der Grundfunktion Produktion nachgelagert zu sein. Es würde sich dann an die Leistungserstellung die Leistungsverwertung anschließen. Bei einer solchen Betrachtungsweise bildet somit die Produktion den Ausgangspunkt der betriebswirtschaftlichen Analyse bzw. Gestaltung. In der modernen Betriebswirtschaftslehre hat man die Vorstellung aufgegeben, dass eine Unternehmung zuerst über das Produkt nachdenkt und sich anschließend darum bemüht, für dieses Produkt auch einen Abnehmer zu finden.

Statt dieser produktorientierten Sichtweise dominiert heute die **Kundenorientierung,** indem man den Nachfrager zum Ausgangspunkt der betriebswirtschaftlichen Betrachtung macht. Um diese neue Akzentsetzung auch begrifflich zu verdeutlichen, hat man den Begriff Absatz oder Absatzpolitik durch den Begriff **Marketing** ersetzt.

Marketing bedeutet somit ursprünglich abnehmerorientierte bzw. kundenorientierte oder nachfrageorientierte Absatzpolitik (vgl. Nieschlag/Dichtl/Hörschgen, S. 13).

Da man, wenn man von den Nachfragern ausgeht, nicht nur den Güterabsatz, sondern auch die Produktion und damit indirekt auch die Beschaffung auf den potenziellen Kunden hin ausrichten muss und dies wiederum auch Rückwirkung auf die Führungsfunktionen hat, führt die konsequente Berücksichtigung dieser Sichtweise letztlich zu einem Umdenken auf der Ebene der Unternehmensführung. Insofern hat der Marketingbegriff eine inhaltliche Ausdehnung erfahren.

In einer weiteren Begriffsfassung versteht man unter Marketing eine absatzmarktbezogene Unternehmensführung, d.h., dass alle Aktivitäten eines Unternehmens auf den Absatzmarkt hin ausgerichtet werden müssen.

Da neben dem Verhalten potenzieller Nachfrager auf dem Absatzmarkt auch das Verhalten potenzieller Anbieter auf dem Beschaffungsmarkt bedeutsam ist, reicht offensichtlich eine Absatzmarktorientierung nicht aus.

Es liegt daher nahe, Marketing als marktorientierte Unternehmensführung zu definieren (vgl. Meffert).

Inzwischen hat der Marketingbegriff noch zahlreiche weitere Wandlungen erfahren, demzufolge ist die Marketingliteratur inzwischen weit über ihren ursprünglich absatzwirtschaftlichen Kern hinausgewachsen, so dass Zweifel bestehen, ob viele Bereiche überhaupt noch in die Betriebswirtschaftslehre eingeordnet werden können. Im Rahmen einer Einführung können wir nicht alle diese Entwicklungen behandeln.

Wichtig erscheint uns allerdings, dass die im Rahmen der absatzorientierten Marketinglehre entwickelten Konzepte zumindest teilweise nicht nur für den Bereich der Unternehmen gelten, sondern auch für die Verwaltungsbetriebe, wobei allerdings häufig – wie wir noch zeigen werden – keine »echten« Marktbeziehungen vorliegen. Insofern wäre, wenn man von der Definition des Marketings als marktorientierte Unternehmensführung ausgeht, zum einen der Begriff »Unternehmen« gegen den allgemeineren Begriff »Betrieb« und der Begriff »Marktorientierung« gegen den Begriff »Abnehmerorientierung« auszutauschen.

Aus dem Blickwinkel der Kommunalverwaltung wäre dann Marketing als abnehmerorientierte Betriebsführung zu definieren.

Wird Marketing als spezielle Variante der Unternehmens- bzw. Betriebsführung charakterisiert, dann ist es sinnvoll, die Marketingbetrachtung, die lediglich einzelne betriebswirtschaftliche Funktionen zum Gegenstand hat, auch entsprechend zu benennen, also beispielsweise das Marketing, das sich auf die Produkte bezieht, als **absatzbezogenes Marketing** (vgl. Nieschlag/Dichtl/Hörschgen, S. 12), das Marketing, das sich auf die Produktionsfaktoren bezieht, als **Beschaffungsmarketing** (vgl. Hammann/Lohrberg) zu bezeichnen.

Typisch für das **absatzbezogene Marketing** ist »ein integriertes, alle absatzpolitischen Instrumente umfassendes Denken vom Abnehmer her« (Engelhardt, S. 16). Daraus resultiert eine spezielle fundierte, zielorientierte und systematische Vorgehensweise, die man als **Marketing-Management** (Nieschlag/Dichtl/Hörschgen) bezeichnen kann und für die im Einzelnen die **folgenden Schritte** charakteristisch sind (vgl. auch Engelhardt, S. 68–69):

a) Zunächst erfolgt eine sorgfältige **Analyse der Ausgangsgrößen.** Die Betrachtung erstreckt sich zum einen auf die Umwelt der Unternehmung. Dabei geht es besonders um die sorgfältige Ermittlung des Nachfrager- und des Konkurrentenverhaltens. In diesem Zusammenhang kommt der **Marktforschung** eine Schlüsselfunktion zu. Zum anderen ist die Analyse auch auf die Unternehmung selbst gerichtet, indem man sich bemüht, die eigenen Stärken und Schwächen zu erkennen.

b) Ausgehend von den so gewonnenen Erkenntnissen, erfolgt die **Formulierung der Marketing-Ziele.** Die vorher durchgeführte Analyse der Ausgangsgrößen trägt dazu bei, dass keine unrealistischen Orientierungspunkte gewählt werden und die anzustrebenden Ergebnisse auch tatsächlich erreichbar sind.

c) Anschließend wird geklärt, wie man den Markt grundsätzlich bearbeiten will, um die Marketing-Ziele zu erreichen. Es wird also der **grobe Handlungsrahmen** festgelegt, **d.h. die Grundstruktur der Marketing-Strategie** bestimmt. Hierbei geht es beispielsweise um die Frage, ob man den Markt in verschiedene Segmente unterteilen und für jeden dieser Teilmärkte andere Aktivitäten vorsehen sollte.

d) Unter Berücksichtigung dieser Vorgaben erfolgt die Planung der einzelnen Maßnahmen. Die verschiedenen Gestaltungsmöglichkeiten, die zur Verfügung stehen, um auf den Absatzmarkt Einfluss zu nehmen, bezeichnet man auch als **absatzpolitische Instrumente** oder als **Marketing-Instrumente,** die sich in fünf große Gruppen einteilen lassen. Im Einzelnen handelt es sich dabei um

   - die **Produktpolitik**, die beispielsweise die Gestaltung der Produktqualität und die Festlegung der Produktpalette zum Gegenstand hat,

- die **Entgeltpolitik,** bei der es um die Gestaltung der Gegenleistung, also beispielsweise um die Höhe des Preises und eventuelle Rabatte, geht,
- die **Distributionspolitik,** die sich mit der Absatzwegeentscheidung befasst und in deren Rahmen beispielsweise festgelegt wird, ob man ein Gut direkt oder über den Handel vertreiben will,
- die **Kommunikationspolitik,** die sich mit der Information, aber auch mit der Beeinflussung des potenziellen Abnehmers beschäftigt und zu der beispielsweise die Werbung und das persönliche Verkaufsgespräch zählen, und
- die **Konditionenpolitik,** die beispielsweise die Gestaltung der Zahlungs- und Lieferbindungen zum Gegenstand hat.

Das Herzstück der Marketing-Strategie ist letztlich das **Marketing-Mix** (Engelhardt, S. 68), d.h. der in zeitlicher und inhaltlicher Hinsicht abgestimmte Einsatz aller absatzpolitischen Instrumente.

e) Nach der **Umsetzung** der geplanten Maßnahmen erfolgt die **Kontrolle**, d.h. der Soll-Ist-Vergleich. Es wird also überprüft, ob die Marketing-Ziele erreicht worden sind.

Damit weist das Marketing-Management eine große Nähe zur Grundstruktur des betriebswirtschaftlichen Entscheidungsprozesses auf. Wie bei diesem sind zahlreiche Rückkopplungseffekte und zeitliche Überlagerungen zu beachten, so dass es sich bei den Phasen des Marketing-Managements weniger um eine zeitliche Abfolge von Arbeitsschritten, sondern eher um den Versuch handelt, die wichtigsten Elemente, die diese Vorgehensweise charakterisieren, gedanklich voneinander abzugrenzen.

8.3.2 Besonderheiten des kommunalen Marketings

Es liegt nahe, das zunächst für den privatwirtschaftlichen Bereich entwickelte und dort mit Erfolg praktizierte Marketing-Management auf den kommunalen Verwaltungsbetrieb zu übertragen.

Dass dies grundsätzlich möglich und vermutlich auch sinnvoll ist, können wir anhand eines einfachen **Beispiels** leicht verdeutlichen:

Nehmen wir an, dass sich der Rat einer Gemeinde, die bereits über einen Bäderbetrieb verfügt, mit dem eventuellen Neubau eines Bades beschäftigt. Dann bietet es sich an, wie oben dargestellt vorzugehen:

*a) Im Hinblick auf eine fundierte Entscheidung ist es zunächst erforderlich, die **Ausgangssituation sorgfältig** zu **erfassen**, wobei beispielsweise folgende Fragen zu klären sind:*

- *Wie viele Besucher haben das bisherige Bad pro Jahr, in den einzelnen Monaten und zu welchen Zeiten aufgesucht?*
- *Welche Entgelte wurden in den vergangenen Geschäftsjahren erzielt?*
- *Wie hoch waren die Kosten, welche Kostenarten hatten eine besondere Bedeutung und wie haben sich die Kosten in den letzten Jahren entwickelt?*
- *Wie viele Bäder anderer Gemeinden stehen den potenziellen Nutzern zur Verfügung?*
- *Wie wurden diese »Konkurrenzbäder« in Anspruch genommen?*
- *Wie wird das bisherige Angebot von den bisherigen und von potenziellen Abnehmern beurteilt?*
- *Welche Dienstleistungen, die mit einem Badebetrieb in Verbindung stehen, werden gewünscht?*
- *Was würde ein Neubau kosten? Welche Einnahmen wären zu erwarten?*
- *Würde sich auch ein Umbau des bestehenden Bades rechnen?*
- *Welche besonderen rechtlichen Vorschriften sind bei dem Weiterbetrieb, beim Um- bzw. Neubau zu beachten?*

*b) Liegen diese und weitere Informationen über die Ausgangsgrößen vor, kann unter Beachtung der grundsätzlichen Ziele des kommunalen Verwaltungsbetriebs die **Formulierung der Marketing-Ziele** erfolgen. In diesem Zusammenhang muss beispielsweise geklärt werden, welche Aufgaben ein Bäderbetrieb der Gemeinde erfüllen soll, ob man*

- *eine Unterstützung des örtlichen Schwimmvereins,*
- *eine bessere Versorgung bestimmter Zielgruppen (beispielsweise Kinder, alte Menschen und/oder behinderte Menschen) mit Sportmöglichkeiten,*
- *die Verbesserung der Schwimmausbildung,*
- *eine Förderung des Fremdenverkehrs,*
- *eine spezielle Möglichkeit der Freizeitgestaltung der Einwohner und/oder*
- *eine andere inhaltliche Zielsetzung erreichen will.*

Weiterhin muss man festlegen,

- *welcher Kostendeckungsgrad anzustreben ist,*
- *ob eventuell sogar ein Gewinn erzielt werden soll und, falls ja, in welcher Höhe,*
- *welcher Zuschussbedarf als Obergrenze anzusehen ist,*

– *welche Belastungen man dem Bürger zumuten will (beispielsweise welcher Anfahrtsweg noch akzeptiert werden kann),*
– *welche Belastung der Umwelt für zulässig erachtet wird usw.*

c) *Stehen die Marketing-Ziele fest, dann kann man sich mit den* ***Eckpfeilern einer Marketing-Strategie*** *beschäftigen, also unter anderem entscheiden,*

– *ob man überwiegend die Einwohner oder auswärtige Besucher mit dem Angebot ansprechen will,*
– *ob man mit anderen Bädern zusammenarbeiten will oder ob man sie eher als Konkurrenten ansieht,*
– *welche Grundeigenschaft der Bäderbetrieb haben soll, ob er also eher der Ausbildung oder eher der Unterhaltung dienen soll,*
– *ob ein Neubau erstellt oder ein Umbau vorgenommen wird,*
– *ob man das Angebot eventuell ausweitet, einschränkt oder völlig zurücknimmt und*
– *ob man weiterhin die Dienstleistung selbst erstellt oder ob man die Aufgabe auf einen privaten Anbieter übertragen will.*

d) *Hat man die grundsätzliche Richtung der geplanten Vorgehensweise bestimmt, kann man mit der Feineinstellung beginnen, also den* ***Einsatz der Marketing-Instrumente*** *planen.*

– *Im Rahmen der* ***Produktpolitik*** *muss man sich beispielsweise über die Öffnungszeiten, spezielle Kurse, ergänzende Dienstleistungen (wie Bereitstellung einer Sauna, einer Cafeteria usw.) und die Ausstattung des Bades Gedanken machen. Eine besondere Bedeutung hat die Qualitätspolitik (Wasserqualität, Sicherheit usw.).*
– *Im Rahmen der* ***Preispolitik*** *ist beispielsweise zu klären, ob speziellen Zielgruppen ein unentgeltlicher Besuch ermöglicht werden soll, ob man für einzelne Zielgruppen unterschiedliche Preise festsetzen will, ob bei einer mehrfachen Nutzung Rabatte zweckmäßig sind und ob für Dienstleistungsbündel Sonderpreise gelten sollen.*
– *Die* ***Distributionspolitik*** *hat im Bereich der kommunalen Bäder eher einen strategischen Charakter. In diesem Zusammenhang ist beispielsweise zu klären, ob die Kommune diese Dienstleistungen selbst anbieten will oder eine private Gesellschaft mit der Bereitstellung des Angebots beauftragen sollte. Zur Distributionspolitik gehört allerdings auch die Klärung der Frage, ob man versuchen sollte, die potenziellen Besucher des Bades direkt zu erreichen, oder aber ob es besser ist, Zielgruppen mit Hilfe von Vereinen, Schulen oder Agenturen anzusprechen.*
– *Im Rahmen der* ***Kommunikationspolitik*** *ist beispielsweise zu entscheiden, ob man durch Sonderveranstaltungen, beispielsweise durch Wettbewerbe, auf das*

Angebot aufmerksam machen sollte, ob Anzeigen sinnvoll sind und wie das Personal durch sein Verhalten dazu beitragen kann, dass die angebotene Dienstleistung auch abgenommen wird.
- *Im Rahmen der Konditionenpolitik müssten beispielsweise Regeln für das Verhalten der Besucher aufgestellt und Haftungsfragen geklärt werden.*

Wichtig ist, dass man die einzelnen Marketing-Instrumente nicht isoliert einsetzt, sondern dass sie aufeinander abgestimmt werden müssen. So müssen unter anderem Produkt- und Preispolitik vereinbar sein. Werden hohe Preise verlangt, dann muss man auch eine »gehobene« Dienstleistung anbieten. Ein solches Angebot ist allerdings nur dann sinnvoll, wenn es gelingt, entsprechend zahlungskräftige Gäste für das Bad zu interessieren. Um dies zu erreichen, kann eine überregionale Werbung erforderlich sein und auch die Einschaltung von Agenturen möglicherweise Vorteile bieten. Insofern würden sich dann Verbindungen zur Kommunikations- und Distributionspolitik ergeben. Die Hinweise deuten an, dass es nicht leicht ist, das richtige ***Marketing-Mix*** *zu finden.*

e) Nach der Planung der Marketing-Strategie und des Instrumenteneinsatzes erfolgt die ***Umsetzung*** *der geplanten Maßnahmen sowie daran anschließend die* ***Kontrolle.***

Obwohl das Beispiel auf die grundsätzliche Eignung des absatzorientierten Marketings für den kommunalen Verwaltungsbetrieb hindeutet, darf nicht übersehen werden, dass das **kommunale Marketing einige Besonderheiten** aufweist:

- **In einzelnen Fällen müssen Güter erstellt und abgegeben werden, obwohl es an einer hinreichenden Nachfrage der einzelnen Bürger fehlt.** Dies ist beispielsweise bei meritorischen Gütern der Fall, auf die wir schon hingewiesen haben. Das Gut wird zumindest von einzelnen Personen nicht nachgefragt, die es gleichwohl abnehmen müssen. Privatwirtschaftliche Anbieter können im Gegensatz zum Verwaltungsbetrieb die Abnahme und den Verbrauch eines Gutes nicht erzwingen. Insofern fehlt es auch an überzeugenden Marketing-Konzeptionen für solche Fälle. **Das kommunale Marketing muss auch solche Güter begleiten.**

  Man denke in diesem Zusammenhang an die Ausbildung von Kindern und Jugendlichen, die durch die Schulpflicht garantiert wird.

- **Ähnliches gilt für kommunale Dienstleistungen, die für den Abnehmer des Gutes ein unerwünschtes Ergebnis zur Folge haben.**

  Man denke beispielsweise an Überprüfungen durch ein kommunales Amt oder an die Ablehnung eines Baugenehmigungsantrages.

Das kommunale Marketing ist dann nicht primär auf den »Nachfrager« der kommunalen Dienstleistung ausgerichtet, sondern hat das Wohl aller Bürger oder zumindest der Mehrheit der Bürger vor Augen. Gleichwohl kommt es darauf an, mit allen Betroffenen im Dialog zu bleiben und einer möglichen Tendenz zum Loyalitätsabfall entgegenzuwirken (vgl. Meffert, S. 1176), um so zu verhindern, dass die Maßnahmen unterlaufen werden und sich dadurch negative Auswirkungen für die Gemeinde ergeben. **Das Marketing kann auch in diesem Zusammenhang hilfreich sein, wobei man hier allerdings ebenfalls das absatzorientierte Marketing-Management, das für die Privatwirtschaft entwickelt wurde, nicht einfach übernehmen kann.**

- Da die Marketing-Ziele mit den obersten betrieblichen Zielen in Verbindung stehen und die obersten Ziele der privatwirtschaftlichen Unternehmung und des kommunalen Verwaltungsbetriebs, wie wir gezeigt haben, erheblich voneinander abweichen, können auch **Unterschiede auf der Ebene der Marketing-Ziele** auftreten.

  - *Dies lässt sich gut am Beispiel der Abfallentsorgung verdeutlichen. Im Gegensatz zum privatwirtschaftlichen Marketing, das zumindest in der Regel eine Absatzausweitung bzw. eine Steigerung der Produktmenge anstrebt, kommt es hier darauf an, die Dienstleistungsmenge möglichst zu begrenzen, indem man versucht, die Abfallvermeidung zu fördern.*

  - *Ähnliche Unterschiede können für die Marketing-Ziele staatlicher und privatwirtschaftlicher Stromanbieter gelten. Während der private Anbieter in der Regel an einer Erhöhung des Absatzes Interesse hat, könnte ein staatlicher (kommunaler) Anbieter aufgrund seiner Gemeinwohlorientierung eine Verringerung des Stromverbrauchs, d.h. Energieeinsparungen, und damit indirekt eine Verringerung der Absatzmenge anstreben.*

Die Beispiele zeigen, wie wichtig das Marketingverständnis für den Bereich der öffentlichen Verwaltung ist. Es verlangt eine intensive Beschäftigung mit den Zielen. Erst wenn man weiß, welche Marketing-Ziele es zu erreichen gilt, wird die Strategie festgelegt. Insofern ist vor einer Privatisierung kommunaler Teilbetriebe zu prüfen, ob die Marketing-Ziele der Kommunalverwaltung auch so weiterhin erreicht werden können.

- **Besonderheiten** sind ebenfalls **auf der Ebene der Marketing-Instrumente** zu beachten, das wird besonders deutlich, wenn man die Entgelt- und Produktpolitik betrachtet:

  - Was die **Entgeltpolitik** anbelangt, so ist zunächst von Bedeutung, dass im Hinblick auf die kommunalen Marketing-Ziele und aufgrund entsprechender Vorschriften zahlreiche kommunale Dienstleistungen abgegeben werden, ohne dass der Abnehmer einen Preis zu zahlen hat. *In diesem Zusammenhang ist beispielsweise auf Sozialhilfedienstleistungen hinzuweisen.* Homann ersetzt daher in seiner Grundlagenarbeit zum kommunalen Marketing den Begriff

»Absatzmarketing« durch den Begriff **»Abgabemarketing«** (Homann, Marketing, S. 143). Andere Dienstleistungen werden zu Preisen zur Verfügung gestellt, die sich aufgrund rechtlicher Vorschriften ergeben. Die Kommunalverwaltung ist in diesen Fällen bezüglich der Preisbildung nicht frei. Besonders bekannt sind die kostendeckenden Benutzungsgebühren, *die beispielsweise für Entsorgungsdienstleistungen (Abfallentsorgung, Abwasserentsorgung usw.) verlangt werden.* Weiterhin wird die Preisbildung durch übergeordnete politische Zielsetzungen beeinflusst, so werden die Preise für bestimmte kommunale Dienstleistungen unter anderem aus sozial- oder kulturpolitischen Gründen niedrig angesetzt. *Das gilt beispielsweise für die Preise, die für Theater- und Museumsbesuche verlangt werden.*

- Was die **Produktpolitik** anbelangt, so haben wir bereits darauf hingewiesen, dass eine Kommunalverwaltung in erster Linie Dienstleistungen anbietet, und zwar ein kaum zu überblickendes Sortiment dieser immateriellen Güter. Damit treffen zunächst in diesem Bereich alle produktpolitischen Besonderheiten zu, die für Dienstleistungen typisch sind, wie das Zusammenfallen von Produktion und Absatz, die fehlende Lagerfähigkeit der Zwischen- und Endprodukte, der Einfluss des Nachfragers auf die Produktion und die Abgabe der Dienstleistung, der Einfluss des Nachfragers auf die Dienstleistungsqualität usw. Darüber hinaus ergeben sich allerdings weitere Besonderheiten. Im Gegensatz zu einem privatwirtschaftlichen Unternehmen kann der kommunale Verwaltungsbetrieb das Sortiment nur in bestimmten Grenzen beeinflussen. Er kann also nicht einfach eine Sortimentsbereinigung vornehmen, wenn ihm dies sinnvoll erscheint. Zahlreiche rechtliche Vorschriften legen fest, welche Produkte er auf jeden Fall anbieten muss.

Die soeben aufgeführten Besonderheiten, die den Absatz bzw. die Abgabe kommunaler Dienstleistungen betreffen, machen es erforderlich, für die kommunalen Verwaltungsbetriebe ein spezielles, auf sie zugeschnittenes Marketing zu entwickeln, das von dem der Privatwirtschaft teilweise erheblich abweicht. **Mit seiner Schrift »Marketing für Kommunalverwaltungen« hat Klaus Homann auf diesem Gebiet Pionierarbeit geleistet.**

9 Die Querschnittsfunktion Finanzierung

9.1 Definition und Zielsetzung der Finanzierung

Für eine privatwirtschaftliche Unternehmung ist die Wahrung des finanziellen Gleichgewichts von ausschlaggebender Bedeutung. Die **ständige Zahlungsfähigkeit, die Liquidität,** muss gewährleistet sein. Dies ist dann der Fall, wenn in jedem Augenblick der jeweils vorhandene Zahlungsmittelbestand (Geldbestand) ausreicht, um den anstehenden Zahlungsverpflichtungen nachkommen zu können. Ist die privatwirtschaftliche Unternehmung illiquide (zahlungsunfähig), ist sie in ihrer Existenz bedroht.

Das Problem besteht nun darin, einerseits stets den Zahlungsmittelbestand vorzuhalten, der erforderlich ist, um die Liquidität zu sichern, aber andererseits nicht unnötig Geld zu halten. Wäre Letzteres der Fall, dann würde sich dies nachteilig auf die Gewinnentstehung auswirken, weil erstens, soweit man sich dieses Geld von anderen geliehen hat, hierfür Zinsausgaben anfallen und insofern Aufwand entsteht und zweitens, wenn man das Geld nicht investiert, dem Unternehmen Erträge entgehen. Die betriebliche Funktion, die der Lösung dieses Problems dient, ist die Finanzierung.

Für den Bereich der privatwirtschaftlichen Unternehmung lässt sich die Finanzierung somit als Gestaltung der Zahlungsströme unter Beachtung des Gewinnziels im Hinblick auf die Sicherung der Liquidität definieren.

Auch für den kommunalen Verwaltungsbetrieb ist die Sicherung der Liquidität von Bedeutung. Dies wurde bisher dadurch deutlich, dass ihm vorgegeben war, den Haushaltsplan so aufzustellen, dass die für einen zukünftigen Zeitraum, in der Regel ein Jahr, geplanten Ausgaben den geplanten Einnahmen entsprachen. Im neuen Haushaltsrecht wird das Liquiditätsziel noch klarer formuliert. »Die Liquidität der Gemeinde … ist sicherzustellen.« (§ 75 [6] GO NRW, ähnlich § 82 [4] NGO)

Wie ein privatwirtschaftliches Unternehmen, so muss auch der kommunale Verwaltungsbetrieb beachten, dass die Liquiditätssicherung nicht isoliert betrieben werden darf. Auf der einen Seite müssen zwar stets die Zahlungsmittel verfügbar sein, die erforderlich sind, um den anstehenden Zahlungsverpflichtungen nachkommen zu können, auf der anderen Seite sind jedoch auch hier unnötige Geldbestände zu vermeiden. Ansonsten würde gegen den »neuen« Haushaltsausgleich und den Wirtschaftlichkeitsgrundsatz verstoßen, weil man auf Erträge einer Geldanlage verzichtet bzw. weil man Kosten, die im Hinblick auf die Aufgabenerfüllung nicht entstehen müssten, zuließe.

Da es auch bei einem modernen kommunalen Verwaltungsbetrieb kein maximaler Gewinn, sondern der Ausgleich von Aufwendungen und Erträgen angestrebt wird und zusätzlich die Beachtung des Wirtschaftlichkeitsprinzips eine besondere Rolle spielt, muss die Definition der Finanzierung etwas anders als für eine privatwirtschaftliche Unternehmung ausfallen.

Für den Bereich der Kommunalverwaltung definieren wir Finanzierung als die betriebliche Funktion, welche die Gestaltung der Zahlungsströme unter Beachtung des »neuen« Haushaltsausgleichs und des Wirtschaftlichkeitsprinzips im Hinblick auf die Sicherung der Liquidität zum Gegenstand hat.

Man kann in diesem Zusammenhang von einer **Querschnittsfunktion** sprechen, da zahlreiche andere Funktionen von ihr berührt werden. Im Grunde gibt es keine betriebswirtschaftliche Entscheidung, bei der nicht auch die Finanzierung eine Rolle spielt.

So ist beispielsweise in Verbindung mit der Beschaffung eines Wirtschaftsgutes zu klären, wie die notwendigen Zahlungsmittel bereitgestellt werden können. Auch bei der Einstellung eines neuen Mitarbeiters bzw. einer neuen Mitarbeiterin ist zuvor zu prüfen, ob die Bezahlung gesichert ist. Die Frage, ob man ein neues Produkt anbieten sollte, lässt sich ebenfalls nur unter Beachtung der Finanzierung beantworten. Auch im Hinblick auf die Preisbildung ist die Finanzierung bedeutsam. So kann beispielsweise eine Dienstleistung nur dann unentgeltlich abgegeben werden, wenn die notwendigen Einnahmen aus anderen Quellen gesichert sind.

Die Beispiele zeigen, dass **die Finanzierung die Gestaltung aller Zahlungsströme zum Gegenstand hat.** Es geht stets um die Einzahlungen und Auszahlungen. Dabei können die Auswirkungen auch indirekter Art sein.

Wird einem Betrieb beispielsweise ein Lieferantenkredit gewährt, erhält der Betrieb also die Möglichkeit, die Güter, die er erhalten hat, erst nach einem bestimmten zeitlichen Abstand zu bezahlen, findet zunächst keine Geldbewegung statt. Die vom Lieferanten geduldete Verzögerung der Ausgabe ist jedoch für die Liquidität durchaus bedeutsam.

Insofern kann man zur **Finanzierung** letztlich **alle Maßnahmen** zählen, **die zur Aufrechterhaltung des finanziellen Gleichgewichts erforderlich sind** (vgl. Süchting, S. 14). Allerdings beschäftigt sich die Finanzierungslehre auch heute noch schwerpunktmäßig mit den Einnahmen bzw. Einzahlungen, d.h. mit der Beschaffung der Zahlungsmittel.

9.2 Die für die privatwirtschaftliche Unternehmung wichtigsten Finanzierungsarten

Im Bereich der Unternehmung unterscheidet man zunächst einmal nach der Herkunft der Zahlungsmittel folgende Finanzierungsarten:

- Fließen dem Unternehmen von außen Zahlungsmittel zu, treten also andere Wirtschaftssubjekte (Personen oder Organisationen) als Geldgeber auf, dann spricht man von der **externen Finanzierung oder Außenfinanzierung.** Diese kommt in **zwei Grundformen** vor:

  – Beteiligen sich die betreffenden Personen oder Organisationen an der Unternehmung, werden sie also erstmals Eigentümer bzw. Miteigentümer oder erhöhen sie ihre Eigentümeranteile, handelt es sich um eine **Beteiligungsfinanzierung.**

  – Stellen sie hingegen Zahlungsmittel bereit, ohne Eigentum am Unternehmen zu erwerben, spricht man von der **Kreditfinanzierung.** Die betreffenden Geldgeber treten dann als Gläubiger auf. Sie leihen der Unternehmung Geld oder übernehmen eine vergleichbare Funktion, wie dies beispielsweise bei der Gewährung eines Lieferantenkredits der Fall ist.

  Kredit- und Beteiligungsfinanzierung unterscheiden sich besonders im Hinblick auf die Laufzeit, die Zinszahlung, die Erfolgsbeteiligung und die Haftung (vgl. Süchting, S. 21).

  – Bei der **Beteiligungsfinanzierung**

    – erfolgt die Bereitstellung der Zahlungsmittel unbefristet,
    – fallen keine Zinszahlungen an,
    – wird der Geldgeber an einem eventuellen Gewinn beteiligt und
    – muss er auf der anderen Seite einen eventuellen Verlust anteilig tragen, haftet er also mit seinem Vermögen bzw. mit einem Teil seines Vermögens.

  – Bei der **Kreditfinanzierung**

    – muss der Geldbetrag nach der vereinbarten Laufzeit bzw. zu den vereinbarten Zeitpunkten zurückgegeben, d.h. muss die Schuld getilgt werden,
    – werden in der Regel Zinszahlungen fällig,
    – wird der Geldgeber nicht am Gewinn beteiligt und

– muss er einen eventuellen Verlust weder ganz noch anteilig tragen und somit zumindest zunächst auch nicht haften.

- Bei der **internen Finanzierung oder Innenfinanzierung** erhält die Unternehmung Zahlungsmittel aus eigener Kraft, d.h. durch ihre Tätigkeit. Auch hier lassen sich **zwei Grundformen** unterscheiden, und zwar die interne Finanzierung aus Umsatzprozess und die interne Finanzierung aus Vermögensumschichtung (vgl. Süchting, S. 17).

  – Bei der **internen Finanzierung aus Umsatzprozess** erzielt die Unternehmung Einnahmen, indem sie bestimmte Produkte herstellt und veräußert bzw. indem sie mit Waren handelt. Allerdings werden für den Einsatz der Produktionsfaktoren Zahlungsmittel benötigt, so dass zusätzliche Zahlungsmittel nur dann verfügbar sind, wenn ein Gewinn entsteht und dieser nicht ausgeschüttet wird, d.h. wenn den Eigentümern nicht Zahlungsmittel in Höhe des Gewinns zufließen. Insofern ist die **Finanzierung aus einbehaltenem Gewinn** die klassische Form der internen Finanzierung aus Umsatzprozess. Sie wird auch als **Selbstfinanzierung im engeren Sinn** bezeichnet (vgl. Süchting, S. 18).

  – Bei der **internen Finanzierung aus Vermögensumschichtung** erzielt die Unternehmung Zahlungsmittel durch den Verkauf nicht benötigter Wirtschaftsgüter, also beispielsweise durch die Veräußerung von Grundstücken, Gebäuden, Maschinen usw.

Neben diesen beiden Grundformen gibt es noch **einige Sonderformen der internen Finanzierung,** wie beispielsweise die **Finanzierung aus Abschreibungen,** die **Finanzierung aus der Bildung von Rückstellungen** und das **Sale-Lease-Back-Verfahren** (vgl. Süchting, S. 14).

Am Beispiel der **Finanzierung aus Abschreibungen** wollen wir kurz zeigen, wie in diesen Fällen Zahlungsmittel bereitgestellt werden: Ausgangspunkt ist ein Umsatz- oder Veräußerungsvorgang, durch den Zahlungsmittel in das Unternehmen fließen. Diese fließen teilweise wieder ab, um die eingesetzten Produktionsfaktoren zu bezahlen. Werden mehr Zahlungsmittel durch den Güterverkauf erzielt, als für die Bezahlung der Produktionsfaktoren benötigt werden, entsteht Gewinn, der anschließend ausgeschüttet wird, so dass letztlich Zahlungen in Höhe des Gewinns an die Eigentümer fließen. Letztlich würde die Unternehmung somit über keine zusätzlichen Zahlungsmittel verfügen. Durch die Abschreibung, genauer durch den Abschreibungsaufwand, wird jedoch die Gewinnentstehung verhindert oder zumindest begrenzt. Damit ist auch keine bzw. nur eine vergleichsweise geringe Gewinnausschüttung möglich. In Höhe der Abschreibungen verbleiben Zahlungsmittel im Unternehmen.

Ähnliches gilt für die **Finanzierung durch die Bildung von Rückstellungen,** also beispielsweise Pensionsrückstellungen. Im Augenblick der Rückstellungsbildung entsteht Aufwand, der den möglichen Gewinn und damit eine eventuelle Gewinnausschüttung vermindert. Erst wenn die Zahlungen fällig werden, also beispielsweise Personen in den Ruhestand treten, verlassen die Zahlungsmittel wieder das Unternehmen und ist die Finanzierungsfunktion beendet.

Beim **Sale-Lease-Back-Verfahren** erhält das Unternehmen Zahlungsmittel durch den Verkauf eines Wirtschaftsgutes. Da sie das Wirtschaftsgut allerdings benötigt, muss sie es anschließend vom neuen Eigentümer leasen. Damit fallen entsprechende Zahlungen in Höhe der Leasingraten an. Durch den Verkauf kann sich die Unternehmung also zunächst finanzieren. Allerdings nimmt der Zahlungsmittelbestand permanent ab. Sobald die Summe der gezahlten Leasingraten die Höhe der Verkaufseinnahme erreicht hat, ist die Finanzierungsfunktion beendet.

Zusätzlich kann man versuchen, die Finanzierungsarten mit Hilfe der Passivseite der Bilanz, die Auskunft über das eingesetzte Kapital und damit über die Mittelherkunft gibt, zu erläutern, wobei man grob zwischen dem Eigenkapital und dem Fremdkapital unterscheiden kann:

- **Eigenkapital** entsteht dann, wenn der Eigentümer dem Unternehmen Mittel (Güter), in der Regel Geld, zur Verfügung stellt, man kann es auch als »Anspruch« des Eigentümers an seinem Unternehmen interpretieren.

- **Fremdkapital** entsteht dann, wenn Nicht-Eigentümer dem Unternehmen Mittel zur Verfügung stellen. Den Anspruch, den die Gläubiger gegenüber dem Unternehmen haben (also aus der Sicht der Unternehmung die Schulden), hält man als Fremdkapital auf der Passivseite der Bilanz fest.

Erhöht ein Finanzierungsvorgang das Eigenkapital, so handelt es sich um eine **Eigenfinanzierung.** Wird durch den Finanzierungsvorgang das Fremdkapital größer, spricht man von einer **Fremdfinanzierung.** Versucht man, die oben zusammengestellten Finanzierungsarten nach diesem Gesichtspunkt zu sortieren, so lässt sich Folgendes feststellen:

- Die externe Finanzierung in Form der Beteiligungsfinanzierung und die interne Finanzierung aus einbehaltenem Gewinn, d.h. die Selbstfinanzierung im engeren Sinn, sind auf jeden Fall der Eigenfinanzierung zuzurechnen.
- Die externe Finanzierung in Form der Kreditfinanzierung ist auf jeden Fall eine Fremdfinanzierung. Bei den Rückstellungen kommt es auf die Art der Rückstellung an. Bei Pensionsrückstellungen handelt es sich um ungewisse Verpflichtungen gegenüber Dritten, damit wird hier der Fremdkapitalcharakter deutlich.
- Ansonsten ist die Einordnung nicht ganz eindeutig, eventuell werden von einem Finanzierungsvorgang weder das Eigen- noch das Fremdkapital berührt. Dies ist beispielsweise bei der Finanzierung aus Vermögensumschichtung möglich.

Abbildung 25 beinhaltet einen zusammenfassenden Überblick über die Finanzierungsarten, die für eine privatwirtschaftliche Unternehmung in Betracht kommen.

	Außenfinanzierung	Innenfinanzierung	Selbstfinanzierung i.e.S.	Eigenfinanzierung	Fremdfinanzierung
Beteiligungsfinanzierung	X			X	
Kreditfinanzierung	X				X
Finanzierung aus einbehaltenem Gewinn		X	X	X	
Finanzierung aus Vermögensumschichtung		X			
Finanzierung aus Abschreibungen		X			
Finanzierung durch Bildung von Rückstellungen		X			X*
Sale-Lease-Back-Verfahren		X			

* *gilt nicht für sämtliche Rückstellungsarten*

Abbildung 25: Überblick über die im Bereich der Privatwirtschaft bekannten Finanzierungsarten

Die Einbeziehung der Bilanz in die Betrachtung der Finanzierung hat zur Entwicklung so genannter **Finanzierungsregeln** geführt, die sich, obwohl sie in ihrer Aussagekraft umstritten sind, immer noch einer gewissen Beachtung erfreuen. Besonders bekannt sind die vertikale Kapitalstrukturregel und die so genannte »Goldene Bilanzregel«.

- Bei der **vertikalen Finanzierungsregel (vertikalen Kapitalstrukturregel)** wird ausschließlich die Passivseite, d.h. die Kapitalseite der Bilanz, betrachtet. Eine strenge Fassung dieser Regel könnte lauten, dass das Eigenkapital wenigstens so hoch sein soll wie das Fremdkapital. Demnach sollen Eigen- und Fremdkapital im Verhältnis 1:1 zueinander stehen (vgl. Wöhe, S. 728). Dies bedeutet gleichzeitig, dass die Eigenkapitalquote (der Anteil des Eigenkapitals am Gesamtkapital) 50% beträgt. In dieser strengen Form wird die Regel nur von wenigen deutschen Unternehmen eingehalten. Die durchschnittliche Eigenkapitalquote liegt in Deutschland deutlich niedriger. Dies deutet darauf hin, dass die Regel in der strengen Fassung nicht für alle Unternehmen gleichermaßen gilt. Branchenmäßige Besonderheiten sind beispielsweise zu berücksichtigen. Die vertikale Kapitalstrukturregel sollte man als grundsätzlichen Hinweis verstehen, dass Eigenkapital- und Fremdkapital in einem »gesunden« Verhältnis zueinander stehen müssen. Ein gewisser Eigenkapitalanteil ist erforderlich, um eine zu große Belastung mit Zinszahlungen zu vermeiden und andererseits das Risiko zukünftiger Kapitalgeber zu begrenzen, indem man eine entsprechende Haftungsgrundlage bietet.

- Bei der **»Goldenen Bilanzregel«** handelt es sich um **eine horizontale Kapital-Vermögensstrukturregel.** Hierbei werden Positionen der Aktivseite und der Passivseite in Relation gesetzt. Demnach soll langfristig gebundenes Vermögen auch langfristig finanziert sein, wobei man die Betrachtung unterschiedlich streng vornehmen kann. In ihrer engsten Fassung beinhaltet die »Goldene Bilanzregel« die Forderung, dass dem Anlagevermögen wenigstens in gleichem Umfang Eigenkapital gegenüberstehen sollte (vgl. Wöhe, S. 729). Obwohl die genaue Abgrenzung und Gegenüberstellung der Bilanzpositionen letztlich willkürlich ausfällt, ist auch diese Regel vom Grundgedanken her plausibel. Es ist einleuchtend, dass man beispielsweise ein Bauvorhaben nicht über das Girokonto finanzieren kann. In einer etwas weiteren Fassung gilt, dass dem Anlagevermögen wenigstens langfristig bereitgestelltes Kapital in gleicher Höhe gegenüberstehen soll, wobei zum langfristig bereitgestellten Kapital neben dem Eigenkapital auch das langfristig bereitgestellte Fremdkapital zählt.

Inwieweit die Finanzierungsregeln erfüllt werden, kann man mit Hilfe von **Kennzahlen** überprüfen, von denen wir die **Eigenkapitalquote (EKQ)** bereits erwähnt haben. Für sie gilt

$$EKQ = \frac{EK}{GK}$$

mit
EK für Eigenkapital und
GK für Gesamtkapital

Entsprechend gilt für die **Fremdkapitalquote (FKQ)** folgende Kennzahl:

$$FKQ = \frac{FK}{GK}$$

mit
FK für Fremdkapital und
GK für Gesamtkapital

Teilt man das Fremdkapital durch das Eigenkapital, spricht man vom **Verschuldungsgrad (VSG).** Die Kennzahl sieht folgendermaßen aus:

$$VSG = \frac{FK}{EK}$$

mit
FK für Fremdkapital und
EK für Eigenkapital.

Offensichtlich ist die Situation tendenziell für eine Unternehmung umso schlechter, je höher der Verschuldungsgrad ist. Hat der Betrieb kein Fremdkapital, sondern nur Eigenkapital, dann liegt ein Verschuldungsgrad in Höhe von 0 vor. Eine günstige Situation für die Unternehmung, sie muss sich nicht mit Zins- und Tilgungszahlungen befassen. Beträgt der Verschuldungsgrad beispielsweise 10, dann ist das Fremdkapital 10 Mal so hoch wie das Eigenkapital. Zins- und Tilgungszahlungen belasten das Unternehmen. Dies hat Auswirkungen auf den Erfolg und auf die Zahlungsfähigkeit. Die Aussagen gelten aber nur tendenziell, Ausnahmen bestätigen wie immer die Regel. In einer Einführungsschrift kann man solche Situationen jedoch nicht behandeln.

Im Hinblick auf die horizontalen Bilanzstrukturregeln kann man beispielsweise folgende **Deckungsgrade** (vgl. Coenenberg, S. 966) definieren:

$$\text{Deckungsgrad 1} = \frac{EK}{AV}$$

mit
EK für Eigenkapital und
AV für Anlagevermögen

$$\text{Deckungsgrad 2} = \frac{EK + \text{langfristiges } FK}{AV}$$

mit
EK für Eigenkapital
FK für Fremdkapital und
AV für Anlagevermögen

Bezüglich des Deckungsgrades zwei ist zu beachten, dass nicht immer leicht zu erkennen ist, welches Fremdkapital noch langfristig zur Verfügung steht. So kann beispielsweise ein langfristig gewährtes Darlehen kurzfristig fällig werden. Folglich müssen entsprechende Hintergrundinformationen ausgewertet werden, bevor man die Kennzahl berechnet.

Neben Positionen der Bilanz kann man auch Positionen der Gewinn- und Verlust-Rechnung, d.h. der Erfolgsrechnung, heranziehen, um Informationen über die gegenwärtige und zukünftige Liquiditätslage zu erhalten. Dies geschieht beispielsweise bei der **Cashflow-Analyse.**

In vereinfachter Form wird als Cashflow die Summe aus Periodengewinn, Abschreibungen und Rückstellungszuführung der Periode bezeichnet (vgl. Wöhe, S. 822).

Dahinter verbirgt sich die Überlegung, dass die Unternehmung in dieser Höhe aus eigener Kraft finanzielle Mittel erwirtschaftet hat bzw. erwirtschaften wird, um Dividenden zu zahlen, Ausgaben für Investitionen zu tätigen und Schulden zu tilgen (vgl. Süchting, S. 369). Im Grunde handelt es sich bei dieser Überlegung um eine Verbindung der oben erläuterten internen Finanzierung aus Umsatzprozess, mit der (internen) Finanzierung aus Abschreibungen und der (internen) Finanzierung durch Bildung von Rückstellungen. Auch wenn man die Berechnung durch Berücksichtigung weiterer Zusammenhänge verbessert, bleiben Zweifel an der Aussagekraft des Cashflows bestehen. Das liegt an den nicht immer klar ausgesprochenen Annahmen, die dieser Betrachtung zugrunde liegen.

> *So kann es beispielsweise passieren, dass ein hoher Gewinn ausgewiesen wird, weil die Umsätze die Aufwendungen übersteigen, und es aber gleichwohl an Zahlungsmitteln fehlt, weil man den Kunden in großem Umfang Zahlungsaufschub gewähren »musste«. In der Bilanz ist dann der Forderungsbestand hoch und der Geldbestand gering. Zahlungsmittel in Höhe des Gewinns stehen keineswegs zur Verfügung.*

Alles in allem wird deutlich, dass die finanzwirtschaftliche Auswertung der Bilanz und der Erfolgsrechnung recht fragwürdig ist. Wenn man eine finanzwirtschaftlich orientierte Rechnung will, liegt es vielmehr nahe, direkt die Einzahlungen und Auszahlungen während einer Periode und damit die Finanzrechnung auszuwerten (vgl. Chmielewicz, Betriebliches Rechnungswesen 1, S. 74).

Im Bereich der Privatwirtschaft ist dies Außenstehenden nicht möglich, im Bereich der Kommunalverwaltung ist die Finanzrechnung Teil des NKF-Jahresabschlusses (vgl. beispielsweise § 37 GemHVO NRW), der zu veröffentlichen ist. Insofern müssen Außenstehende in diesem Fall nicht auf die Auswertung der Erfolgs- bzw. Ergebnisrechnung zurückgreifen. Damit ist die klassische Cashflow-Berechnung unnötig.

Zu beachten ist, dass der Begriff »Cashflow« zunehmend auch für eine Differenz zwischen bestimmten Einzahlungen und bestimmten Auszahlungen verwandt wird. So kann man beispielsweise die Differenz zwischen Einzahlungen durch den Verkauf von Gütern des Anlagevermögens und den Auszahlungen für die Anschaffung von Gütern des Anlagevermögens als Cashflow aus Investitionstätigkeit bezeichnen (Wöhe, S. 822).

9.3 Die für den modernen kommunalen Verwaltungsbetrieb wichtigsten Finanzierungsarten

Mit der Einführung des Neuen Kommunalen Finanzmanagements (NKF) bzw. Rechnungswesens (NKR) ergibt sich für die Gemeinde die Notwendigkeit, eine Bilanz zu erstellen (vgl. z. B. § 37 GemHVO NRW und § 100 NGO). Damit ist es möglich, die Finanzierungsarten vom Grundsatz her ähnlich zu unterscheiden wie im Bereich der Privatwirtschaft. Für die kommunalen Teilbetriebe mit kaufmännischer Buchführung kann die im Bereich der Privatwirtschaft übliche Einteilung der Finanzierungsarten ohnehin weitgehend übernommen werden. Selbst für eine Gemeinde mit kameralistischer Buchführung ergeben sich durch das NKF Vorteile bezüglich der Einteilung der Finanzierungsarten, da sie sich, auch wenn sie nicht über eine Bilanz verfügt, am Grundaufbau der NKF-Bilanz orientieren kann.

Trotz aller Nähe zum privatwirtschaftlichen Rechnungswesen bzw. Jahresabschluss gilt es allerdings, im Bereich der Kommunalverwaltung einige Besonderheiten zu beachten.

Nachfolgend gehen wir von der in **Abbildung 25** enthaltenen Übersicht über die im Bereich der Privatwirtschaft zu unterscheidenden Finanzierungsarten aus, um zu überprüfen, welche dieser Finanzierungsarten in einem modernen kommunalen Verwaltungsbetrieb vorkommen und welche Finanzierungsarten zusätzlich zu berücksichtigen sind.

Im Einzelnen ist folgendes festzustellen:

Kommen die Zahlungsmittel von außen, d.h. von anderen Personen oder Organisationen, werden sie also nicht durch einen Umsatz-, Verkaufs- oder Verwaltungsvorgang erzielt, dann ist es auch im Bereich der Kommunalverwaltung sinnvoll, von einer **externen Finanzierung** oder **Außenfinanzierung** zu sprechen. **Allerdings kommt eine Beteiligungsfinanzierung** für die Gemeinde selbst **nicht in Betracht** (vgl. Matschke/Hering, S. 150). Eine Beteiligungsfinanzierung spielt allerdings bei einzelnen kommunalen Teilbetrieben (z.B. Eigenbetrieben) und kommunalen Beteiligungen (z.B. bei Eigengesellschaften) eine Rolle.

Es sind auch im kommunalen Bereich **verschiedene Formen der externen Finanzierung** zu unterscheiden:

- Wie im Bereich der Privatwirtschaft spielt die **Kreditfinanzierung** eine große Rolle, die haushaltsrechtlich allerdings streng geregelt und vom Umfang begrenzt ist (vgl. Rau, Betriebswirtschaftslehre, S. 503). Sie kann in verschiedenen Varianten vorkommen, wobei der **Kommunalkredit** als die gängige Form angesehen wird. Hierbei handelt es sich um ein Darlehen, das die Gemeinde bei einem Kreditinstitut aufnimmt (vgl. Matschke/Hering, S. 158). Es besteht die Möglichkeit, eine solche Kreditfinanzierung mit dem **Betreibermodell** zu kombinieren, wobei der folgende Ablauf denkbar ist:

  »Die Gemeinde finanziert z.B. den Bau einer Müllverbrennungsanlage durch einen zinsgünstigen Kommunalkredit. Mit der Projektabwicklung kann ein privates Spezialunternehmen betraut werden, welches Endpreis und Fertigstellungstermin vertraglich garantiert. Bereits während der Erstellung der im kommunalen Eigentum verbleibenden Anlage erfolgt eine enge Abstimmung mit der privaten Betreibergesellschaft, die den Betrieb führen soll und aufgrund spezieller Erfahrungen und Marktkenntnisse Kosteneinsparungen im Vergleich zu öffentlich bewirtschafteten Anlagen erzielt. Der Bürger profitiert von sinkenden Abfallgebühren, und die Betreibergesellschaft behält einen Teil der Kosteneinsparungen als Gewinn. Die Abfallentgelte werden für die Gemeinden zum ›durchlaufenden Posten‹, so daß sich auch der Verwaltungsaufwand stark reduziert« (Matschke/Hering, S. 158).

  Für größere, insbesondere weltbekannte Städte ergibt sich durch die zunehmende **Globalisierung** der Finanzmärkte auch die Möglichkeit, **internationale Kreditverträge** abzuschließen *(vgl. Matschke/Hering, S. 158).*

- Die **Finanzierung aus Steuern** ist eine Form der externen Finanzierung, die nur für die öffentlichen Verwaltungsbetriebe in Betracht kommt. Nach § 3 der Abgabenordnung sind Steuern »Geldleistungen, die nicht eine Gegenleistung für eine besondere Leistung darstellen und von einem öffentlich-rechtlichen Gemeinwesen zur Erzielung von Einnahmen allen auferlegt werden, bei denen der Tatbestand zutrifft, an den das Gesetz die Leistungspflicht knüpft …«. Die Kommunalverwaltung kann auf die Höhe der Gemeindesteuern Einfluss nehmen, es handelt sich hierbei beispielsweise um die Gewerbe-, die Grund- und die Hundesteuer (vgl. Brinkmeier, Band 1, Seite 17).

- Eine weitere Form der externen Finanzierung ist die **Finanzierung aus Zuweisungen.** Während bei der (externen) Finanzierung aus Steuern der Kommunalverwaltung die Zahlungsmittel unmittelbar von den Bürgern zufließen, handelt es sich bei den Zuweisungen um Gelder, welche die Kommunalverwaltung von anderen öffentlichen Verwaltungsbetrieben erhält (vgl. Gornas/Beyer, S. 130). Eine Übersicht über die zahlreichen Zuweisungen, die für die kommunalen Verwaltungsbetriebe als Finanzierungsquellen in Betracht kommen, findet sich bei Brinkmeier (Band 1, S. 104). Teilweise ist der Unterschied zur Finanzierung aus Steuern lediglich rein formaler Art. Den Gemeinden steht beispielsweise ein gesetzlich festgelegter Anteil an der Einkommenssteuer, der Körperschaftssteuer und der Umsatzsteuer zu (vgl. z.B.§ 2 GFG 2004/2005 NRW). Hierbei handelt es sich um Teile der Gemeinschaftssteuern, die die Länder im Rahmen des allgemeinen Steuerverbundes an die Gemeinden weiterleiten müssen. Diese Zuweisungen werden den Gemeinden zur freien Verwendung überlassen. Es handelt sich um **allgemeine Zuweisungen.** Wird Geld nur für die Erfüllung bestimmter Aufgaben gewährt, handelt es sich um **zweckgebundene Zuweisungen** (vgl. Brinkmeier, Band 1, Seite 106). Solche **Zuweisungen können zur Förderung investiver Maßnahmen** (vgl. § 17 GFG) gewährt werden, wobei eine solche Zuweisung nicht unbedingt ein spezielles Investitionsobjekt betreffen muss. Es können auch pauschale Zuweisungen zweckgebunden sein. Sie beziehen sich dann auf Investitionen, die einen speziellen Aufgabenbereich betreffen (z.B. den Schulbereich oder den Sportbereich). Nicht sämtliche zweckgebundene Zuweisungen betreffen Investitionen. Das gilt beispielsweise für Mittel zur Förderung kommunaler Theater, Orchester und Musikschulen. Allerdings können auch solche Mittel für Investitionen verwendet werden. **In der NKF-Bilanz werden solche Zuweisungen als Zuwendungen bezeichnet** (vgl. § 41 GemHVO NRW). Auch private Personen können sich an kommunalen Investitionen beteiligen bzw. dazu gezwungen sein, solche kommunalen Investitionen ganz oder teilweise zu finanzieren. Es handelt sich dann um **Beiträge** (vgl. beispielsweise § 8 KAG NRW). Sie dienen dem Ersatz des Herstellungsaufwandes und spielen beispielsweise beim Bau von Straßen, Wegen und Plätzen eine Rolle.

Wie eine privatwirtschaftliche Unternehmung, so kann sich auch die Kommunalverwaltung aus eigener Kraft, d.h. durch Verkäufe und ähnliche Absatzaktivitäten, Zahlungsmittel beschaffen. Insofern kann man hier ebenfalls von einer **internen Finanzierung oder Innenfinanzierung** sprechen. Auch die für die privatwirtschaftliche Unternehmung gewählte Differenzierung zwischen der internen Finanzierung aus Umsatzprozess und der internen Finanzierung aus Vermögensumschichtung ist grundsätzlich übertragbar.

- Als **Finanzierung aus Umsatzprozess** ist neben der **Finanzierung aus privatrechtlichen Entgelten** die **Finanzierung aus Gebühren** anzusehen. Es handelt sich hierbei um Gegenleistungen für unterschiedliche Güter, die der kommunale Verwaltungsbetrieb an bestimmte Personen bzw. Institutionen abgegeben hat bzw. abgeben wird. Wie die privatrechtlichen Entgelte haben auch Gebühren den Charakter von Entgelten, die – wie in der Privatwirtschaft auch – eventuell im Voraus zu zahlen sind. Man kann sie auch als Preise für unterschiedliche Produkte ansehen, und zwar ist die Gebühr entweder der Preis, den man für eine Amtshandlung oder sonstige Tätigkeit der Verwaltung entrichten muss, oder der Preis, den man für Inanspruchnahme einer öffentli-

chen Einrichtung oder Anlage zu zahlen hat. Im ersten Fall handelt es sich um eine **Verwaltungsgebühr** und im zweiten Fall um eine **Benutzungsgebühr** (vgl. beispielsweise § 4 KAG NRW). Dass die Preisbildung durch das Kommunalabgabengesetz geregelt ist, ändert nichts an der Tatsache, dass es sich um Entgelte und damit Umsätze handelt. Wie auch im Bereich der Privatwirtschaft, so fließen der Kommunalverwaltung allerdings nur zusätzliche Zahlungsmittel zu, wenn die erzielten Entgelte (die Umsätze) die Ausgaben für die Produktionsfaktoren übersteigen, wenn also Gewinne entstehen und nicht ausgeschüttet werden. Insofern ist die **Finanzierung aus einbehaltenem Gewinn** und damit **die Selbstfinanzierung im engeren Sinn** auch im kommunalen Verwaltungsbetrieb durchaus denkbar, wobei allerdings der Begriff »Gewinn« durch den Begriff »Jahresüberschuss« zu ersetzen ist. Die Entstehung eines **Gewinns (Jahresüberschusses)** muss allerdings nicht unbedingt auf den Umsatzprozess zurückzuführen sein, sondern kann im kommunalen Bereich auch andere Gründe haben. So kann sich beispielsweise ein Jahresüberschuss ergeben, wenn den Steuererträgen Aufwendungen in geringerer Höhe gegenüberstehen. Immer dann, wenn der kommunale Verwaltungsbetrieb einen Jahresüberschuss erwirtschaftet, ist nach den gegenwärtig gültigen Vorschriften von einer Finanzierung aus einbehaltenem Gewinn auszugehen, da bisher eine Ausschüttung des Gewinns nicht vorgesehen ist.
- Die **Finanzierung durch Vermögensumschichtung** kommt für die Kommunalverwaltung ebenfalls in Betracht und entsteht dadurch, dass nicht benötigte Güter, also beispielsweise Grundstücke und Gebäude, veräußert werden.
- Bei der Erläuterung der für eine privatwirtschaftliche Unternehmung zu unterscheidenden Finanzierungsarten haben wir kurz drei Sonderformen der internen Finanzierung besprochen, und zwar die Finanzierung aus Abschreibungen, die Finanzierung durch die Bildung von Rückstellungen und das Sale-Lease-Back-Verfahren. Wir haben gezeigt, dass diese Finanzierungsinstrumente mit dem Gewinn eines Unternehmens in Verbindung stehen. Da die Kommunalverwaltung, selbst, wenn sie Gewinne erzielt, diese grundsätzlich nicht ausschüttet, kann auch durch zusätzlichen Aufwand keine Gewinnausschüttung vermindert werden. **Insofern spielt die Finanzierung aus Abschreibungen keine Rolle. Das Gleiche gilt für die Finanzierung durch Bildung von Rückstellungen. Das Sale-Lease-Back-Verfahren kommt hingegen auch für die Kommunalverwaltung als interne Finanzierung in Betracht.**

> *So wurde in der jüngeren Vergangenheit diskutiert, Schulgebäude, die sich im Eigentum der Kommune befinden, zu verkaufen und anschließend wieder anzumieten.*

In einem solchen Fall würden der Kommunalverwaltung zunächst Zahlungsmittel zufließen. Allerdings würden anschließend kontinuierlich Zahlungsmittel abfließen, so dass der anfängliche Vorteil für die Zahlungsfähigkeit sich immer mehr abbauen würde und eventuell später in einen Nachteil umschlagen könnte. Insofern muss eine solche Handlung gründlich durchdacht werden. Hinzu kommt, dass, worauf wir bereits hingewiesen haben, die Liquiditätsbetrachtung mit der Wirtschaftlichkeitsbetrachtung verbunden werden muss. Eine ähnliche Konstruktion liegt einem **Cross-Border-Leasing-Geschäft** zugrunde. Hierbei handelt es sich um ein grenzüberschreitendes Leasing-Geschäft, das folgendermaßen gestaltet sein könnte:

Ein amerikanischer Investor übernimmt das Kanalnetz einer deutschen Gemeinde, die es anschließend von diesem zurückmietet.

Solche Geschäfte erscheinen besonders dann lohnend, wenn sie von ausländischen staatlichen Stellen gefördert werden. Der Förderbeitrag kann dann auf die am Geschäft beteiligten Parteien verteilt werden. Insgesamt beinhalten solche Geschäfte erhebliche Risiken, da die Vorschriften verschiedener Länder beachtet werden müssen.

Auch im Bereich der Kommunalverwaltung können wir grundsätzlich zwischen der **Eigen- und Fremdfinanzierung unterscheiden.** Hilfreich ist in diesem Zusammenhang die Passivseite der NKF-Bilanz. Es wird hier zwischen folgenden Passiva unterschieden:

1. Eigenkapital,
2. Sonderposten,
3. Rückstellungen,
4. Verbindlichkeiten,
5. Passive Rechnungsabgrenzung.

Um eine **Fremdfinanzierung** handelt es sich auf jeden Fall, wenn durch die Finanzierung eine Verbindlichkeit entsteht, das gilt beispielsweise für die Finanzierung durch Aufnahme eines Kommunalkredits. Insofern ist die **Kreditfinanzierung** auch im kommunalen Bereich die wichtigste Möglichkeit der Fremdfinanzierung.

Als **passive Rechnungsabgrenzung** wird beispielsweise das für einen zukünftigen Zeitraum erlangte Nutzungsrecht eines Dritten festgehalten, der den fälligen Betrag bereits entrichtet hat. Typisch ist im kommunalen Bereich das von einem Dritten erworbene und bezahlte Recht an einer Grabstätte. Es handelt sich dabei um einen ähnlichen Vorgang wie bei einer Kreditaufnahme, allerdings »schuldet« die Gemeinde dem »Gläubiger« jetzt nicht die Rückzahlung eines Geldbetrages, sondern die Bereitstellung einer Grabstätte.

Die Bildung von **Rückstellungen** erfolgt überwiegend im Hinblick auf zukünftige Verpflichtungen. Das wird besonders deutlich, wenn wir die Pensionsrückstellungen betrachten. Die Bildung dieser Rückstellungen wäre damit eindeutig der Fremdfinanzierung zuzuordnen. Bei anderen Rückstellungsarten wird der Fremdkapitalcharakter nicht immer gleichermaßen deutlich, gleichwohl ist auch hier in der Regel die Zuordnung zum Fremdkapital gerechtfertigt. Insgesamt messen wir der Bildung von Rückstellungen im kommunalen Verwaltungsbetrieb, wie wir oben bereits erläutert haben, jedoch keine Finanzierungsfunktion zu. Auf eine weitere Betrachtung wird daher verzichtet.

Unter den Sonderposten sind unter anderem die **Zuwendungen und Beiträge,** die die Gemeinde für Investitionen erhalten hat, auszuweisen. Es handelt sich dabei um Zahlungsmittel von Dritten, also beispielsweise vom Land oder von den Bürgerinnen und Bürgern. Insofern könnte auf den ersten Blick die Zuordnung zum Fremdkapital nahe liegen. Hinzu kommt, dass das Eigenkapital auch noch ausdrücklich extra ausgewiesen wird. Gleichwohl sind zumindest die Sonderposten für Zuwendungen und Beiträge materiell dem Eigenkapital zuzuordnen, weil Rückzahlungsverpflichtungen nicht bestehen. Insofern zählt die Finanzierung aus Zuwendungen und Beiträgen zur Eigenfinanzierung.

In **Abbildung 26** haben wir die für den modernen kommunalen Verwaltungsbetrieb wichtigsten Finanzierungsarten zusammengestellt.

	Außen-finan-zierung	Innen-finan-zierung	Selbst-finan-zierung i.e.S.	Eigen-finan-zierung	Fremd-finan-zierung
Kredit-finanzierung	X				X
Finanzierung aus Steuern	X			X	
Finanzierung aus Zuweisungen und Beiträgen	X			X	
Finanzierung aus privatrecht-lichen Entgelten und Gebühren		X			
Finanzierung aus einbehaltenem Gewinn		X	X	X	
Finanzierung aus Vermögens-umschichtung		X			
Sale-Lease-Back-Verfahren		X			

Abbildung 26: Die wichtigsten Finanzierungsarten des kommunalen Verwaltungsbetriebs

In diesem Zusammenhang ist darauf hinzuweisen, dass die Unterscheidung der Finanzierungsarten in den betriebswirtschaftlichen Schriften, die sich mit der Kommunalverwaltung beschäftigen, recht unterschiedlich und teilweise auch widersprüchlich ausfällt. Dies liegt sicherlich teilweise daran, dass häufig noch von einer kameralistisch buchenden Kommunalverwaltung ausgegangen wird und in der Kameralistik einzelne Begriffe einen völlig anderen Inhalt haben als in der kaufmännischen doppelten Buchführung und im NKF.

Mit der Behandlung der Finanzierung schließen wir den Überblick über die betrieblichen Funktionen ab. Auf die Erläuterung weiterer Funktionen, die nicht den Kern des betrieblichen Geschehens ausmachen, müssen wir im Rahmen einer Einführungsschrift verzichten. Uns erscheint es wichtiger, die vermittelten betriebswirtschaftlichen Grundlagen abschließend noch einmal mit dem für die Kommunalverwaltung entwickelten »Neuen Steuerungsmodell« zu konfrontieren, um zu überprüfen, welche betriebswirtschaftliche Substanz die einzelnen Elemente dieses Entwurfs beinhalten.

10 Das Neue Steuerungsmodell und seine betriebswirtschaftliche Substanz

10.1 Zusammenfassender Überblick über das Neue Steuerungsmodell

In den vorherigen Kapiteln haben wir die Verbindung zu einzelnen Elementen des Neuen Steuerungsmodells hergestellt. Nunmehr wollen wir den Entwurf, d.h. das Zusammenspiel der Elemente, noch einmal im Überblick betrachten, um eine abschließende Gesamtbeurteilung aus betriebswirtschaftlicher Sicht vornehmen zu können:

- Ausgangspunkt der Neuen Steuerung ist die **Trennung von Politik und Verwaltung.** Die Politik (der Rat) ist für die grundsätzliche Zielsetzung zuständig und die Verwaltung für die Ausführung der Zielsetzung.

- Damit die Zielsetzung und letztlich der Auftrag realitätsbezogen ist, findet zuvor zwischen Rat und Verwaltung ein **Verhandlungsprozess** über die Ziele und die zur Zielerfüllung notwendigen Einsatzgüter (Ressourcen) statt.

- Letztlich wird zwischen Rat und Verwaltung ein Vertrag geschlossen, eine Art Kontrakt. Man spricht daher auch von **Kontraktmanagement.** Der Kontrakt beinhaltet die vereinbarten Ziele **(Zielvereinbarung)** und den Ressourcenrahmen (den **Gesamtetat).** Es entsteht zwischen Rat und Verwaltung ein **Auftraggeber-Auftragnehmer-Verhältnis,** d.h. der Rat beauftragt die Verwaltung, die Ziele, die er gesetzt hat, auszuführen.

- Damit die Verwaltungsspitze mit dem Rat verhandeln kann, benötigt sie **Informationen** über die zur Zielerfüllung notwendigen Ressourcen. Zu diesem Zweck verhandelt die Verwaltungsspitze ihrerseits mit den Leitungen der **Hauptverwaltungsbereiche,** denen eine **möglichst große Unabhängigkeit** zugestanden wird. Ähnliche Verhandlungen können je nach Größe der Gemeinde in den einzelnen Hauptverwaltungsbereichen zwischen der Bereichsleitung und den Leitern bzw. Leiterinnen der kleineren Organisationseinheiten stattfinden. **Die Verwaltung wird somit von einem mehrfachen und vielschichtigen Verhandlungsprozess überzogen, wobei letztlich auf allen Ebenen Auftraggeber-Auftragnehmer-Beziehungen entstehen.**

- Damit der jeweils nachgeordnete Bereich mit dem nächsthöheren Bereich über den Ressourcenrahmen verhandeln kann, informiert er sich darüber, welche Dienstleistungen und Sachgüter im Hinblick auf die gewünschten Ziele von ihm produziert und an die Bürger abgegeben werden sollen. Er bestimmt also die erforderlichen Produkte nach Art und Menge. Da man sich mit den **Produkten** des kommunalen Verwaltungsbetriebs in der Vergangenheit nur wenig beschäftigt hat, ist es in vielen Fällen erforderlich, die Produkte zunächst klar zu bestimmen. Man spricht in diesem Zusammenhang von der Produktdefinition. Von den für die Zielerfüllung notwendigen Produkten, d.h. vom geplanten **Output,** leitet man den geplanten Ressourcenverbrauch ab. Man steuert den Betrieb somit vom Output her **(outputorientierte Steuerung).**

- Wie im Bereich der Privatwirtschaft versucht man, bei der Produktplanung und auch im Hinblick auf die Abgabe der Produkte den Bedürfnissen der Abnehmer Rechnung zu tragen. Der Abnehmer wird in den Mittelpunkt der Betrachtung gerückt. Man spricht daher in diesem Zusammenhang auch von **Kundennähe bzw. Kundenorientierung.**

- Die zwischen der Verwaltungsspitze und den nachgeordneten Bereichsleitungen vereinbarten Kontrakte beinhalten einerseits Zielvereinbarungen, die die Produkte betreffen, aber andererseits auch Planvorgaben bezüglich des Mitteleinsatzes. Solche Vorgaben bezeichnet man als **Budget.** Ein Budget kann sich auf die unterschiedlichsten Größen beziehen. Besonders bekannt sind finanzielle Planvorgaben. So könnte man beispielsweise ein Ausgabenbudget vereinbaren. Die Steuerung mit Hilfe solcher Planvorgaben nennt man **Budgetierung.**

- Da sich die budgetverantwortliche Bereichsleitung innerhalb dieses Rahmens frei bewegen kann, kann sie entscheiden, welche Einsatzgüter (Ressourcen) sie im Hinblick auf die Zielerreichung einsetzen will **(dezentrale Ressourcenbewirtschaftung).** Sie ist damit für den Ressourceneinsatz selbst verantwortlich **(dezentrale Ressourcenverantwortung).**

- Mit der zunehmenden Selbstständigkeit der Bereichsleitungen wird es für die Verwaltungsspitze und den Rat schwieriger, das betriebliche Geschehen zu überblicken, insofern muss ein **Controllingsystem und ein Berichtswesen** eingerichtet werden, das sicherstellt, dass die Entscheidungsträger rechtzeitig mit den steuerungsrelevanten Informationen versorgt werden, um gegebenenfalls die notwendigen Maßnahmen einleiten zu können, damit die Ziele erreicht werden. Im Hinblick auf das Formalziel Wirtschaftlichkeit, d.h. im Hinblick auf die Wirtschaftlichkeitskontrolle und Wirtschaftlichkeitssteuerung, ist die Einführung der **Kosten- und Leistungsrechnung** erforderlich, die auch herangezogen wird, um die Budgets zu bestimmen und die Budgeteinhaltung zu kontrollieren.

- Schließlich ist noch zu erwähnen, dass die Motivation der einzelnen Mitarbeiterinnen bzw. Mitarbeiter dadurch verstärkt wird, dass sie von der Zielerreichung bzw. von Ressourceneinsparungen selbst direkt oder indirekt profitieren. So können nicht ausgeschöpfte Planansätze anders verwendet, d.h. für die **Deckung** anderer Ausgaben herangezogen und in das nächste Jahr übertragen werden **(Übertragbarkeit).** Damit wird der Gestaltungsspielraum der betreffenden Personen ausgeweitet. Weiterhin bemüht man sich verstärkt, die Leistung der einzelnen Person zu messen und durch Leistungsvergleiche Anreize zu schaffen, so dass Abläufe entstehen, die dem Wettbewerb in der Privatwirtschaft ähneln (man spricht in diesem Zusammenhang auch von **Wettbewerbssurrogaten).** Neben dem »Wettbewerb« innerhalb der Verwaltung soll durch Leistungsvergleiche auch ein »Wettbewerb« zwischen den verschiedenen Verwaltungsbetrieben simuliert werden. Letztlich soll das Einkommen der erbrachten Leistung entsprechen **(leistungsgerechte Entlohnung).**

Die diesem Modell zugrunde liegende Überlegung kann man recht gut am Beispiel der Auftragsvergabe für die schlüsselfertige Erstellung eines Gebäudes veranschaulichen. Auch die Chancen und Risiken dieses Steuerungskonzepts werden so ansatzweise deutlich:

In diesem Fall befasst sich der Bauherr, der Auftraggeber, lediglich mit grundsätzlichen Überlegungen: Diese betreffen einerseits die gewünschten Grundeigenschaften des Gebäudes (Wie groß soll das Haus sein? Wie viele Zimmer sind notwendig? Wie groß sollen die Zimmer sein? usw.) und andererseits den finanziellen Rahmen (Wie hoch darf der Gesamtpreis sein?). Zu diesem Zweck nimmt er mit mehreren Anbietern, die Gebäude schlüsselfertig erstellen, Kontakt auf. Es kommt zu Verhandlungen, die einerseits die gewünschten Eigenschaften des Bauprojekts betreffen und andererseits den finanziellen Rahmen zum Gegenstand haben. Um die Gestaltungsspielräume auszuloten, nehmen die Anbieter ihrerseits mit den potenziellen Sublieferanten Kontakt auf, also mit Firmen, die sich beispielsweise auf Installations-, Maler- und Dachdeckerarbeiten spezialisiert haben. Schließlich entscheidet sich der Bauherr für einen Anbieter. Es kommt zu einem Vertrag, der besonders die grundsätzlichen Eigenschaften des Gebäudes, den Erstellungszeitraum und den Gesamtpreis beinhaltet. Zwischen dem Bauherrn und diesem Anbieter entsteht ein Auftraggeber-Auftragnehmer-Verhältnis. Der Anbieter verhandelt seinerseits abschließend mit den Sublieferanten und schließt letztlich mit diesen entsprechende Verträge. Somit entstehen auch zwischen dem Anbieter des schlüsselfertigen Gebäudes und diesen Firmen Auftraggeber-Auftragnehmer-Beziehungen. Bei großen Bauvorhaben ist auch eine weitere Auftragsvergabe denkbar, indem die großen Sublieferanten ihrerseits Unteraufträge an andere Firmen vergeben. Die Ausführung der einzelnen Arbeiten wird von den einzelnen Firmen weitgehend selbstständig vorgenommen. Es ist ihnen überlassen, welche Maschinen und Personen sie einsetzen. Für den Bauherrn besteht die Gefahr, dass er das Bauvorhaben im Detail nicht mehr durchschaut. Denkbar wäre, dass er eine Fachkraft damit beauftragt, sich von Zeit zu Zeit über den Fortschritt des Bauvorhabens und die Ausführung der Arbeiten zu informieren, um eventuelle Fehler rechtzeitig zu erkennen, so dass sie noch korrigiert werden können. Letztlich erfolgt die Bezahlung anhand der erbrachten Leistung. Fehlt eine vertraglich vereinbarte Eigenschaft, kommt es bespielsweise zu einem Preisabzug. Der Anbieter überprüft seinerseits die Arbeiten der

Zulieferer. Werden die Arbeiten nicht, wie dies vereinbart wurde, ausgeführt, kann es auch hier zu Abzügen oder zu Nachbesserungen kommen, deren Kosten die betreffenden Firmen tragen müssen. Eventuell ergeben sich für die Firmen auch langfristig negative Folgen, indem sie in Zukunft keine Aufträge mehr erhalten.

10.2 Abschließende Beurteilung des Neuen Steuerungsmodells aus betriebswirtschaftlicher Sicht

Sowohl der abstrakte Überblick als auch das Beispiel lassen das Neue Steuerungsmodell als ein recht logisches Konzept erscheinen, in dem zahlreiche **Beiträge der Betriebswirtschaftslehre** und teilweise auch moderne betriebswirtschaftliche Ansätze ihren Niederschlag gefunden haben:

(1) So wird die für die betriebswirtschaftliche Denkweise typische **Zielorientierung** beachtet und speziell auch die für die moderne Betriebswirtschaftslehre charakteristische **strategische Ausrichtung** berücksichtigt. Dies macht besonders die intensive Beschäftigung mit dem »Leitbild« der Kommunalverwaltung deutlich.

(2) Auch die betriebswirtschaftliche **Analyse der Zielhierarchie** hat offensichtlich diesen Entwurf beeinflusst. Dies wird dadurch deutlich, dass von den obersten Zielen, die der Rat (die Politik) vorgibt, die Ziele der Hauptverwaltungsbereiche und von diesen wiederum die Ziele der nachgeordneten Organisationseinheiten abgeleitet (»heruntergebrochen«) werden, um letztlich operationale Vorgaben zu erhalten. Die neue Form der **Budgetierung** weist ebenfalls in diese Richtung.

(3) Die große Bedeutung der Zielvereinbarungen im Neuen Steuerungsmodell deutet auf die Berücksichtigung der **verhaltensorientierten Betriebswirtschaftslehre** hin, indem man unter anderem der Hypothese Rechnung trägt, dass von Zielen nur dann ein Anreiz ausgehen kann, wenn sie erreichbar sind, und dass die Formulierung realistischer Zielsetzung durch die Beteiligung der Mitarbeiter bzw. Mitarbeiterinnen gefördert wird. Das **»Management by objectives«** (Management durch Zielvereinbarungen), bei dem es sich um eine Führungstechnik handelt, die primär dadurch gekennzeichnet ist, dass man mit den Mitarbeitern Ziele vereinbart, ihnen weitgehend die Art und Weise der Zielerfüllung überlässt und sie anschließend im Hinblick auf die Zielerreichung bewertet (vgl. Rau, Betriebswirtschaftslehre S. 251), hat beim Neuen Steuerungsmodell eindeutig Pate gestanden.

(4) Was die **Planung** anbelangt, so ist im neuen Steuerungsmodell das **Gegenstromverfahren** erkennbar, indem zunächst die Vorstellungen des Rates über die Verwaltungsspitze an die ausführenden Organisationseinheiten weitergeleitet werden, die dann im Rahmen der Verhandlungen ihrerseits eventuell über mehrere Stufen ihre Vorstellungen an den Rat herantragen. Eventuell sind auch mehrfache Informationsumläufe erforderlich, bis die Planung steht.

(5) Durch die im Rahmen der Neuen Steuerung angestrebte aufbauorganisatorische Veränderung wird dem in der Privatwirtschaft eindeutig erkennbaren **Trend von der funktionalen zur divisionalen (objekt- bzw. produktorientierten) Organisationsform** Rechnung getragen. Es wird versucht, Organisationsbereiche mit Ergebnisverantwortung abzugrenzen. Die Orientierung am **»Profit-center-Konzept«** ist nicht zu übersehen.

(6) Die **Marketinglehre** wird beachtet, indem man bei der gesamten betrieblichen Steuerung vom Abnehmer der kommunalen Dienstleistungen ausgeht. Dies wird auch sprachlich deutlich, indem man von **Kundenorientierung** spricht. Auch der Begriff »Outputorientierte Steuerung« deutet dies an. Die von den »Kunden« der Kommunalverwaltung verlangten Güter (Produkte) bilden den Ausgangspunkt für die betriebswirtschaftliche Gestaltung.

(7) Die Beachtung des **Controllings,** das wie das Marketing ein vergleichsweise »junges« betriebswirtschaftliches Fach ist, bestätigt ebenfalls, dass die Neue Steuerung von der modernen Betriebswirtschaftslehre beeinflusst wurde.

(8) Die Bedeutung der Kosten- und Leistungsrechnung im Hinblick auf die Wirtschaftlichkeitskontrolle bzw. -steuerung wird erkannt. Dies macht die Forderung nach einer »flächendeckenden« **Einführung der Kosten- und Leistungsrechnung** mit dem Ziel, die **Wirtschaftlichkeit der einzelnen Produkte** zu überprüfen, deutlich.

(9) **Die entscheidende Prägung erfährt das Neue Steuerungsmodell allerdings offensichtlich durch einen Ansatz aus dem Kreis der modernen Wirtschaftstheorien. Es handelt sich dabei um die Principal-Agent-Theorie** (vgl. Pfaff/Zweifel), die auch **Agenturtheorie** genannt wird (vgl. Ebers/Gotsch). Sie ist ein spezieller Zweig der Modernen Institutionenökonomik (Richter, S. 16), eines großen Theoriekomplexes, der in den letzten Jahren sowohl in der Volkswirtschaftslehre als auch in der Betriebswirtschaftslehre zunehmend Beachtung gefunden hat. Den Ausgangspunkt für die Entwicklung der Agenturtheorie bildet folgende Standardsituation (vgl. Ebers/Gotsch, S.195): Eine Person A möchte bei der Lösung einer Aufgabe die Dienste einer anderen Person B in Anspruch nehmen, die sich auf solche Tätigkeiten spezialisiert hat und insofern vermutlich die Aufgabe besser und/oder kostengünstiger erfüllen kann als A. Deshalb erteilt die Person A der Person B den Auftrag, die betreffende Aufgabe zu lösen. Person A, d.h. der Auftraggeber, der Principal, bietet der Person B, dem Auftragnehmer, dem Agenten, bei Übernahme des Auftrags eine entsprechende Vergütung an. Mit dem Auftraggeber-Auftragnehmer-Verhältnis ist allerdings die Gefahr verbunden, dass der auf eine solche Aufgabenstellung spezialisierte und relativ besser informierte Agent nicht so handelt, wie der Principal, der sich bezüglich der Aufgabenerfüllung nicht so gut auskennt, der also relativ schlechter informiert ist, sich das vorstellt. »Der Principal ist somit mit dem Problem konfrontiert, wie vertraglich sichergestellt werden kann, daß der Agent eine Leistung erbringt, die der Vereinbarung bestmöglich entspricht« (Ebers/Gotsch, S. 195). Die Lösung dieses Problems ist Gegenstand der Agenturtheorie. Die allgemeine Formulierung des Ausgangsproblems deutet an, dass der Principal-Agent-Ansatz auf die unterschiedlichsten Beziehungen übertragen werden kann, denen Verträge,

»und zwar sowohl im Rechtssinne als auch im nichtrechtlichen Sinne« (Richter, S.16) zugrunde liegen. Insofern liegt auch die »Anwendung auf den öffentlichen Sektor« (vgl. Pfaff/Zweifel, S. 188) nahe.

Trotz dieser zahlreichen Berührungspunkte mit der Betriebswirtschaftslehre und auch speziell mit modernen Strömungen dieses Fachs handelt es sich beim Neuen Steuerungsmodell keineswegs um einen ausgereiften Entwurf. Nach wie vor besteht der zentrale Schwachpunkt des Konzepts darin, dass man die Kommunalverwaltung mit einer Dienstleistungsunternehmung verwechselt.

Dabei ist unerheblich, ob man ausdrücklich von einer Unternehmung spricht (vgl. Banner, S. 1) oder ob man lediglich das Bild einer Unternehmung vor Augen hat. Die Vorstellung, dass es sich bei der Kommunalverwaltung um ein Unternehmen handelt, ist, wie wir in dieser Schrift nachgewiesen haben, »nun theoretisch wirklich völlig falsch« (vgl. Laux, S. 1089).

Die Gleichsetzung der Kommunalverwaltung mit einem Unternehmen muss zu Fehlsteuerungen führen, weil man die falsche Zielsetzung vor Augen hat und somit von einem falschen Orientierungspunkt ausgegangen wird.

Damit besteht die Gefahr, dass

- man die vorhandenen betriebswirtschaftlichen Erkenntnisse nicht richtig auswertet,
- aus dem Kreis der von der Betriebswirtschaftslehre angebotenen Instrumente nicht die passenden auswählt und
- auch die Wirkungsgrenzen einzelner Handlungen nicht erkennt, so dass Maßnahmen ergriffen werden, die erhebliche Kosten hervorrufen, aber keinen Steuerungsbeitrag erbringen.

Inzwischen sind nicht nur einige Schwachpunkte des Konzepts deutlich geworden, sondern auch erste Ansatzpunkte erkennbar, wie man diesen begegnen kann.

- So wird zunehmend die Frage beachtet, wie man bei dezentralen Strukturen weiterhin rechtmäßiges Handeln durchsetzen kann und sich beispielsweise verhindern lässt, dass die Regelungen des öffentlichen Beschaffungswesens unterlaufen werden oder man das öffentliche Dienstrecht nicht einheitlich anwendet. Mit Überlegungen zur Einrichtung entsprechender zentraler Stabsstellen, die in den jeweiligen Entscheidungsprozess einbezogen werden müssen, wird dieser Fragestellung auch bereits Rechnung getragen.
- Die Frage, ob es gerechtfertigt ist, die Rolle des Bürgers auf die des Kunden zu reduzieren, wird immerhin gestellt. Auch kritische Hinweise, dass man Verwaltungshandeln nicht mit einem Verkaufsvorgang verwechseln darf, werden

zur Kenntnis genommen. Damit besteht die Chance, dass man den Betrieb »Kommunalverwaltung« doch noch in die richtige Richtung steuert.

- Dass zur Klärung der Frage, welches Buchhaltungssystem im Bereich der Kommunalverwaltung sinnvoll ist, letztlich die Zielsetzung herangezogen werden sollte, scheint sich inzwischen ebenfalls durchgesetzt zu haben. Ohne Zweifel ist die Doppik die Form der Buchhaltung, die sich bei unternehmerischer Zielsetzung, d.h. bei einem Gewinnziel, bewährt hat. Die aktuellen Vorschriften zum NKF machen deutlich, dass sich die Zielsetzung einer Gemeinde nicht auf die privatwirtschaftliche Zielsetzung reduzieren lässt. So wird beispielsweise in der Niedersächsischen Gemeindeordnung (vgl. § 82) kein Gewinnziel festgelegt, sondern der Erhalt des Reinvermögens vorgegeben, indem die ordentlichen Erträge den ordentlichen Aufwendungen bzw. die außerordentlichen Erträge den außerordentlichen Aufwendungen *entsprechen* sollen. Hinzu kommen weitere Zielvorschriften, die wir auch bei unseren Überlegungen zum kommunalen Zielsystem berücksichtigt haben. *Damit wird zunehmend deutlich, dass die kaufmännische doppelte Buchführung, anders als immer noch vielfach behauptet, für die Kommunalverwaltung kein geeignetes Rechenwerk ist.* Es bedarf eines Rechnungswesens, das auf der Grundlage der doppelten Buchführung, der besonderen Zielsetzung der Gemeinde Rechnung trägt. Wenn man dies auch in sprachlicher Hinsicht deutlich macht, wie dies beispielsweise in der Niedersächsischen Gemeindehaushalts- und -kassenverordnung mit dem Begriff der **kommunalen Doppik** geschehen ist, ist man auf dem richtigen Weg. Auch der Begriff **»NKF-Doppik«** erfüllt diese Funktion.
- Auch bei der konkreten Ausgestaltung der im Bereich der Kommunalverwaltung ohne Zweifel »flächendeckend« notwendigen Kosten- und Leistungsrechnung müssen die Besonderheiten des kommunalen Verwaltungsbetriebs beachtet werden. Bei hohen Gemeinkostenanteilen ist die Aussagekraft einer produktorientierten Kostenrechnung gering. Auch wenn sie zur Preiskalkulation benötigt wird, sind für die Wirtschaftlichkeitskontrolle bescheidenere Lösungen zu empfehlen. Bei rechtlich festgelegten oder politisch vorgegebenen Preisen ist auch die Deckungsbeitragsrechnung wenig aussagekräftig.
- Vor einer übertriebenen und damit falschen Anwendung des Leistungsprinzips im kommunalen Verwaltungsbetrieb ist ebenfalls zu warnen. Sinnvoll ist eine auf die öffentliche Verwaltung zugeschnittene, von der Privatwirtschaft abweichende Anwendung des Leistungsprinzips, das im Übrigen für den öffentlichen Dienst aufgrund des Grundgesetzes vorgeschrieben ist. Gerade an diesem Punkt lässt sich nachweisen, wie wichtig eine sorgfältige Auswertung betriebswirtschaftlicher Ansätze und wie gefährlich eine oberflächliche Berücksichtigung solcher Beiträge ist. Dies verdeutlicht das folgende Zitat aus einem 1998 erschienenen wirtschaftswissenschaftlichen Beitrag: »Gleichzeitig sei aber auch vor **einem Trugschluß** gewarnt. Wer meint, daß Principal-Agent-Modelle ausschließlich einer leistungsorientierten Entlohnung das Wort reden, irrt. Sobald es mehrere Tätigkeiten des Agent mit unterschiedlichen Leistungsdimensionen

gibt, von denen eine nur schwer oder gar nicht meßbar ist, kann es sinnvoll sein, auf eine leistungsorientierte Entlohnung vollständig zu verzichten, weil ansonsten die gesamte Anstrengung des Agenten in die Tätigkeit fließt, deren Output besonders gut meßbar ist.« (Pfaff/Zweifel, S. 189)

Insgesamt kommt man also nicht umhin, sich um die Entwicklung einer Betriebswirtschaftslehre zu bemühen, die den Besonderheiten der Kommunalverwaltung Rechnung trägt und eine solide Grundlage für die Steuerung dieses speziellen Betriebstyps abgibt. Mit einer einfachen und leichtfertigen Übernahme der privatwirtschaftlichen Betriebswirtschaftslehre ist es nicht getan.

LITERATURVERZEICHNIS

Acker, Heinrich B. — **Stelle**, in: Grochla, Erwin (Hrsg.): Handwörterbuch der Organisation, Stuttgart 1969, Sp. 1577–1582.

Adamaschek, Bernd, und **Adams,** Karl-Heinz — **Regiebetriebe**, in: Chmielewicz, Klaus, und Eichhorn, Peter (Hrsg.): Handwörterbuch der Öffentlichen Betriebswirtschaft, Stuttgart 1989, Sp. 1390–1395.

Backhaus, Klaus — **Investitionsgütermarketing**, 4. Auflage, München 1995.

Banner, Gerhard — **Von der Behörde zur Dienstleistungsunternehmung**, in: VOP, 13. Jg., 1991, Heft 1, S. 6–11.

Bea, Franz Xaver — **Entscheidungen des Unternehmens,** in: **Bea,** Franz Xaver; **Dichtl,** Erwin, und **Schweitzer,** Marcell (Hrsg.): **Allgemeine Betriebswirtschaftslehre, Band 1: Grundfragen,** 6. Auflage, Stuttgart/Jena 1992, S. 309–424.

Bea, Franz Xaver; **Dichtl,** Erwin und **Schweitzer,** Marcell (Hrsg.) — **Allgemeine Betriebswirtschaftslehre, Band 1: Grundfragen**, 6. Auflage, Stuttgart/Jena 1992.

Bea, Franz Xaver; **Dichtl,** Erwin und **Schweitzer,** Marcell (Hrsg.) — **Allgemeine Betriebswirtschaftslehre, Band 2: Führung**, 5. Auflage, Stuttgart 1991.

Becker, Bernd — **Öffentliche Verwaltung – Lehrbuch für Wissenschaft und Praxis**, Percha am Starnberger See 1989.

Bitz, Michael; **Dellmann,** Klaus; **Domsch,** Michel, und **Wagner,** Franz W. (Hrsg.) — **Vahlens Kompendium der Betriebswirtschaftslehre, Band 2**, 4. Auflage, München 1999.

Brede, Helmut — **Grundzüge der Öffentlichen Betriebswirtschaftslehre**, München/Wien 2001.

Brinkmeier, Hermann Josef — **Kommunale Finanzwirtschaft, Band 1, Steuer-, Gebühren-, Beitrags- und Finanzausgleichsrecht,** 6. Auflage, Köln 1998.

Brinkmeier, Hermann Josef — **Kommunale Finanzwirtschaft, Band 2, Haushaltsrecht,** 6. Auflage, Köln 1997.

Brinkmeier, Hermann Josef — **Kommunale Finanzwirtschaft, Band 3, Haushalts-, Kassen-, Rechnungs- und Prüfungsrecht,** 6. Auflage, Köln 1997.

Brückmann, Friedel — **Ein neues Steuerungssystem für die Kommunalverwaltung in Fragen und Antworten,** 2. Auflage, Wettenberg 1994.

Budäus, Dietrich — **Betriebswirtschaftliche Instrumente zur Entlastung kommunaler Haushalte,** Baden-Baden 1982.

Busse von Colbe, Walther, und **Laßmann,** Gerd — **Betriebswirtschaftstheorie, Band 1, Grundlagen, Produktions- und Kostentheorie**, 3. Auflage, Berlin/Heidelberg/New York 1986.

Chmielewicz, Klaus — **Betriebliches Rechnungswesen 1, Finanzrechnung und Bilanz**, Reinbek bei Hamburg 1973.

Chmielewicz, Klaus — **Betriebliches Rechnungswesen 2, Erfolgsrechnung,** 2. Auflage, Opladen 1981.

Chmielewicz, Klaus — **Überlegungen zu einer Betriebswirtschaftslehre der öffentlichen Verwaltung**, in: ZfB 41, Heft 9, 1971, S. 583–610.

Chmielewicz, Klaus, und **Eichhorn,** Peter (Hrsg.) — **Handwörterbuch der Öffentlichen Betriebswirtschaft**, Stuttgart 1989.

Coenenberg, Adolf G. — **Jahresabschluss und Jahresabschlussanalyse,** 19. Auflage, Stuttgart 2003.

Corsten, Hans — **Betriebswirtschaftslehre der Dienstleistungsunternehmung** – Einführung, München/Wien 1988.

Cronauge, Ulrich, und **Westermann,** Georg — **Kommunale Unternehmen – Eigenbetriebe – Kapitalgesellschaften – Zweckverbände**, 4. Auflage, Berlin 2003.

Deckert, Klaus (Hrsg.) — **Geschäftsprozesse optimieren**, Düsseldorf 1997.

Deckert, Klaus — **Der Weg zum optimalen Geschäftsprozeß,** in: **Deckert,** Klaus (Hrsg.): Geschäftsprozesse optimieren, Düsseldorf 1997, S. 9–29.

Deckert, Klaus, und **Wind,** Ferdinand — **Das Neue Steuerungsmodell – von der Vision zur Aktion,** Köln 1996.

Ebers, Mark, und **Gotsch,** Wilfried — **Institutionenökonomische Theorien der Organisation**, in: **Kieser,** Alfred (Hrsg.): **Organisationstheorien,** 2. Auflage, Stuttgart 1995, S. 185–235.

Engelhardt, Werner Hans — **Betriebliche Absatz- und Beschaffungspolitik**, Internes Manuskript, 3. Auflage, Ruhr-Universität Bochum 1975.

Engelhardt, Werner Hans, und **Günter,** Bernd — **Investitionsgüter-Marketing,** Stuttgart 1981.

Engelhardt, Werner Hans, und **Raffée,** Hans — **Grundzüge der doppelten Buchhaltung**, 2. Auflage, Wiesbaden 1971.

Erichson, Bernd, und **Hammann,** Peter — **Grundlagen der Beschaffung und Aufbereitung von Informationen,** in: **Bea**, Franz Xaver; **Dichtl**, Erwin, und **Schweitzer**, Marcell (Hrsg.): **Allgemeine Betriebswirtschaftslehre: Band 2 : Führung**, 5. Auflage, Stuttgart 1991, S. 185–221.

Frese, Erich — **Aufgabenanalyse und -synthese,** in: **Grochla,** Erwin (Hrsg.): **Handwörterbuch der Organisation,** 2. Auflage, Stuttgart 1980, Sp. 207–218.

Füser, Karsten — **Modernes Management**, München 1997.

Gornas, Jürgen, und **Beyer,** Werner — **Betriebswirtschaft in der öffentlichen Verwaltung – Systematische Darstellung**, Köln 1991.

Grochla, Erwin (Hrsg.) — **Handwörterbuch der Organisation**, Stuttgart 1969.

Grochla, Erwin (Hrsg.) — **Handwörterbuch der Organisation,** 2. Auflage, Stuttgart 1980.

Grochla, Erwin — **Unternehmungsorganisation**, Reinbek bei Hamburg 1972.

Gruber, Ingo | **Die Neue Steuerung des Verwaltungshandelns – Steuerungsdefizite, Bezugsrahmen, neue Steuerungsprobleme,** Gelsenkirchen 1998.

Gutenberg, Erich | **Einführung in die Betriebswirtschaftslehre**, Wiesbaden 1958.

Gutenberg, Erich | **Grundlagen der Betriebswirtschaftslehre, Band 1, Die Produktion,** 23. Auflage, Berlin/Heidelberg/New York 1979.

Gutenberg, Erich | **Grundlagen der Betriebswirtschaftslehre, Band 2, Der Absatz**, 16. Auflage, Berlin/Heidelberg/New York 1979.

Hammann, Peter, und **Lohrberg,** Werner | **Beschaffungsmarketing**, Stuttgart 1986.

Haeseler, Herbert R. | **Gemischtwirtschaftliche Unternehmen,** in: **Chmielewicz,** Klaus, und **Eichhorn,** Peter (Hrsg.): **Handwörterbuch der Öffentlichen Betriebswirtschaft,** Stuttgart 1989, Sp. 479–485.

Heidemann, Otto | **Steuerliche Aspekte zur Wahl der Organisationsform kommunaler Einrichtungen,** in: ZKF 1989, Nr. 3, S. 57–60.

Heinen, Edmund | **Einführung in die Betriebswirtschaftslehre**, 4. Auflage, Wiesbaden 1972.

Homann, Klaus | **Kommunales Rechnungswesen,** 5. Auflage, Wiesbaden 2003.

Homann, Klaus | **Marketing für Kommunalverwaltungen**, Berlin 1995.

Homann, Klaus | **Verwaltungscontrolling,** Wiesbaden 2005.

Hopf, Horst | **Vergabemanagement bei öffentlichen Aufträgen,** Heidelberg 2002.

Horváth, Peter | **Controlling**, 5. Auflage, München 1994.

Hummel, Siegfried, und **Männel,** Wolfgang — **Kostenrechnung 1**, 4. Auflage, Wiesbaden 1986.

Jehle, Egon; **Müller,** Klaus, und **Michael,** Horst — **Produktionswirtschaft,** 3. Auflage, Heidelberg 1990.

KGSt. (Hrsg.) — **Dezentrale Ressourcenverantwortung: Überlegungen zu einem neuen Steuerungsmodell,** Bericht Nr. 12/1991, Köln 1991.

KGSt. (Hrsg.) — **Das Neue Steuerungsmodell,** Bericht Nr. 5/1993, Köln 1993.

KGSt. (Hrsg.) — **Grundlagen der Verwaltungsorganisation,** Köln 1978.

KGSt. (Hrsg.) — **Verwaltungsorganisation der Gemeinden,** Köln 1979.

Kieser, Alfred (Hrsg.) — **Organisationstheorien,** 2. Auflage, Stuttgart 1995.

Klümper, Bernd, **Möllers,** Heribert und **Zimmermann,** Ewald — **Kommunale Kosten- und Wirtschaftlichkeitsrechnung,** 11. Auflage, Witten 2000.

Kosiol, Erich — **Grundprobleme der Ablauforganisation**, in: **Grochla,** Erwin (Hrsg.): **Handwörterbuch der Organisation,** 2. Auflage, Stuttgart 1980, Sp. 1–8.

Kosiol, Erich — **Aufgabenanalyse**, in: **Grochla,** Erwin (Hrsg.): **Handwörterbuch der Organisation,** 1. Auflage, Stuttgart 1969, Sp. 199–212.

Kosiol, Erich — **Organisation der Unternehmung,** Wiesbaden 1962.

Korndörfer, Wolfgang — **Allgemeine Betriebswirtschaftslehre**, 11. Auflage, Wiesbaden 1996.

Kraft, Ernst Thomas — **Eigengesellschaften,** in: **Püttner,** Günter (Hrsg.): **Handbuch der kommunalen Wissenschaft und Praxis,** Band 5, Kommunale Wirtschaft, 2. Auflage, Berlin/Heidelberg/New York 1984, S. 168–193.

Kuhn, Alfred — **Unternehmensführung,** 2. Auflage, München 1990.

Laux, Eberhard — **Brückenschläge: Zur Anwendung betriebswirtschaftlicher Konzepte im kommunalen Bereich,** in: Die Öffentliche Verwaltung, 1993, Heft 24, S. 1083–1089.

Lingnau, Volker — **Geschichte des Controllings**, in: WiSt (Wirtschaftswissenschaftliches Studium), 27. Jahrgang, Heft 6, Juni 1998, S. 274–281.

Lüder, Klaus — **Konzeptionelle Grundlagen des Neuen Kommunalen Rechnungswesens (Speyerer Verfahren),** Stuttgart 1996.

Mag, Wolfgang — **Planung und Kontrolle**, in: **Bitz,** Michael; **Dellmann,** Klaus; **Domsch,** Michel, und **Wagner,** Franz W. (Hrsg.): **Vahlens Kompendium der Betriebswirtschaftslehre,** Band 2, 4. Auflage, München 1999, S. 1–63.

Matschke, Manfred Jürgen, und **Hering,** Thomas — **Kommunale Finanzierung,** München/Wien 1998.

Meffert, Heribert — **Marketing** – Grundlagen marktorientierter Unternehmensführung, 8. Auflage, Wiesbaden 1998.

Meixner, Hanns Eberhard — **Bausteine neuer Steuerungsmodelle,** Rostock/Bornheim-Roisdorf 1994.

Modellprojekt »Doppischer Kommunalhaushalt in NRW« (Hrsg.) — **Neues Kommunales Finanzmanagement,** 2. Auflage, Freiburg/Berlin/München/Zürich 2003.

Nieschlag, Robert; **Dichtl,** Erwin und **Hörschgen,** Hans — **Marketing,** Berlin1997.

Pfaff, Dieter, und **Zweifel,** Peter — **Die Principal-Agent-Theorie – Ein fruchtbarer Beitrag der Wirtschaftstheorie zur Praxis,** in: Wirtschaftswissenschaftliches Studium (WiSt), 27. Jahrgang, 1998, Heft 4, S. 184–190.

Picot, Arnold — **Organisation,** in: **Bitz,** Michael; **Dellmann,** Klaus; **Domsch,** Michel, und **Wagner,** Franz W. (Hrsg.): **Vahlens Kompendium der Betriebswirtschaftslehre,** Band 2, 4. Auflage, München 1999, S. 107–180.

Planer, Doris — **ABC-Analyse,** in WiSt (Wirtschaftswissenschaftliches Studium), 24. Jahrgang, Heft 7, Juli 1995, S. 382–385.

Püttner, Günter — **Überblick über die Planungsarbeit der Kommunen, in: Püttner,** Günter (Hrsg.): **Handbuch der kommunalen Wissenschaft und Praxis, Band 3, Kommunale Aufgaben und Instrumente der Aufgabenerfüllung,** 2. Auflage, Berlin/Heidelberg/New York 1983, S. 317–323.

Püttner, Günter (Hrsg.) — **Handbuch der kommunalen Wissenschaft und Praxis, Band 1, Grundlagen,** 2. Auflage, Berlin/Heidelberg/New York 1981.

Püttner, Günter (Hrsg.) — **Handbuch der kommunalen Wissenschaft und Praxis, Band 3, Kommunale Aufgaben und Instrumente der Aufgabenerfüllung,** 2. Auflage, Berlin/Heidelberg/New York 1983.

Püttner, Günter (Hrsg.) — **Handbuch der kommunalen Wissenschaft und Praxis, Band 5, Kommunale Wirtschaft,** 2. Auflage, Berlin/Heidelberg/New York 1984.

Rau, Thomas — **Betriebswirtschaftslehre für Städte und Gemeinden,** München 1994.

Rau, Thomas — **Planung, Statistik und Entscheidung; Betriebswirtschaftliche Instrumente für die Kommunalverwaltung**, München/Wien 2004.

Reding, Kurt — **Effizienz,** in: **Chmielewicz,** Klaus, und **Eichhorn,** Peter (Hrsg.): **Handwörterbuch der Öffentlichen Betriebswirtschaft,** Stuttgart 1989, Sp. 277–282.

Reichard, Christoph — **Betriebswirtschaftslehre der öffentlichen Verwaltung,** 2. Auflage, Berlin/New York 1987.

Reichard, Christoph — **Umdenken im Rathaus – Neue Steuerungsmodelle in der deutschen Kommunalverwaltung,** 5. Auflage, Berlin 1996.

Reichard, Christoph — **Gemischtöffentliche Unternehmen,** in: **Chmielewicz,** Klaus, und **Eichhorn,** Peter (Hrsg.): **Handwörterbuch**

der **Öffentlichen Betriebswirtschaft,** Stuttgart 1989, Sp. 472–479.

Richter, Rudolf — **Institutionen ökonomisch analysiert,** Tübingen 1994.

Schmidt, Hans-Jürgen — **Betriebswirtschaftslehre für die Verwaltung,** 4. Auflage, Heidelberg 1998.

Schneider, Dieter — **Allgemeine Betriebswirtschaftslehre,** 3. Auflage, München/Wien 1987.

Schneider, Dieter — **Betriebswirtschaftslehre, Band 2: Rechnungswesen,** 2. Auflage, München/Wien 1997.

Schneider, Dieter — **Investition und Finanzierung – Lehrbuch der Investitions-, Finanzierungs- und Ungewißheitstheorie,** 2. Auflage, Köln 1971.

Schuster, Falko — **Doppelte Buchführung für Städte, Kreise und Gemeinden,** München/Wien 2001.

Schuster, Falko — **Kommunale Kosten- und Leistungsrechnung – Controllingorientierte Einführung,** 2. Auflage, München/Wien 2002.

Schuster, Falko, und **Siemens,** Joachim — **Die Organisation des kommunalen Verwaltungsbetriebs,** Berlin/Heidelberg/New York/London/Paris/Tokyo 1986.

Schuster, Falko, und **Steffen,** Dieter — **Das Rechnungswesen des kommunalen Verwaltungsbetriebs,** Berlin/Heidelberg/New York/London/Paris/Tokyo 1987.

Schwarting, Gunnar — **Effizienz in der Kommunalverwaltung, Teil I,** Berlin 1997.

Schwarz, Horst — **Stelle,** in: **Grochla,** Erwin (Hrsg.): **Handwörterbuch der Organisation,** 2. Auflage, Stuttgart 1980, Sp. 2113–2118.

Schweitzer, Marcell — **Planung und Kontrolle,** in: **Bea,** Franz Xaver; **Dichtl,** Erwin, und **Schweitzer,** Marcell (Hrsg.): **Allgemeine**

Betriebswirtschaftslehre: Band 2, Führung, 5. Auflage, Stuttgart 1991, S. 17–100.

Schweitzer, Marcell; **Küpper,** Hans-Ulrich, und **Hettich,** Günter O. — **Systeme der Kostenrechnung,** 3. Auflage, Landsberg 1983.

Siebert, Horst — **Einführung in die Volkswirtschaftslehre**, 10. Auflage, Stuttgart/Berlin/Köln 1991.

Stadt Krefeld (Hrsg.) — **Geschäftsbereichsverteilungsplan der Stadt Krefeld,** Krefeld, Oktober 1998.

Stadt Oberhausen (Hrsg.) — **Rathaus ohne Ämter,** Handbuch, Oberhausen 1995.

Stadt Wuppertal (Hrsg.) — **Organisationspläne der Stadt Wuppertal,** Wuppertal, 23. 10. 1995.

Süchting, Joachim — **Finanzmanagement, Theorie und Politik der Unternehmensfinanzierung,** 4. Auflage, Wiesbaden 1984.

Spiegel, Erika — **Die Kommunalwissenschaften und ihre Pflege,** in: **Püttner,** Günter (Hrsg.): **Handbuch der kommunalen Wissenschaft und Praxis,** Band 1, Grundlagen, 2. Auflage, Berlin/Heidelberg/New York 1981, S. 24–36.

Williamson, Oliver E. — **Die ökonomischen Institutionen des Kapitalismus,** Tübingen 1990.

Wind, Ferdinand, und **Schweiger,** Stefan — **Geschäftsprozesse in der Kommunalverwaltung optimieren,** in: **Deckert,** Klaus (Hrsg.): **Geschäftsprozesse optimieren,** Düsseldorf 1997, S. 141–161.

Wöhe, Günter und **Döring,** Ulrich — **Einführung in die Allgemeine Betriebswirtschaftslehre,** 22. Auflage, München 2005.

RECHTSVORSCHRIFTEN

Abgabenordnung (AO 1977) in der Fassung der Bekanntmachung vom 1. Oktober 2002 (BGBl. I, S. 3866), zuletzt geändert durch Gesetz vom 21.06.2005 (BGBl. I S. 1818), Auszug abgedruckt bei **Dresbach**, Heinz: Kommunale Finanzwirtschaft Nordrhein-Westfalen, 32. Auflage, Köln 2005.

Eigenbetriebsverordnung für das Land Nordrhein-Westfalen (EigVO NRW) vom 16.11.2004 (GV. NRW, S. 644), geändert durch Gesetz vom 06.01.2005 (GV. NRW, S. 15), abgedruckt bei **Dresbach**, Heinz: Kommunale Finanzwirtschaft Nordrhein-Westfalen, 32. Auflage, Köln 2005.

Gemeindeordnung für das Land Nordrhein-Westfalen (GO) in der Fassung der Bekanntmachung v. 14.07.1994 (GV. NRW, S. 666), zuletzt geändert durch Gesetz v. 03.05.2005 (GV. NRW,. S. 498), abgedruckt bei **Dresbach**, Heinz: Kommunale Finanzwirtschaft Nordrhein-Westfalen, 32. Auflage, Köln 2005.

Gesetz gegen Wettbewerbsbeschränkungen (GWB) in der Fassung der Bekanntmachung vom 15.7.2005 (BGBl. I, S. 2114).

Gesetz zur Regelung der Zuweisungen des Landes Nordrhein-Westfalen an die Gemeinden und Gemeindeverbände in den Haushaltsjahren 2004 und 2005 (Gemeindefinanzierungsgesetz – GFG 2004/2005) vom 3. Februar 2004 (GV. NRW, S. 42, berichtigt S. 132), zuletzt geändert durch Gesetz vom 15. April 2005 (GV. NRW, S. 267).

Grundgesetz für die Bundesrepublik Deutschland (GG) vom 23. Mai 1949 (BGBl. S. 1).

Kommunalabgabengesetz für das Land Nordrhein-Westfalen (KAG) vom 21. Oktober 1969 (GV. NRW, S. 712/SGV. NRW, S. 610), zuletzt geändert durch Gesetz vom 28.04.2005 (GV. NRW, S. 488), abgedruckt bei **Dresbach,** Heinz: Kommunale Finanzwirtschaft Nordrhein-Westfalen, 32. Auflage, Köln 2005.

Niedersächsische Gemeindeordnung (NGO) vom 22.8.1996 (Nds. GVBl., S. 382), zuletzt geändert am 15.11.2005 (Nds. GVBl., S. 352).

Verdingungsordnung für Bauleistungen (VOB), abgedruckt bei dtv (Hrsg.): Vergaberecht, 9. Auflage, München 2006.

Verdingungsordnung für freiberufliche Leistungen, abgedruckt bei dtv (Hrsg.): Vergaberecht, 9. Auflage, München 2006.

Verdingungsordnung für Leistungen – ausgenommen Bauleistungen (VOL), abgedruckt bei dtv (Hrsg.): Vergaberecht, 9. Auflage, München 2006.

Verordnung über die Aufstellung und Ausführung des Haushaltsplans der Gemeinden – Gemeindehaushaltsverordnung (GemHVO) – vom 14. Mai 1995 (GV. NRW, S. 516), zuletzt geändert durch Gesetz vom 05.04.2005, abgedruckt bei **Dresbach,** Heinz: Kommunale Finanzwirtschaft Nordrhein-Westfalen, 32. Auflage, Köln 2005.

Verordnung über die Aufstellung und Ausführung des Haushaltsplans sowie die Abwicklung der Kassengeschäfte der Gemeinden auf der Grundlage der kommunalen Doppik (Gemeindehaushalts- und -kassenverordnung – GemHKVO) vom 22. Dezember 2005.

Verordnung über kommunale Unternehmen und Einrichtungen als Anstalt des öffentlichen Rechts (Kommunalunternehmensverordnung – KUV) vom 24. Oktober 2001 (GV. NRW, S. 773), zuletzt geändert durch Gesetz vom 05.04.2005 (GV. NRW, S. 351).